ピーター・シンガー［著］

児玉聡・石川涼子［訳］

あなたが救える命

世界の貧困を終わらせるために今すぐできること

Peter Singer

THE LIFE YOU CAN SAVE

How to Do Your Part to End World Poverty

keiso shobo

本書を妻のレナータに捧げる

I PLEDGE

私は次のことを誓います。これから一年の間に、本書で説明されている公の基準を満たし、少なくとも自分の所得水準に応じた金額を、極度の貧困状態で暮らす人々を援助する団体に寄付します。

本書が貧しい人々のために役立ち続けるよう、読み終わったら他の人に渡しましょう。

この頁が署名で一杯になったら、コピーして以下の住所に送ってください。

Peter Singer
University Center for Human Values
Princeton University
5 Ivy Lane, Princeton, NJ 08544-1013
USA

または、以下にファックスしてください。

+1-609-258-1285

または、スキャナで読み込んで以下のアドレスに電子メールで送ってください。

info@thelifeyoucansave.com

そうすることで、みなさんの誓いを、これまでに誓いを立てた人の総数に加えることができます。詳しくは、次のサイトをご覧ください。www.thelifeyoucansave.com. ご協力ありがとうございます。

日本語版への序文

本書の翻訳が出ることで、日本の読者にも読んでもらえるようになったことを嬉しく思います。日本の国民は、他の豊かな国々の国民と同様、極度の貧困がもたらす苦しみや死を減らす手助けをすることに関して、重要な役割を担っています。

日本の読者の中には、本書が日本の倫理的伝統とはまったくかけはなれた伝統に基づいて書かれていると思う人がいるかもしれません。本書で私が問題提起しているのは、遠く離れた見知らぬ人々、つまり家族としても、共同体としても、民族としても繋がりを持たず、ただごくわずかな経済的な繋がりしか持たないような人々に対して私たちが持つ義務に関する問いです。日本の伝統的な倫理観によれば、困窮した人に対する援助の多くは家族あるいは親族によって行なわれるもので、またそれが不十分な場合には、地域社会あるいは政府によって行なわれるものでした。それでも、私が本書で行なっている議論は、普遍的な魅力を持つものと私は思っています。私の議論は、思いやりの心を持つという仏教の理想とも明らかに一致するものであり、したがって西洋独特のものではありません。

本書で私は、アメリカ人は自国の政府による対外援助の金額についてかなり無知であると述べました。彼らは政府が実際よりも一〇倍から二〇倍の金額を援助に使っていると考えています。アメリカ人に比べて日本人の方が、自国の政府が対外援助に使っている額についてよく知っているかどうかは、私にはわかりません。先進国が援助に使った金額を国民総所得に対する割合で見た場合、日本は残念ながら順位表の一番下の方に位置しています。何年も前に国際連合は、〔各国が〕国民総所得の〇・七パーセントを対外援助に使うという目標を掲げました。経済協力開発機構（OECD）が二〇一二年に公表した統計（現時点で入手可能な最新のもの）によれば、この水準に達しているのは、デンマーク、ルクセンブルク、オランダ、ノルウェー、スウェーデンのみです。日本は国民総所得のわずか〇・一七パーセントしか援助に使っておらず、これは上記の国々に比べると四分の一の割合です。OECDに加盟している三四のドナー国のうちで、日本は二八位でした。国民総所得のうち対外援助に使う割合が日本よりも少なかったのは、チェコ共和国、ギリシャ、イタリア、韓国、スロバキア共和国、スペインだけでした。

とはいえ対外援助に関する日本の貢献は、援助額ではかなり大きいものです。というのは、すべてのドナー国の中で日本の経済規模は（アメリカに次いで）二番目に大きいからです。（中国とインドはドナー国ではありません。）しかし、援助額においてさえ、日本が提供している金額はドイツに比べて少なく、イギリスやフランスに比べても少ないのです。日本はこれらの国と比べて大きな経済規模を持つ（イギリスやフランスのほぼ二倍である）にもかかわらず、です。

日本の援助に関しては別の問題もあります。それは、極度の貧困状態で暮らす人々の支援が主要な目標になっていないということです。日本の対外援助の最大の受益国はベトナムですが、この国は世界銀行によって「下位中所得」国に分類されています。実際のところ、ベトナムは「下位中所得」国の中では最上位に近いところに位置しており、一人当たりの所得は「低所得」に分類されるどの国と比べてもその三倍はあるのです。

そこで、次のことが明らかだと言えます。日本政府はグローバルな貧困問題の削減に関してかなり限定的な役割しか果たしていないため、一人ひとりの日本人は、「政府がすでにやっているのだから自分には他国の貧しい人々を助ける義務はない」とは言い訳できないのです。

日本の国民は気前よく寄付する場合もあります。ただし、他の多くの国民と同様、その気前のよさはほとんどの場合は日本国内への寄付に限られるように思われます。一九九五年の神戸での震災後や、より最近では二〇一一年三月一一日の東日本大震災後に、多くの日本人が震災の犠牲者を助けるために寄付をしました。現時点では、日本赤十字社に寄せられた東日本大震災の義援金は三二九八億四二八七万四九八四円に上ります。これはかなり大きな額であり、日本政府が二〇一一年に対外援助に使った総額の四分の一に相当します。東日本大震災が悲劇的な出来事だったことは間違いありません。警察庁によれば、一万五八八四人が死亡し、二六四〇人が行方不明となっています。しかし、この犠牲者の数は相当なものであるとはいえ、グローバルな貧困がもたらす死者数に比べれば、はるかに小さなものです。ユニセフ（国連児童基金）による最新のデータでは、二〇一二年には貧困に関連する原因で五歳未満の子どもが六六〇万人亡くなり、五歳以上の子どもや成人も〔同じ原因から〕何百万人と亡くなっています。

日本人が同胞の日本人に不釣り合いなほど多く寄付するというのは、何も特別なことではありません。本書で私が指摘しているように、ニュー・オーリンズを洪水で水浸しにしたハリケーン・カトリーナに対するアメリカ人の反応にも、同様な不釣り合いさが見てとれます。実際、遠く離れたよその国に住む貧しい人々の命は、自国の市民の命よりもはるかに価値の低いものと考えられているように思われます。私は本書によってそのような状況が少しでも変わることを期待しています。そして私たちが、世界のどこに暮らす人の命であれ、人の命に等しい重みを与えるようになることを期待しています。

二〇一四年二月

ピーター・シンガー

序

地下鉄の線路に落ちる人を見たとき、ウェズリー・オートリーはためらわなかった。ホームに入ってくる電車の光を横目に、工事現場作業員のオートリーは線路に飛び降り、落ちた人を線路の間の排水溝に押し込み、自分の体でかばった。電車は彼らの上を通り過ぎ、オートリーの帽子に機械油のあとを残していった。オートリーは、後に一般教書演説へ招かれて大統領にその勇敢さを称えられたとき、謙遜してこう言った。「私は何か特別なことをしたとは思っていません。私はただ助けを必要とする人を見て、正しいと思うことをしただけです」(1)。

私がもし、あなたも命を救うことができる、それも多くの命を救うことさえできる、と言ったらどうだろうか。この本を読むあなたの手元には、ペットボトルの水や炭酸飲料があるだろうか。もし水道の水が安全であるのに、何かを飲むためにお金を払っているなら、あなたは本当には必要のないものにお金を費していることになる。世界には、あなたがその飲み物に払ったよりも少ない額で必死に生きている人が一億人いる。彼らは家族に最も基礎的な医療を受けさせるだけのお金すら持たないため、彼らの子どもたちは、下痢のような単純で容易に治療可能な病気で死ぬかもしれないのだ。あなたは彼らを助けることができ、しかも救助のために迫ってくる電車にひかれる危険を冒す必要もないのである。

私はもう三〇年以上、飢餓と貧困に対して私たちはどう応答すべきかについて考え、文章に著してきた。私は本書の議論を、大学の講義や世界中で行なった講演で、数千人の学生に提示し、また新聞や雑誌やテレビ番組で、数え切れない人々に提示してきた。その結果、私はよく練られたさまざまな批判への応答を求められてきた。本書は私たちがなぜ寄付し、またなぜ寄付しないか、そしてこの件に関して私たちはどうすべきかについて私が学んだことを凝縮しようとした努力の結晶である。

私たちは特異な時代に生きている。今日、基礎的な身体的ニーズを満たせない人々の割合は、近年の歴史の中で最も小さく、またおそらく人類の出現以降で考えてみても、最も小さいだろう。同時に、経済サイクルの浮沈を超えて長期的な視野に立つなら、必要なものをはるかに超えて持つ人々の割合もかつてなく大きい。最も重要なのは、富める者と貧しい者が、今日、かつてなかった仕方で結びついていることだ。生きるか死ぬかの瀬戸際にある人々の胸を打つ映像が、生中継で私たちの居間に映し出される。私たちは、極度の貧困状態にある人々について、たくさん知っているだけでなく、よりよい医療、改良された種子や農業技術、また電力供給のための新しい技術など、これまでよりもはるかに多くのものを提供できるようにもなっている。さらに驚くべきことに、瞬時のコミュニケーションや、インターネットがなかった時代の最大の図書館を凌ぐ量の情報への開かれたアクセスを通じて、彼らに世界規模のコミュニティへ参加してもらうこともできる――貧困から十分に抜け出して、彼らがその機会をつかむことができるように私たちが手助けできさえすれば。

経済学者のジェフリー・サックスは、極度の貧困は二一世紀の中頃までにほぼ完全になくすことができると説得力のある仕方で論じている。私たちはすでにその方向に向かって前進している。ユニセフ（国連児童基金）によると、一九六〇年には二〇〇〇万人の子どもが五歳になる前に貧困のために亡くなった。二〇〇七年にユニセフは、統計をとり始めて以来初めて、幼い子どもの死亡数が年間一〇〇〇万人を下回ったと発表した[2]。天然痘、はしか、マラリアに対する公衆衛生キャンペーンが小児死亡率の低下に役立ったのであり、またいくつかの国々における経済の発展もその低下に役立った。一九六〇年以降、世界の人口は二倍以上になっていることを考えると、この低下はいっそう驚くべきものである。しかし、私たちはこれに満足していてはいけない。五歳以下の子どもが、毎年九七〇万人死んでいるのだ。これは大変な悲劇であり、かくも豊かな世界にとって道徳的汚点であることは言うまでもない。また、二〇〇八年に起きた経済的な不安定さと乱高下する食料価格が合わさることで、貧困関連の死亡者数の低下傾向が逆転する可能性もある。

今日の状況は、途方もなく高い山の頂きに登る試みになぞらえることができるだろう。人間が地上に現れてからこのかた、私たちは分厚い雲の中、山を登り続けてきた。これまで私たちはあとどれだけ登ればいいのかも、また頂上にたどり着くことが可能なのかさえもわからなかった。今日、ついに私たちは、霧から抜け出て残りの急な坂を登って頂上の峰へと至るルートが見えるようになった。頂上へ至るにはまだ距離がある。ルートの途中には、私たちの最大限の能力が試されるような箇所もある。だが、登頂が可能であるとわかったのだ。

私たち各人は、この画期的な登頂に貢献することができる。近年、大富豪の一部が、大胆で人目に付く仕方でこの挑戦に立ち向かったという報道がたくさんなされている。ウォーレン・バフェットは、三一〇億ドルを寄付することを約束し、またビル・ゲイツとメリンダ・ゲイツは、これまでに二九〇億ドルを寄付し、さらに寄付する予定である。[3] これらの金額は途方もない大きさであるものの、本書の終わりまでに、これは豊かな国々の人々が生活水準をほとんど下げることなく容易に寄付できる額のほんの一部であることがわかるだろう。もっと多くの人がこの努力に参加しなければ、目標は達成できないのだ。

そこで、今こそあなたは次のように自問するのにふさわしい。援助のために、私は何をすべきなのか。

本書を書くにあたっては、互いに関連しつつも大きく異なる二つの目標があった。一つめは、極度の貧困から抜け出せない人々に対する私たちの責務について、読者に考えてもらうことである。本書でこの試みを述べている部分では、非常に要求の高い――人によっては不可能とさえ言うであろう――倫理的行動の水準が意図的に提示されている。私はそこで次のことを示唆するだろう。すなわち、私たちのほとんどが現実的だと考えているような寄付の水準よりもはるかに多く寄付しない限り、私たちは自分が道徳的によい人生を送っているとは見なせないだろうということだ。これは馬鹿げていると思われるかもしれないが、しかし、その論証は驚くほど簡単である。それはあのペットボトルの話に、すなわち、私たちが本当には必要としていないものに費やしているお金の話に戻る。もし、困窮にあえぐ無辜の人々を援助することがとても容易であるのに実行しないとすれば、私たちは何か誤ったことをしているのではないだろうか。私はこの本を読んだ読者が最低でも次のことに同意することを願っている。よい人生とは何かについて私たちが今日広く受け入れている見解は、どこかひどく歪んでいる。

本書の二つめの目標は、読者を説得して、貧しい者に援助をするために自分の収入の中から、より多くを寄付するように決心させることである。安心してほしいのだが、私たちの行動を実際に変えるにはどうすればよいかについて考える場合には、要求水準が高すぎる哲学的議論からは一歩引き下がる必要があることを、私は十分に自覚している。私は、寄付しない理由として私たちが提示する主張——その中には比較的説得力のあるものもあれば、そうでないものもある——を検討し、また私たちの行動を妨げる心理的要因も検討する。私は人間本性の限界を認めるが、こうした限界を他の人たちよりもうまく克服する方法を見つけたと思われる人々の例について述べるだろう。そして私は最後に、九五パーセントのアメリカ人にとっては、最大でも所得の五パーセントを寄付すれば満たされるという穏当な基準を提示する。

ここで正直に言おう。私はあなたが五パーセント以上寄付すべきだと思っており、あなたが最終的にはその方向へと進むことを望んでいる。しかしこれは聞き入れ難く、行ない難いことである。大抵の人は、哲学的な議論を聞くだけで、自分の生き方に大きな変化を起こすことはありそうにないことを私は理解している。さらに言えば、一夜にしてそのような大きな変化を起こすことはできない。本書の究極的な目的は、極度の貧困を減らすことであり、読者に罪悪感を抱かせることではない。そこで私は、多くの善をなすと自信を持って言える基準を提唱する。私がここで提唱する基準は、あなたに行動を起こさせ、自らの限界に挑戦し、より多くのことをなすよう努力する道へと誘うためのものである。

本書で検討されるさまざまな理由から、私たちの多くは、訪れたことのない遠くの国々に住む見知らぬ人々に寄付するように言われても、それを困難だと感じるものである。多くの人が自らの経済的な見通しについて不安を持つことがもっともであるような、経済の不安定な時期において、これがより容易になることはないのは明らかである。私は経済的に厳しい時期に伴う諸困難を軽視するつもりはまったくないが、最悪の時期においてさえ、私たちの生活が極度の貧困状態で暮らす人々に比べて圧倒的によいものであることを私たちは覚えておくべきである。あなたがより広い視野にたって、毎年一八〇〇万人もの人が回避可能な理由から死んでいる世界において、倫理的に生きるにはどうすればよいかを考えることを私は願っている。この年間死亡率は第二次世界大戦のときよりも高い。過去二〇年間だけでも、その累計死者数は、ヒトラーとスターリンを生んだ二〇世紀全体のあらゆる内戦および国家間戦争および政府の圧政による死者数よりも多いのだ。これらの恐ろしい出来事が起きるのを避けるためならば、私たちはどれほどの寄付をすることだろうか。なのに、今日のさらに大勢の犠牲者を生み出さないために、またそれによって生じる不幸を避けるために、私たちはどれだけのことをしているだろうか。本書を最後まで読み、私たちの置かれている状況を誠実にかつ注意深く検討し、事実と倫理的議論を評価すれば、私たちが行為しなければならないということにあなたも同意するだろうと私は信じている。

ピーター・シンガー

あなたが救える命

世界の貧困を終わらせるために今すぐできること

目次

目次

目次

凡例

・本書はPeter Singer, *The Life You Can Save: How to Do Your Part to End World Poverty* (Random House, 2010) の全訳である。

・原著における強調のためのイタリックは、傍点で示した。

・〔 〕は訳者による注や補足の挿入を示している。［ ］は原著者による引用文への挿入を示している。

・本文や注のなかで言及されている文献について、邦訳のあるものは〔 〕で示した。ただし、翻訳に際しては必ずしも邦訳を参照しなかった。邦訳をそのまま利用した場合については、該当ページ数を明記した。

I

倫理的議論

第1章　子どもを救う

仕事に行く途中、あなたは小さな池の側を通り過ぎる。その池は膝下くらいの深さしかなく、暑い日にはときどき子どもが遊んでいる。しかし今日は気温が低く、まだ朝も早いため、あなたは子どもが一人で池の中でばしゃばしゃしているのを見て驚く。近づいてみると、その子はとても幼く、ほんのよちよち歩きで、腕をばたばたさせており、まっすぐ立つことも、池から出ることもできないでいるのだとわかった。その子の両親やベビーシッターがいないかと見回すが、あたりには誰もいない。その子どもは数秒間しか水から顔を出すことができない。あなたが池の中に入ってその子を救い出さなければ、溺れて死んでしまいそうである。池に入ることは簡単で危険ではないが、数日前に買ったばかりの新しい靴が台無しになり、スーツは濡れて泥だらけになるだろう。また、その子を救い出して保護者に預け、服を着替え終わった頃には仕事に遅刻してしまうだろう。あなたはどうすべきだろうか。

私は「実践の倫理」という科目を教えている。グローバルな貧困についての講義を始めるとき、私は上のような状況でどうすべきか学生に尋ねることにしている。当然ながら、学生は子どもを救うべきだと答える。「自分の靴はいいのですか？　また仕事に遅刻することは？」と私は学生に尋ねる。彼らはそんなことはどうでもいいと言う。靴が駄目になることや、仕事に一、二時間遅れることが、子どもの命を救わないもっともな理由になると考える人がいったいどこにいるだろうか。

二〇〇七年に、この架空の状況にいくらか似たことが、英国のマンチェスター近郊で実際に起きた。一〇歳の男の子、ジョーダン・ライオンは、義理の妹のベサニーが池に滑り落ちたので、助けに飛び込んだ。ジョーダンはベサニーを助けようと頑張ったが、自分も沈んでしまった。釣りをしていた人たちがベサニーをどうにか救い出したときにはジョーダンはもう見当たらなくなっていた。釣り人たちが通報したところ、二名の警察補助員がまもなくやってきた。しかし、彼らはジョーダンを見つけるために池に入ることを拒否した。ジョーダンはしばらくしてから引き上げられたが、蘇生の試みは失敗した。ジョーダンの死について調査が行なわれたとき、警察補助員が何もしなかったことは、彼らがそのような状況に対処するための訓練を受けていなかったという理由から弁護された。母親は次のように述べた。「通りを歩いていて子どもが溺れているのを見たら、何も考えずに水に飛び込むのが当たり前です。（中略）溺れている子どもを助けるために飛び込むよう訓練されている必要はありません」[1]。

この母親の発言にはほとんどの人が同意すると考えて差し支えないだろう。しかし考えてみてほしい。ユニセフによれば、五歳未満の子どもが毎年約一〇〇〇万人、貧困に関連する原因から死亡している。次の引用は、ほんの一例である。これはガーナの男性が世界銀行の研究者に述べたものだ。

例えば今朝亡くなったこの少年について考えましょう。この少年は、はしかで亡くなりました。この子が病院に行けば治療できたことは誰もが知っています。しかし両親が貧しかったため、少年はゆっくりと苦しみながら死んだのです。はしかによってではなく、貧困によって死んだのです[2]。

このような出来事が毎日二万七〇〇〇回起きていることを考えてほしい。一部の子どもたちは十分に食べるものがなくて死ぬ。それより多くの子どもたちが、ガーナの少年のようにはしかやマラリアや下痢が原因で死ぬ。これらの病気は先進国には存在しないか、あるいは存在したとしても死に至ることはほとんどないものだ。子どもたちがこれらの病気にかかりやすいのは、安全な飲み水や衛生的な環境がないためであり、また病気になったときに両親が医療にかかる費用を払えないためである。ユニセフやオックスファム、またその他の多くの団体が貧困を削減し、安全な飲み水と基礎的な医療を提供するために活動している。こうした努力は犠牲者の数を減らしつつある。もしこれらの援助団体にもっと資金があれば、より多くのことができ、より多くの人命が救われるだろう。

さて、あなた自身が置かれている状況を考えてみよう。比較的少額のお金を寄付することで、あなたは子どもの命を救うことができる。その額は一足の靴を買うのに必要な額よりも大きいかもしれない。しかし私たちは皆、本当には必要のないものにお金を使っている。例えば飲み物、外食、衣服、映画、コンサート、休暇中の旅行、新しい車、家の改築がそうである。援助団体に寄付をするよりも、これらのものにお金を使うことによって、あなたは子どもを見殺しにしているといえるだろうか？　あなたが救えたかもしれない子どもを？

現代の貧困

数年前、世界銀行が研究者に貧しい人たちの声を聞くように依頼した。研究者たちは七三カ国の六万人もの男女の経験を記録できた。さまざまな言葉や、さまざまな地域で、貧しい人々が繰り返し口にしたのは、貧困は次のことを意味しているということだった。

- 一年中、あるいは一年のある期間、食べ物が不足しており、しばしば一日一食しか食べられず、自分の子どもの飢えを癒すか、自分の飢えを癒すかどちらかを選ばないといけないときもあれば、どちらも叶わないときもある。
- お金を貯めることができない。家族の一員が病に倒れ、医者に診せるお金が必要な場合や、不作で何も食べるものがない場合には、地域の金貸しから借金をしなければならないが、利子がとても高いため、借金が積み重なり、借金から自由になることが二度とないほどである。
• お金がないため、子どもたちを学校に行かせることができない。あるいは入学させることができたとしても、不作の場合には、彼らを退学させなければならない。
• 二、三年ごとに、あるいはひどい気象災害後に建て直す必要があるような、泥やわらでできた安普請の家に住んでいる。
• 安全な飲み水が得られるところが近くにない。水を遠くから運んで来なければならず、またその場合でも、煮沸しなければ病気になる可能性がある。

しかし極度の貧困は、単に物質的なニーズが満たされないというだけではない。それはしばしば、無力感という尊厳が傷つけられた状態を伴っている。民主国家であり、政治が比較的うまくいっている国々においてさえ、世界銀行の調査の回答者は、抗議できずに辱めに耐えなければならなかったさまざまな状況について語っている。誰かに自分のわずかな財産を奪われ、それを警察に届け出ても相手にしてもらえないこともある。また法は強姦や性的嫌がらせから守ってくれないこともある。子どもに必要なものを与えられないため、常に恥と失敗の感覚に苛まれる。貧困の罠にはまり、苦労続きの人生からいつか逃れることができるという希望を失ってしまう。しかも最終的にその苦労から得られるのは、ただ生きのびたということだけなのである。(3)

世界銀行の定義によると、極度の貧困とは、十分な食料、水、住居、衣服、衛生的な環境、医療、教育といった人間の最も基本的なニーズを満たすのに十分な収入がないことである。多くの人がよく知っている統計は、一〇億人の人が一日一ドル以下で暮らしているというものである。二〇〇八年まで世界銀行はこれを貧困ラインとしていたが、国際的な価格比較に関するデータが改善されたため、人々が基礎的なニーズを満たすのに必要な金額について、より正確な計算ができるようになった。この計算に基づいて、世界銀行は貧困ラインを一日一・二五ドルに設定した。この貧困ラインを下回る収入の人々の数は一〇億人ではなく、一四億人である。極度の貧困状態で暮らす人々が、私たちが考えていたよりも多いことは当然悪いニュースであるが、悪いニュースばかりではない。同じ基準で考えると、一九八一年には一九億人が極度の貧困状態で暮らしていたことになる。これは地球上の一〇人中四人にあたる数であるが、今日では極度の貧困状態にあるのは四人に一人以下である。

南アジアは、今日でも極度の貧困状態に暮らす人々が最も多い地域である。その数は合計すると六億人にものぼり、そのうち四億五五〇〇万人がインドに住んでいる。しかし経済成長により、極度の貧困状態で暮らす南アジア人の割合は一九八一年の六〇パーセントから、二〇〇五年の四二パーセントへと下がった。サハラ以南のアフリカでは、人口の五割にあたる三億八〇〇〇万人が極度の貧困状態にあるが、この割合は一九八一年と変わっていない。最も劇的な貧困の削減が見られたのは東アジアであるが、今日でも極度の貧困状態にある中国人は二億人以上おり、東アジアの他の地域にもこれほどの数ではないが点在している。それ以外の極度の貧困状態にある人々は、中南米、太平洋地域、中東、北アフリカ、東欧、中央アジアなど、世界中に散らばって

いる。(4)

「一日一・二五ドル」で暮らす人々の数を知って、あなたはこう思うかもしれない。多くの発展途上国では、先進国よりもずっと安価に暮らすことができるはずだと。ひょっとすると、あなたはバックパックを背負って世界中を旅行し、ありえないほど安い額で過ごすことで、それを自ら経験したことがあるかもしれない。そこであなたは、この水準の貧困は、この額でアメリカや他の先進国で暮らさなければならない場合ほどには深刻ではないと思うかもしれない。もしあなたがそのような考えを思いついたならば、直ちに頭から追い払うべきである。なぜなら、世界銀行〔の計算〕は購買力に関してすでに調整済みだからである。一日一・二五ドルで暮らす人々の数というのは、アメリカで一・二五ドルで買える物やサービスと等しい量の物やサービス――それが購入したものであれ、自宅で作ったものであれ――を一日に消費して暮らす人々の数を指している。

豊かな社会においては、ほとんどの貧困が相対的なものである。人々が自分のことを貧しいと感じるのは、テレビで宣伝されている魅力的な商品の多くが高価で彼らの手に届かないものだからである。しかし、彼らもテレビは持っているのだ。アメリカでは、国勢調査局によって貧困層と分類されている人々の九七パーセントは、カラー・テレビを持っている。彼らの四人に三人が車を持っている。彼らの四人に三人がエアコンを持っている。彼らの四人に三人がビデオデッキかDVDプレーヤーを持っている。彼らは皆、医療へのアクセスがある。(5)私は、アメリカの貧困層が本当の困難に直面していることを否定するためにこれらの数字を引用しているわけではない。

しかしながら、ほとんどの場合、こうした困難は世界の最も貧しい人々の困難とは比べものにならない程度なのである。極度の貧困状態で暮らす一四億の人々は、最も基本的な人間のニーズに結びつけられた絶対的な基準に照らして貧しいのである。彼らは一年の少なくともある期間は飢餓状態にある可能性が高い。たとえお腹いっぱいに食べられたとしても、食事に必須の栄養素が欠けているために、栄養失調である可能性が高い。子どもの場合、栄養失調は成長を妨げ、一生残るような脳の損傷を引き起こすことがある。貧しい人々は、子どもを学校に行かせるお金がないこともある。最小限の医療サービスでさえ、大抵の場合、彼らには手が届かないのである。

この種の貧困は生死に関わる。豊かな国々の平均寿命は七八歳である。公式に「特に開発が遅れている」と分類される最も貧しい国々〔後発開発途上国〕では、平気寿命は五〇歳以下である[6]。豊かな国々では、五歳になる前に死ぬ子どもは一〇〇人に一人に満たない。最も貧しい国々においては、五人に一人が死ぬ。さらに、回避可能な貧困関連の原因によって毎年約一〇〇〇万人の幼児が死亡しているというユニセフの推計に加えて、少なくとも八〇〇万人の五歳以上の子どもや成人が毎年死亡しているのである[7]。

現代の豊かさ

極度の貧困状態で暮らす一四億の人々とだいたい同じくらいの数の人々、すなわち約一〇億人が、国王と貴族の住む宮殿を除いてはこれまで一度も経験されたことのなかったような水準の豊かさを享受している。ルイ一四世「太陽王」は、フランスの国王としてヨーロッパでかつてないほど壮大な宮殿を建てることができた。だが、現代の先進国に住む大抵の中産階級の人が夏の間自宅を〔クーラーで〕涼しく保ちうるほどには、彼は自分の宮殿を涼しくすることができなかった。国王の庭師たちは非常に技術に長けていたが、私たちなら一年中買えるようなさまざまな種類の果物や野菜を作ることはできなかった。もし国王が虫歯や病気になったときには、彼の歯医者や医者ができる最善の治療でさえ、私たちをぞっとさせるようなひどいものでしかなかった。

だが私たちは、数世紀前のフランス国王よりもよい暮らしをしているだけではない。私たちはまた、自分たちの曾祖父母よりもはるかに恵まれているのだ。第一に、私たちは彼らより三〇年長生きできる見込みがある。一世紀前には、子どもの一〇人に一人が幼少期に死亡していた。今日ほとんどの豊かな国々では、幼少期に死亡するのは二〇〇人に一人に満たない(8)。今日、私たちがいかに豊かであるかをよく示すもう一つの指標は、基本的な栄養ニーズを満たすために働かなければならない労働時間の少なさである。今日のアメリカ人は、食料を買うのに平均して収入の六パーセントしか使っていない。もし週に四〇時間働いているのであれば、その週の食料を買うのに必要なお金は、たった二時間で稼げるのである。そこで、消費財や娯楽や休暇中の旅行のために使えるお金がたくさん手元に残るわけである。

次に、大富豪、つまり宮殿のような邸宅や、馬鹿げたほど大きくて豪華なヨットや、自家用飛行機のためにお金を使う人々がいる。二〇〇八年の株式市場の暴落によって数が減るまでは、世界には一一〇〇人以上の億万長者がいて、彼らの純資産を合計すると四・四兆ドルにもなった(9)。こうした人々へのサービスとしてルフトハンザ・テクニーク社は、ボーイング社の新機種七八七ドリームライナーの特別仕様機を作る計画を明らかにした。商業旅客機としては、この機体は三三〇人の乗客を乗せることができる。特別仕様機の場合は、乗客は三五人までで、その機体の値段は一億五千万ドルである。値段はさておき、少人数用の非常に大きな飛行機を所有することほど、個人として地球温暖化に寄与できる最悪の手段はない。周知のように、すでに多くの億万長者たちが、ボーイング七四七をはじめとした商業用サイズの自家用飛行機で世界中を飛び回っている。報道によると、グーグル社創業者のラリー・ペイジとセルゲイ・ブリンはボーイング七六七を購入し、何百億ドルも使って個人的使用のためにに内装をととのえた(10)。しかし、お金と資源のこれ見よがしな無駄遣いとしては、イラン系アメリカ人で通信業界の起業家であるアニューシャ・アンサリを凌ぐことは困難である。報道によると彼女は、宇宙で一一日間過ごすために、二〇〇〇億ドル支払ったのである。コメディアンのルイス・ブラックは、ジョン・スチュワートの「ザ・デイリー・ショウ」という番組の中で、次のように述べた。アンサリがそのようなことをしたのは、それが「地球上で飢餓に苦しむすべての人々の頭上を飛んで、『ねえ、私が何にお金を使っているか見て頂戴！』と叫ぶという人生の目標を達成する唯一の方法」だったからである。

私が本書を執筆しているとき、『ニューヨーク・タイムズ』紙の日曜版から、別刷りの広告特集がすべり落ちた。それは六八ページの高級誌であり、ロレックスや、パテック・フィリップや、ブライトリングやその他の高級ブランドの腕時計の広告で埋め尽くされていた。広告には値段が書かれていなかったが、機械式時計のリバイバルについての宣伝記事を読むと、一番安いものの価格帯が推測できた。その宣伝記事は、安価なクォーツ時計が極めて正確で機能的であることを認めた上で、「機械の動きにはどこか魅力的なところがある」と述べていた。なるほど。しかし、その魅力的なものを腕につけるには、いくらかかるのだろうか。「機械式時計の趣味を持つというのはお金のかかることと思うかもしれませんが、五〇〇ドルから五〇〇〇ドルの間でも、たくさんの選択肢があります」。ただし、「これらのエントリーモデルはとてもシンプルで、基本的な動き、基本的な時間表示、シンプルな装飾のものです」。ここから私たちが推察できるのは、宣伝されている時計のほとんどは、五〇〇〇ドル以上の値段であること、すなわち、信頼のおける正確なクォーツ時計の一〇〇倍以上するということである。このような製品に対するマーケット――『ニューヨーク・タイムズ』紙の広い読者層に対して、多額の費用をかけて宣伝する価値のあるマーケット――が存在するということは、私たちの社会の豊かさを示すもう一つの指標である[11]。

しかし、もしあなたが大富豪の度の過ぎた行為に対して首をかしげているとしたら、少し待ってほしい。平均的な収入のアメリカ人のお金の使い方について、もう一度考えてみてほしい。アメリカのほとんどの場所で、一日に〔飲むことを〕推奨されているコップ八杯の水を水道からなら一セント以下の値段で手に入れることができるのに対して、ペットボトルの水なら一・五ドルかそれ以上する[12]。ペットボトル入りの水を作って運ぶのにかかるエネルギーの浪費が環境問題を引き起こしているにもかかわらず、アメリカ人はいまだにペットボトルの水を買い、二〇〇六年には三一億リットル以上もの量を購入したのである[13]。私たちの多くが一杯のコーヒーを手に入れる方法についても考えてほしい。自宅で数セントでコーヒーを淹れれば、カフェラテに三ドルかそれ以上を払う必要はないのである。あるいは、あなたはソーダやワインのおかわりを尋ねる店員の誘いに何の気なしに応じて、飲み終えなかったことがないだろうか。考古学者のティモシー・ジョーンズ博士がアメリカ政府の資金で行なった、生ゴミに関する研究では、家庭から出るゴミの一四パーセントは問題なく食べられる食べ物であり、元のパッケージに入ったままで、消費期限も過ぎていないことがわかった。しかもその半分以上はインスタント食品か缶詰で、長期間もつものである。[14]ジョーンズ博士によると、毎年アメリカでは一〇〇〇億ドル分の食料がゴミとして捨てられている。ファッション・デザイナーのデボラ・リンクイストによれば、平均的な女性でも昨年一度も着なかった服を六〇〇ドル分以上も持っている。[15]実際の金額がどうであれ、男性も女性も私たちのほとんどすべてが、必要のないものを買い、その一部は一度も使いさえしないということは明らかだろう。

溺れている子どもをためらわずに助け、しかも自分がかなりの犠牲を払うことになってもそうするだろうということについては、私たちのほとんどが絶対確実だと考えている。ところが、毎日何千人もの子どもが死んでいるにもかかわらず、私たちは当たり前のように買うけれども、なくてもほとんど気付かないようなものにお金を使っている。これは間違ってはいないか。もし間違っているのだとすれば、私たちは貧しい人々に対してどのくらいの義務を負っているのだろうか？

第2章　助けないのは間違ったことか

ボブはもうすぐ定年を迎える。彼は、ブガッティという非常に珍しく高価なクラシックカーに自分の貯金の大半をつぎ込んだが、その車に保険をかけることは済んでいない。ブガッティは彼の自慢の種である。この車を運転し、きれいにすることによって得られる快楽に加えて、ボブはこの車の市場価値が上がっているため、この車をいつでも売って引退後も快適に暮らせることを知っている。ある日ボブがドライブに出かけたとき、彼はブガッティをもう使用されていない鉄道の側線の終端近くに停めて、線路に沿って散歩した。そうしていると、誰も乗っていない暴走列車が線路の向こうからやってくるのに気付いた。線路のずっと先をみると、線路の上で夢中になって遊んでいるように見える子どもの小さな姿が目に入った。その子どもは暴走列車に気付いておらず、大きな危険が迫っている。ボブには列車を止めることはできず、また子どもはずっと遠くにいるため、大声で叫んで危険を知らせることもできない。しかし、彼は切り替えスイッチを入れることにより、列車を彼のブガッティが停車している側線に導き入れることができる。そうすれば誰も死ぬことはない――しかし、側線の終端にある防御壁は破損しているため、列車は彼のブガッティを破壊するであろう。ボブは彼の車を所有する喜びと、その車が持つ財政的保障のことを考え、切り替えスイッチを入れないことにした。

車か子どもか

哲学者のピーター・アンガーは、池で溺れている子どもの物語をこのように変更することで、子どもの命を助けるために私たちがどれほど犠牲を払うべきと思っているかについて、もっと考えを深めることを私たちに要求している。アンガーの物語には、現実世界の貧困について私たちが考える際にしばしば重要となるある要素が付け加わっている。それはすなわち、私たちの犠牲の結果が持つ不確実性である。ボブは、自分が何もせず車を優先した場合に子どもが死ぬかどうかについて確実にはわからない。もしかすると、ぎりぎりのところで子どもが電車の音に気付いて、安全なところへと飛び退くかもしれない。同じように、私たちが慈善団体に寄付するお金が援助しようとしている人々に本当に役立っているのかについて、私たちのほとんどは疑念を抱くことができるだろう。

私の経験では、人々はほぼ間違いなく、ボブの行為は誤っていたと答える。なぜなら、ボブは切り替えスイッチを入れて自分が一番大切にしている高価な所有物を破壊し、それによって経済的に安定した老後を暮らすという希望を犠牲にすることを選ばなかったからだ。彼らに言わせると、いかにその車が珍しく価値の高いものであっても、私たちは単に車を守るために子どもの命を重大な危険にさらすことはできない。そうすると私たちは、老後のために貯蓄するというありふれた行為をすると、ボブと同じくらい誤った行為をしたことになると考えねばならなくなるだろう。というのも、老後のために貯蓄すると、結果的に、人命救助のためにそのお金を使うのを拒否したことになるからである。この結論を受け入れることは難しい。快適な老後のために貯蓄することが、どうして間違っていると言えるのだろうか。ここには、控えめに言ってもどこか不可解なところがある。

アンガーが考え出したもう一つの事例は、命に関わらない状況の場合には、苦しみを和らげるために人々はどれほどの犠牲を払うべきだと私たちが考えているかをテストするためのものである。

あなたはヴィンテージ・カーで田舎道をドライブしている。そのとき足に大けがを負ったヒッチハイカーがあなたの車を停めた。彼は最寄りの病院に連れて行ってくれとあなたに頼んだ。もしあなたが断れば、彼は足を切断することになる可能性が高い。一方で、あなたが彼を病院に連れて行くことにするならば、彼の血で車のシートは汚れてしまうだろう。あなたは最近、大枚をはたいてシートを白のソフトレザーに張り替えたばかりである。

ここでも同様に、大抵の人はそのヒッチハイカーを車に乗せて病院に連れて行くべきだと答える。ここからわかるのは、具体的な状況で実際の個人について考えるように促された場合、大半の人は、たとえ自分が何らかの犠牲（場合によっては大きな犠牲）を払うとしても、罪のない人々の深刻な苦しみを和らげることは私たちの義務と考えているということだ。(1)

基本となる議論

上ではいくつかの例について述べたが、これらは私たちが持つ次の直観的な信念を明らかにしている。すなわち、私たちは困っている人を助けるべきであり、少なくとも彼らが自分の目に入るところにいて、また彼らを助けられるのは自分だけである場合には、助けるべきであるという信念である。だが、私たちの道徳的な直観は、常に信頼できるわけではない。そのことは、時代や場所が違えば、人々が直観的に受け入れる事柄、あるいは非難する事柄が違うことからもわかる。極度の貧困状態にある人々を助けるべきだという主張は、私たちの直観以外のものによっても根拠づけることができれば、よりしっかりしたものになるだろう。次に述べるのは、一見もっともらしい前提から上記と同じ結論を導き出すための論理的な議論である。

第一の前提　食料、住居、医療の不足から苦しむことや亡くなることは、悪いことである。

第二の前提　もしあなたが何か悪いことが生じるのを防ぐことができ、しかもほぼ同じくらい重要な何かを犠牲にすることなくそうすることができるのであれば、そのように行為しないことは間違っている。

第三の前提　あなたは援助団体に寄付することで、食料、住居、医療の不足からの苦しみや死を防ぐことができ、しかも同じくらい重要な何かを犠牲にすることもない。

結論　したがって、援助団体に寄付しなければ、あなたは間違ったことをしている。

溺れている子どもの話は、援助をすべきだということの議論の一例である。というのは、自分の靴を駄目にして仕事に遅れるのは、子どもの命ほど大切なことではないからだ。同じように、車の内装を新しくすることは、足を失うことほど重要な問題ではない。ボブとブガッティの事例においてさえ、ブガッティを失うことは無辜の命が失われることと同じくらい重大な問題だと主張するのはかなり無理があるだろう。

上記の議論の前提のいずれかを否定できるかどうか考えてみてほしい。食料、住居、医療の不足から苦しむことや亡くなることが、本当の本当に悪いことではないということはありうるだろうか。はしかで死んだガーナの少年について考えてみてほしい。もしあなたがこの少年の母親か父親であり、自分の息子が苦しみ弱っていくのを何もできずに見ているとしたら、どんな気持ちになるだろうか。あなたは、子どもたちがこの病気でしばしば亡くなることを知っている。あなたはまた、自分の子どもを病院に連れて行くお金がありさえすれば、病気を治せることを知っている。このような状況では、あなたは自分の子どもをどうにかして助けられるのであれば、ほとんど何だって差し出すだろう。

　他人の立場、例えばこの少年の両親やこの少年自身の立場に立って考えること。これこそが、倫理的に考えることの本質である。これは、「自分が他人にしてもらいたいと思うことを他人にしなさい」という黄金律の考え方に凝縮されている。黄金律は大抵の西洋人にとってはマタイやルカによる福音書にあるイエスの言葉として知られている。だが、これは驚くほど普遍的な教えであり、仏教、儒教、ヒンズー教、イスラム教、ジャイナ教、ユダヤ教においても見られる。ユダヤ教の場合、レビ記にこの考え方が見られ、後に賢人ヒレルによって強調された(2)。黄金律によれば、私たちは他人の欲求を自分自身のものであるかのように考えることを受け入れなければならない。もし死にそうな子どもの両親の欲求が自分自身のものであるなら、両親の苦しみと子どもの死が考えうる限り最悪のものであることに疑う余地はないだろう。そこで、私たちが倫理的に考えるなら、こうした欲求はあたかも自分自身のものであるかのように見なされねばならず、するとこの苦しみや死が悪いものであることを私たちは否定できなくなるのだ。

　第二の前提もまた、退けるのが非常に難しいものである。というのも、何か悪いことが生じるのを防ぐために、それとほぼ同じくらい重要な何かを犠牲にしなければならないような状況が生じた場合には、退避路が用意されているからである。例えば、自分の子どもたちを見捨てることによってしか、他人の子どもの死を防ぐことができないという状況を考えてみよう。この基準によれば、その場合に他の子どもたちの死を防ぐ義務はあなたにはないことになる。

「ほぼ同じくらい重要な」というのは、あいまいな表現である。これは意図的にそうしてある。というのは、私の考えでは、子どもの命を救うことに比べれば明らかに価値の小さい事柄が多々あり、それらなしでもあなたが生きていけることは間違いないからだ。あなたが何をもって命を救うことと（ほぼ）同じくらい重要と考えるかは私にはわからない。それらがなんであるか決めることをあなたにまかせることで、私はそれらを見つけだす手間を省くことができる。あなたが正直に申告してくれるものと私は信じている。

喩え話や物語は、行き過ぎることがある。あなたしか子どもを助けることができない状況において、目の前で溺れている子どもを助けることや、遠くに見える子どもの命を助けるために線路の切り替えスイッチを動かすことは、いずれも、遠い国に住む人々に援助を行なうこととは異なっている。私が上で提示した議論は、溺れている子どもの事例を補強するためのものである。というのもこの議論は、助けを必要としている一人の子どもに目を向けることであなたの心を揺り動かす代わりに、あなたの理性に訴えかけ、抽象的だが説得力のある道徳原則に同意することを求めるものだからだ。そうすると、この議論を退けるためには、あなたは推論過程のどこかに誤りを見つける必要があることになる。

あなたは今、この基本となる議論――私たちは、ほぼ同じくらい重要な何かを犠牲にすることなく苦しみや死が生じるのを防げる場合には、援助団体に寄付すべきである――は、それほど論争の余地がないと思っているかもしれない。ところが、もしもこの議論を真剣に受け入れるならば、私たちの生活は劇的に変化することだろう。というのも、一人の子どもの命を救うために援助団体に寄付する額はたいしたことはないかもしれないが、その額を寄付した後でも、援助を必要とする多くの子どもたちがまだまだいるからである。そして、その一人ひとりの命は比較的少ない費用で救うことができるのだ。仮にあなたが二〇〇ドルを援助団体に寄付したとしよう。この援助団体は、何もしなければ失われるであろう発展途上国の子ども一人の命を、その額で救うことができるとしよう。あなたは本当によいことをしたのであり、そのために新しい服を買えなくなったものの、もともとその服は実のところ買う必要がなかったものである。よいことをしておめでとう！　でも、自分のよい行ないを祝うためにシャンパンのボトルを開けたり、映画に行ったりしないでもらいたい。そのシャンパンのボトルや映画の代金と、他のいくつかの贅沢をやめることで節約できる金額を合わせれば、もう一人別の子どもの命を救うことができるだろう。だが、こうしたものを諦めてさらに二〇〇ドルを寄付したとして、あなたがお金を費やしている他のすべてのものは、子どもの命と同じくらい、あるいはほぼ同じくらい重要だと言えるだろうか。そんなことはないだろう。そこであなたは、不必要な支出を減らし、節約したお金で寄付をし続けなければならない。そして、これ以上寄付すれば、子どもの命とほぼ同じくらい重要な何かを犠牲にすることになるぐらい――例えば寄付をしすぎて自分の子どもに十分な教育の機会を与えられなくなるぐらい――貧しくなるまで、寄付するのである。

私たちは次のように考える傾向にある。もし人々が他人に危害を与えず、約束を守り、嘘をついたり騙したりせず、子どもや高齢の親の面倒を見て、そして自分の地域社会の貧しい人々に少し寄付でもすれば、十分によいことをしたことになる、と。そして、もし私たちが自分と扶養家族のニーズを満たしたのちにまだお金が残っていれば、自分の好きなように使ってもよいはずである、と。赤の他人に寄付すること、とりわけ自分の地域社会を超えたところにいる人々に寄付することは、よいことではあろうが、私たちはそれを自分たちがしなければならないことだとは考えない。だが、上記の基本となる議論が正しいとするなら、私たちの多くが許容可能だと考える振る舞いは、新たな視点からより批判的に考える必要が出てくる。私たちが余ったお金を、コンサートや流行の靴やおいしい食事やワインや遠い国での休暇のために費やすなら、私たちは間違った行為をしていることになるのだ。

思いがけないことに、上で述べた三つの前提は受け入れることがずっと困難になった。今やあなたは、ここまで過剰な要求をする道徳的議論が果たして正しいことなどありうるのだろうかと疑問に思うかもしれない。そこで少し立ち止まって、私たちが最も尊重しているいくつかの倫理的伝統の中で、この議論がどう位置づけられるかを見てみるのがよいだろう。

貧しい者を助けることについての伝統的な見解

キリスト教の伝統では、貧しい者を助けることは魂の救済のために必要な事柄であった。イエスは裕福な人に向かって次のように言った。「完全な人になりたいのなら、自分の財産を売りに行き、貧しい者に与えなさい」。自分のメッセージが確実に伝わるように、イエスは続けて、駱駝が針の穴を通ることの方が裕福な人が神の王国に入るよりも簡単だと述べた[3]。イエスは、旅を中断して赤の他人を助けた善きサマリア人のことを褒めた[4]。彼は祝祭を行なう者に対して、貧しき者、体の不自由な者、足の不自由な者、目の見えない者を招待するよう促した[5]。イエスは、最後の審判について語るとき、神が助けるのは、飢えた者に食事を与え、喉の渇いた者に飲み物を与え、裸の者に服を与える者であると述べた。神の王国を引き継ぐか、永遠の業火に焼かれるかを決めるのは「私の兄弟たちのうち、もっとも恵まれない者」に対してあなたがどのように振舞うかであるとイエスは述べた[6]。何にもまして彼は貧しい者たちへの慈善を強調した。

驚くべきことではないが、古代および中世のキリスト教徒たちはこうした教えを非常に真剣に受け止めた。パウロはコリント人への第二の手紙の中で、余剰のある者は貧しい者とそれを分かち合うべきであると述べた。「今あるあなたの余剰によって彼らの必要が満たされ、後には彼らの余剰によってあなたの必要が満たされるだろう。こうして等しくなるのである」[7]。使徒行伝によると、エルサレムの初期キリスト教共同体の人々は、すべての財産を売り払い、必要に応じてそれを分割したとされる[8]。アッシジのフランチェスコによって創設された修道会であるフランチェスコ会では、修道僧は清貧の誓いを立て、すべての私有財産を放棄した。ローマ・カトリック教会の準公式の哲学となった思想を生み出した中世の偉大な学者であるトマス・アクィナスは、人が「余分」に——つまり自分と自分の家族の必要を現在および予見可能な将来にわたって十分に満たすことができる以上に——持っているものは、「貧しい人の生存を維持するために用いられなければならないというのが自然の正義である」と主張した。この見解を支持するために、アクィナスは、四大「教会博士」すなわち教父の一人であるアンブロジウスの言葉を引用している。彼はまた、一二世紀に編纂された教会法『グラティアヌス教令集』も引用している。そこには次の力強い言葉が記されている。「あなたが隠しているパンは飢えた者のものである。あなたがしまっている服は、着る服がない者のものである。あなたが土に埋めている金は、無一文の者にとっては救いと自由なのである」。

「用いられなければならない」という言葉や「〔誰それの〕ものである」という表現に注目してもらいたい。これらのキリスト教徒にとっては、余った富を貧しい者と分かち合うことは慈善の問題ではなく、私たちの義務であり彼らの権利の問題なのだ。さらにアクィナスはこうも言っている。「極度の貧困状態にある場合には、他人の所有物をこっそり奪って使うことは、厳密に言えば盗みにはあたらない。なぜなら、ある人が自分の命を守るために奪うものは、それが必要であるという理由から、彼自身の所有物となるからである」[9]。これは単にローマ・カトリックの見解というわけではない。アメリカ建国の父たちのお気に入りの哲学者であるジョン・ロックも次のように述べている。「慈善が意味するのは、こういうことである。すなわち、生存の手段が他にないところでは、すべての人は極度の欠乏から自分を守るために必要なだけのものを、他の人が豊富に持つものの中からもらう権原を持つ、ということだ」[10]。

今日、一部のキリスト教徒は聖書の教えに立ち返ることを求めている。『ソージャナーズ』というキリスト教雑誌の創始者であり編集者でもあるジム・ウォリスは、聖書には貧困を減らすことについて三〇〇〇回以上の言及があると好んで指摘する。これは彼の考えでは、貧困の削減をキリスト教徒にとって中心的な道徳的課題とするのに十分な理由となる[11]。『人生を導く5つの目的』〔尾山清仁訳、パーパス・ドリブン・ジャパン、二〇〇四年〕の著者でありサドルバック教会の牧師であるリック・ウォレンは、二〇〇三年に南アフリカを訪れ、みすぼらしいテントでできた教会に二五人のエイズ孤児たちが保護されているのを目の当たりにした。この経験は「心臓にナイフが突き刺されたようだった。この教会の人々は私が所属する巨大教会〔メガ・チャーチ〕全体よりも、貧しい人たちのために多くのことを行なっていることに気付かされたからだ」とウォレンは言った。それ以降、ウォレンの勧めもあり、サドルバック教会の七五〇〇人以上のメンバーが自費で発展途上国へ行き、貧困や病気に取り組むためのボランティア活動を行なった。ウォレン自身は、今日次のように述べている。「政治や〔保守派とリベラル派の〕文化闘争など、どうでもいいのです。私の唯一の関心は、ダルフールやルワンダのような地域や国に、人々の目を向けてもらうことです」[12]。

貧しい者を助けることは、ユダヤ教でも非常に強調されている。貧しい者を助けることについて聖書でなされている三〇〇〇もの言及の多くも、ユダヤ教に由来するものだ。「慈善」を意味するヘブライ語は「ツェダカ」であるが、これはまさに「正義」を意味する言葉である。ここからわかるように、ユダヤ人にとっては、貧しい者に与えることは正義に適った生活を送る上で不可欠なことであり、やってもやらなくてもよいことではない。タルムード〔ユダヤの律法と倫理についての古代のラビたちによる議論の記録〕では、慈善は他のすべての戒律を合わせたものと同じくらい重要であり、ユダヤ人は自らの収入の最低一〇パーセントは「ツェダカ」として寄付すべきであるとされている[13]。

イスラム教においても、貧しい者を助けることが信者に要請されている。毎年、最低限度以上の富を所有しているイスラム教徒は、〔所得ではなく〕財産に応じて「ザカート〔喜捨〕」を行なわなければならない。金と銀〔の財産〕――今日では現金や他の当座資産もここに含まれる――に関しては、毎年その二・五パーセントを寄付しなければならない。さらにイスラム教徒は「サダカ〔任意の施し〕」を行なうこともできる。これには金銭と労働の両方が含まれ、例えば旅行者たちが水を飲めるように井戸を掘ったり、モスクを建てるのを手伝ったりするなどである。ザカートと異なり、サダカはやってもやらなくてもよいものである。

ユダヤ教、キリスト教、イスラム教はみな、世界の同じ地域で生まれ、お互いに関連のある伝統を持っている。中国の伝統はこれらとはまったく異なり、自分と関係のある人、特に親族に対してどのように行為するかをより重視していると言われることがある。しかしここでも、貧しい人に対する私たちの義務について、非常に強力な主張を見いだすことができる。孟子はキリスト教が始まる約三〇〇年前に活躍した人物であるが、儒教の伝統の最も権威ある解釈者と見なされており、中国思想に対する影響力という点では孔子の次に数えられる人物である。孟子の教えを記したある著作で、孟子が梁恵王の宮廷を訪れたときのことが述べられている。宮廷に着くと、彼は王と面会して次のように述べた。

道端には飢饉で死に瀕した人々がいるのに、あなたは穀物庫にある蓄えを彼らに与えようとしない。人々が死んだら、あなたは次のように言うだろう。「私が悪いのではない。不作の年が悪いのだ」。これは人を刃物で刺し殺した者が次のように言うのとどう違うだろうか。「私が悪いのではない。この刃物が悪いのだ⒁」。

私たちには貧しい者を助ける強い道徳的義務があるという考え方は決して新しいものではない。援助が容易な一対一の状況であれば、助けないのは間違っていると私たちは直観する。世界で最も貧しい国々で極度の貧困状態にある人々を助けようという訴えを、誰もが見たり読んだりする。けれども、私たちのほとんどは「他人に対して〔慈善を〕なせ」という呼びかけを無視する。そこで次に、私たちが〔慈善〕行為をしない理由として挙げられるものをいくつか見てみよう。

第3章　寄付に対するよくある反論

あなたは自分が寄付を惜しまない人であると思っているかもしれない。大抵のアメリカ人はそう信じている。この信念は、アメリカ人が二〇〇七年中に慈善団体に寄付した三〇六〇億ドルのうち、四分の三は直接個人から寄付されたものであることによって裏付けられる。アメリカでは、慈善団体への寄付は国民総所得のおよそ二・二パーセントに上る。これは他のどの国よりもはるかに高く、他の豊かな国々の大半が慈善団体に寄付するレベルのおよそ二倍である。アメリカの一〇世帯のうち七世帯が二〇〇七年中に何らかの形での寄付を慈善団体に対して行なっている。(1)アメリカ人は時間も提供している。ほぼ三割の人が、宗教、教育、コミュニティ関連の組織などで何らかのボランティア活動をしており、その平均時間は年に五〇時間である。しかし金銭的な寄付とは対照的に、ボランティア活動に関しては、アメリカはいくつかのヨーロッパの国々に遅れをとっている。とりわけオランダの人々は、アメリカ人の二倍以上ボランティア活動をしている。金銭的な寄付とボランティア活動を合わせると、アメリカはオランダとスウェーデンに次いで世界で三番目に気前のよい国である。[2]

これらの統計データは励みになるものだが、少なくとも極度の貧困状態にある人々に関して言えば、その裏にはやや残念な状況が隠されている。アメリカの慈善に関する最も権威ある報告書である『Giving USA 2008』によると、アメリカ人が寄付する額のまるまる三分の一は宗教団体に向けられたものであり、これが最も大きな割合を占めている。この寄付によって聖職者の給与が支払われ、また教会やシナゴーグやモスクの建設および修繕が行なわれる。その一部は――とはいえ最も楽観的な推計でも、一割以下であるが――発展途上国の援助のために用いられている。寄付の行き先として二番目に大きいのは教育であり、ここには大学や図書館が含まれる。ここでもまた、そのうちのごく一部が、発展途上国から来た留学生の奨学金や、貧困や病気の削減に役立ちうる研究の資金として用いられている。『Giving USA 2008』では、国際的な援助団体への寄付だけでなく、貧しい者への援助以外の活動をしている団体、例えば国際的な交換留学制度を運営したり、国際平和や安全保障のために活動したりする団体への寄付も一つのカテゴリーにまとめられている。このカテゴリー全体で受け取っているのは、アメリカ人が慈善団体へ寄付した総額のわずか四・三パーセントである。経済協力開発機構（ＯＥＣＤ）の統計によれば、アメリカにおける対外援助のための個人の寄付額は国民総所得のわずか〇・〇七パーセントにすぎない（これは所得一〇〇ドルに対してわずか七セントである）。[3]

この本を読むことに決めたあなたは、おそらく寄付を行なったり、自分のコミュニティでボランティア活動をしたりする人だろう。それでもおそらく、あなたは遠い地域に住む極度の貧困状態にある人々の命を救うために自分の所得のかなりの割合を寄付することには消極的だろう。慈善はまず身内から（charity begins at home）ということわざがあるが、私はこれまで友人や同僚や学生や講演の聴衆が、さまざまな仕方でこのような消極的な態度を表明するのを見てきた。私は新聞のコラムや投書やブログでも、同じ態度を目の当たりにした。特に興味深かったのは、ボストン郊外の高級住宅地にあるグレンビュー高校（これは仮名である）で「文学と正義」と題された選択科目を受講した生徒たちによるコメントである。これが興味深いのは、これらのコメントが、豊かなアメリカにおいて典型的なある種の考え方を反映しているためである。教師たちはその授業のテキストの一つとして、私が一九九九年に『ニューヨーク・タイムズ』紙に寄稿した文章を生徒たちに配った。これは第2章で述べた議論を少し修正して提示したものであり、生徒たちはこれに応答するレポートを書くよう求められた(4)。当時ハーバード大学の大学院生として青少年たちが他人に対する義務についてどう考えているかを研究していたスコット・セイダーは、その授業を受けていた生徒たちのうちの三八人にインタビューを行ない、彼らのレポートを読んだ(5)。

これらのインタビューやレポートの中で提起された問題のいくつかを見てみることにしよう。おそらく最も根本的な反論は、キャスリンによるものだろう。彼女はグレンビュー高校の生徒で、寄付を拒否する人々を非難してはいけないと考えている。

すべての人に当てはまる白黒はっきりした普遍的な規範など存在しません。この問題について人々が異なる見解を抱いていることを認め、すべての人が自分自身の信念に従う権利を持つことを認めた方がよいと思います。

貧しい人々に対する道徳的義務があるかどうかについて、各人にまかせるべきだとキャスリンは考えている。たしかに各人が置かれた状況は大事だし、私たちはあまりに白黒はっきりした形で人を非難すべきではない。しかし、だからといって、すべての人が自分自身の信念に従う権利を持つということを認めるべきだということにはならない。これは道徳的相対主義である。多くの人がこの立場を魅力的だと感じるが、それは何かひどく間違ったことをしている人に出会うまでのことである。仮に猫の手をつかんで次第に熱くなる電気グリルに押さえつけている人を私たちが見て強く非難したところ、彼が「だけど面白いんだよこれは。猫の悲鳴を聞いてごらんよ」と言ったとしよう。その場合私たちは「まあそうだね、あなたには自分自身の信念に従う権利があるからね」と言ってその人を放っておきはしないだろう。私たちは動物を虐待する人々を止めることができるし、実際にそうしようと試みるだろう。それはレイプをしようとする人や人種差別主義者やテロリストを私たちが止めようとするのと同じである。寄付をしないことが、これらの暴力行為をするのと同じだと言っているわけではないが、もしある状況で道徳的相対主義を退けるのであれば、すべての状況で退けるべきなのだ。

私の文章を読んで、ダグラスというグレンビュー高校の別の生徒が、私には「人々に何をするか命令する権利はないはずだ」と反論した。ある意味では彼の意見は正しい。私には、あなたが私の言った通りにしなければならないという意味で、あなたやあなた以外の人にその人自身のお金をどう使うかを命令する権利はない。私はダグラスにも、あなたにも、命令する権限はない。とはいえ、私には言論の自由があり、私はこの自由を行使して、あなたが自分のお金で何をするか決める前に考えた方がよいと思われるいくつかの議論を、あなたに示しているのだ。これだけ重要な問題なのだから、いろいろな意見を聞いてからあなたに態度を決めてほしいと私は思う。ただし、私のこの意見が間違っているというのであれば、あなたは自由に本を閉じてよいのであり、それについて私ができることは何もない。

　道徳は相対的なものではなく私たちはそれについて語るべきではあるが、私たちには寄付をする義務はまったくないというのが正解だと考えることも当然可能である。グレンビュー高校の生徒であるルーシーは、次のように書いている。

> もし新しい車を買いたいという人がいるなら、そうしたらよいのです。家を改装したいという人がいるなら、そうしたらよいのだし、スーツが必要なら、買えばよいのです。彼らは自分でお金を稼いでいるのであり、自分のために稼いだお金を使う権利があるのです。

　あなたは次のように考えたことがあるかもしれない。今の収入を得るために大変な努力をしてきたのだから、それを好きに使う権利があるのではないか、と。これは公平で、経済についての私たちの基本的な価値観を反映しているようにも思われる。だが何が公平かについて考える場合、次の点も考慮に入れた方がよいだろう。すなわち、あなたが先進国に住む中間層の人間であるとすると、幸運にもあなたは一生懸命働いて適切な能力を持っていれば快適な暮らしを送ることが可能になる社会経済的条件のもとに生まれついたということである。他の地域に生まれていたなら、あなたはどれだけ一生懸命働いても貧しいままだったかもしれない。ウォーレン・バフェットは世界中で最もお金を持っている人の一人であるが、彼はこのことを認めて次のように言っている。「もし私をバングラデシュやペルーの真ん中に放り出したとしたら、私の〔投資の〕才能は誤った土壌ではほとんど何も生み出さないことがわかるだろう」。ノーベル賞を受賞した経済学者で社会科学者のハーバート・サイモンは、豊かな社会で人々が得る稼ぎのうち、少なくともその九割は「社会資本」のおかげだと推計した。サイモンが言っているのは、あなたが住んでいる社会には効率的な銀行業や、犯罪者からあなたを守ってくれる警察行政や、もし誰かが契約違反をした場合には適切な判決を下してくれる相応の見込みのある裁判制度といったよい制度が整備されているということだ。道路や通信網や信頼できる電力供給といったインフラも、私たちの社会資本の一部である。こうしたものがなければ、あなたがどれだけ一生懸命働いても貧困から免れるのは難しいだろう。実際のところ、貧しい人々の大半は少なくともあなたと同じくらい一生懸命働いている。貧しい国の労働環境が、豊かな国に住む人の大半には受け入れがたいものであるとしても、その国に住む人々には選択の余地がないのだ。貧しい国々では、機械を用いて作業を行なうことが少ないため、人々の仕事はきつい肉体労働である可能性が高い。また、熱帯地方の貧しい国で働く事務職員には冷房のような贅沢品はまず与えられない。もし貧しい人々が働いていないとすると、それはおそらく貧しい国では豊かな国よりも失業率が高いためであり、それは貧しい人々の責任ではないのだ。

ルーシーは、人には自分で稼いだお金を好きに使う権利があると書いた。仮にそのことに同意したとしよう。しかし、あなたに何かをする権利があるからといって、それはあなたが何をすべきかという問いの答えにはならないのである。もしあることをする権利があなたにあるなら、私がそれを強制的にやめさせることは正当でない。それでも、私はあなたに「それは愚かなことだ」とか「それは言語道断だ」とか「それは間違っている」と言うことができる。なるほどあなたには週末にサーフィンをして過ごす権利がある。しかし、そうは言っても、「あなたは病気の母親を見舞いに行くべきだ」という意見が正しい場合もありうる。同様に、お金持ちには自分のお金を使って豪勢なパーティーをしたり、パテック・フィリップの高級な腕時計を買ったり、自家用ジェット機や豪華なヨットを買ったり、宇宙旅行に行ったりする権利があり、さらには札束をトイレに流したりする権利があるとすら言えるかもしれない。また、私たちのようにもっと慎ましい生活水準の人々に関しても、日々の労働から束の間の休息を与えてくれるさほど高価でない娯楽のどれかをあきらめるよう強制してはいけないと言えるかもしれない。それでもやはり私たちは次のように考えることができるだろう。すなわち、人命を救助するためではなくこうした事柄のためにお金を使うことは間違っており、嘆かわしいほど共感能力に欠けていることを示しており、あなたがよい人ではないことを意味しているのである、と。

もし私たちが自分のお金を自らが望むように使う権利を持つとしたら、お金持ちに彼らのお金を寄付するよう強制するいかなる試みに対しても、また例えば課税により彼らからお金を取ろうとする試みに対しても、その権利は反対根拠になるだろう。私たちがそのような権利を持つとは私は思わないが、だからといって私は、援助を増やすために増税をしたり、その他の強制的な手段をとったりすることをここで論じたいのではない。私が言っているのは、私たちが倫理的に生きたいのであれば、自分のお金を使って何を選択すべきなのかということなのだ。また、私は世界規模の貧困を削減することに関する政府の役割を否定する議論をしているわけでもない。政府がそのような役割を果たすべきかどうかは、私が今論じている議論とは単に別の問題であるのだ。私が目指しているのは、次のことをあなた、つまり読者の一人ひとりに納得してもらうことである。すなわち、貧しい人々を助けるためにあなたはずっと多くのことができるのであり、またそうすべきであるのだ、と。

リバタリアン〔自由至上主義者〕は、私たちに他人を助ける義務があるという考えを受け入れようとしない。カナダの哲学者のジャン・ナーヴソンは、この立場から次のように論じている。

たしかに私たちは、他人に対して自分がもたらした害悪については、その相手がどこにいようとも責任を持つ。そして私たちはその人に対して補償する責任を負うのである。（中略）しかしながら、自分が何ら不正を犯していない相手に対して、私たちが一般的義務として何らかの責任を負っていることを示す説得力のある議論を私はまだ見たことがない(6)。

一見したところ、次のような政治哲学は魅力的である。「あなたが私を放っておいてくれたら、私もあなたを放っておく。そうすれば私たちはうまくやっていくことができるだろう」。この考え方は、開拓者精神に訴えるところがある。すなわちそれは、各人が自分の領土を開拓して隣人に干渉されずに暮らすことのできるような、限りなく広い空間における理想的な生き方である。一見、この考え方はまったく理に適っているように思われる。ところが、この哲学には冷淡な側面があり、当人の落ち度からではなく困窮している人々に対して私たちはいかなる責任も負っていないと言うのだ。リバタリアニズムを真面目に受け取るならば、私たちは仕事がない人々や病気や障害を持つ人々に対するあらゆる公的な生活保護や、高齢者や医療保険に加入できない貧しい人々に対する公的な医療制度を廃止しなければならなくなる。このような極端な見解を本気で支持する人はほとんどいない。大抵の場合、比較的わずかな犠牲によって人々を助けられるならばそうする義務があると私たちは考えている。私たちは自分の国に住む人に対しては明らかにそう考えているが、私の議論が正しければ、そこ〔自国の国境〕で線を引くことは正当化できない。しかし、あなたがまだ私の議論に納得していないとしたら、次の議論を考えてもらいたい。もし実際に、世界で最も貧しい人の貧困の原因の少なくとも一端が私たちにあるとしたら、つまり私たちが貧しい人々に危害を与えているのだとしたら、その場合はナーヴソンのようなリバタリアンでさえ、私たちが彼らに補償すべきであることに同意せざるをえないことになる。

世界の富の総量は一定であり、多くの人々の間で分かち合う必要があるパイのようなものだと考える人もいる。この考え方によれば、お金持ちが得るパイの取り分が大きければ大きいほど、貧しい者が得る取り分は小さくなる。もし本当に世界がそのようであるとしたら、比較的少数のエリートたちが、残りすべての人々に甚だしい不正を行なっていることになるだろう。というのも、世界の人口のわずか二パーセントが世界中の富の半分を所有しており、最も裕福な一〇パーセントの人々が世界中の富の八五パーセントを所有しているからだ。それに対して、世界の人口の半分が所有する財産を合わせても、世界の富のわずか一パーセントにしかならない(7)。しかし〔現実には〕、世界の富の総量は一定ではない。世界は例えば一〇〇〇年前に比べてはるかに豊かになっている。起業家たちは、人々が欲するものを生み出すよりよい方法を見つけることで金持ちになるが、そのことによって他の人たちが必ずしも貧しくなるわけではない。本書は絶対的な貧困について書かれたものであり、あなたが隣人に比べてどのくらい貧しいか〔相対的な貧困〕について書かれたものではない。絶対的な指標で言えば、起業家は世界の富を増やすのである。したがって、世界の富の分配が不平等であるという事実は、たしかにその程度は甚だしいのだが、お金持ちが貧しい者に危害を与えたという十分な根拠にはならない。

しかし、お金持ちが実際に貧しい者に危害を与えたことが明らかな例はいくつもある。その一つを経験したのが、アレ・ノディである。彼はセネガルという西アフリカにある国の海岸沿いの村で育った。彼の父と祖父は漁師であり、彼も漁師になるつもりだった。だが、働き出して六年を過ぎても自分の船の燃料費をまかなうのがやっとという程度の魚しかとれなかったため、彼はカヌーに乗って〔スペイン領の〕カナリア諸島に向けて旅立った。彼は、ヨーロッパに大勢いる不法移民の一人になろうとしたのだ。ところがその試みはうまくいかず、彼は逮捕され強制送還された。しかし彼はもう一度試みるつもりだと言う。その航海は危険であり、彼のいとこの一人は同じような航海の途中に命を落としたにもかかわらず、である。彼は自分に選択の余地はないと言う。なぜなら、「この海にはもう魚がいないからだ」。欧州委員会の報告書は、ノディの言う通りであることを示している。ノディの父と祖父が漁をして家族を養っていた漁場は、ヨーロッパや中国やロシアから来た商業漁船によって破壊されてしまった。そうした漁船は、高い値段でも魚を買う栄養状態のよいヨーロッパ人に魚を売るのだ。商業漁船は巨大な網で海底をさらうため、魚が育つ珊瑚礁を傷つけてしまう。その結果、貧しい人々のための主要なタンパク源が消失し、村の漁師たちの船は海に出ることがなくなり、漁に出たり船を造ったりして生計を立てていた人々は失業状態に陥った。このような話は世界中のあちこちの沿岸部で起きている(8)。

あるいは、私たちのように豊かな国々の市民がどのようにして石油や鉱石を手にしているのかを考えてみよう。テオドロ・オビアンは赤道ギニアという小さな国の独裁者である。彼は自国の石油の大半をエクソン・モビール社やマラソン社やヘス社のような米国企業に売っている。彼の公式の給料は六万ドルと慎ましいものだが、人口五五万人という小国の統治者である彼は英国女王のエリザベス二世よりもお金持ちである。彼は米国メリーランド州や南アフリカのケープタウンに家を持ち、ランボルギーニ、フェラーリ、ベントレーといった自家用車を所有するほか、自家用ジェットを六機と、マリブ〔米国カリフォルニア州の高級住宅地〕に三五〇〇万ドルの家を所有している。彼が支配している国の人々のほとんどは極度の貧困状態にあり、平均寿命は四九歳で、新生児・乳児死亡率は一〇〇〇人中八七人である（これはつまり、一二人に一人の子どもが一歳の誕生日を迎える前に亡くなるということだ）[9]。赤道ギニアは極端な例であるが、他の例も同じくらいひどいものだ。二〇〇五年に、コンゴ民主共和国は二億ドル相当の鉱石を輸出した。しかしそこから得られた税収の総額はわずか八万六〇〇〇ドルであった。間違いなく誰かがこの取引から利益を得ているはずだが、それはコンゴの人民ではなかった[10]。二〇〇六年に、アンゴラでは石油によって三〇〇億ドル以上の歳入があった。これはアンゴラの人口一二〇〇万人で割ると一人当たり約二五〇〇ドルとなる。けれども、大多数のアンゴラ人は基本的な医療を受けられず、平均寿命は四一歳であり、四人に一人の子どもが五歳の誕生日を迎える前に亡くなるのだ。トランスペアレンシー・インターナショナルの腐敗認識指数によると、アンゴラは現在一八〇カ国中、一四七位である〔順位が低いほど腐敗度が高いとされる〕。

　国際企業が発展途上国の腐敗した独裁者たちと商取引をすることは、盗まれた物をそれと知りつつ購入する人々に似ている。違うのは、こうした企業は国際的な法的・政治的秩序によって、盗まれた物を所有する犯罪者ではなく、購入した商品の合法的な所有者として認められていることだ。もちろんこの状況は、独裁者たちと商取引をしている企業にとっても、また私たちにとっても利益となっている。というのも、こうして得られる石油や鉱石やその他の原材料は、私たちが自国の繁栄を維持するのに必要だからである。ところが発展途上国にとっては、資源が豊かなことは災難である。問題は単に、賢明に使えば一国の繁栄の基礎となるはずの莫大な富を失っているということだけではない。皮肉なことに、石油や鉱石の貯蔵量が豊かな発展途上国は、こうした資源を持たない点をのぞけば同程度の国々に比べて、貧しいことがしばしばある。その理由の一つは、そうした資源を売ることによって得られる収益が、政府を転覆して権力を握りたいと考える人にとっては、かなり大きな金銭的誘因となることだ。政府に対して反乱を起こす者は、反乱が成功すれば莫大な富が手に入ることを知っている。彼らはまた、反乱に協力した人々に報償を与え、自分がどれほどひどい統治をしようとも権力の座に居座るのに十分なだけの武器を買うことができる。もちろんこれは、彼らから武器を与えられた人々の一部が、莫大な富を手に入れる見込みから反乱を起こす誘惑に駆られなければの話であるが……。[11] こうして発展途上国の利益となるはずの資源は、腐敗や反乱や内戦を生み出す災いのもととなる。もし私たちが、資源は豊かだが貧しい国々とのこうした非倫理的な取引によって得られた原材料を用いた商品を使うならば、私たちはこうした国々に住む人々に危害を与えているのである。

豊かな国々に住む私たちがもう一つ別の仕方で貧しい人々に危害を与えていることが、ここ一〇年から二〇年の間でますます明らかになっている。ウガンダのヨウェリ・ムセベニ大統領は、二〇〇七年に行なわれたアフリカ連合のある会議の中で、先進国に向けてはっきりと次のように述べた。「あなた方は地球温暖化を引き起こすことで、私たちの国を攻撃しているのだ。（中略）アラスカは農業に適した土地になるかもしれない。シベリアも農業に適した土地になるかもしれない。しかし、そうするとアフリカはどうなるのか？」。[12]

これは激しい言葉遣いであるが、その非難の内容を否定することは難しい。現在大気中にある温暖化ガスの三分の二は、アメリカと欧州から生じたものである。このガスがなければ、人間によって生み出された地球温暖化問題は存在しないだろう。それに比べるとアフリカからの排出量は極端に少なく、一九〇〇年以来、燃料を燃やすことによって生じた地球全体の排出量の三パーセント以下である。土地の開墾や家畜の生産にともなうメタンガスの排出を含めればもう少し多くなるが、それでも先進国の排出量に比べれば、ほんのわずかでしかない。また気候変動についてはどの国でも対応が必要ではあるものの、ムセベニ大統領が言う通り、赤道に近い地域の貧しい人々に極端なしわ寄せが行くことになる。科学者の中には、降雨量は赤道近くで減って、北極と南極の近くで増えることになるだろうと考える者もいる。いずれにせよ、食糧の生産のために何億もの人が頼みにしている雨が、より不確かなものになるのだ。さらに、貧しい国々は豊かな国々に比べて農業に依存する割合がはるかに大きい。アメリカでは、農業は経済活動のわずか四パーセントを占めるにすぎない。それに対してマラウイでは四割にもなり、人口の九割は自耕自給の農家であり、そのほぼ全員が雨に頼っている。また、気候変動が貧しい者にもたらす問題は干ばつだけではない。海面が上昇すると肥沃で人口の密集したデルタ地帯では洪水が起こるが、エジプトやバングラデシュやインドやベトナムでは何千万もの人々がそこで暮らしているのだ。キリバスやツバルのような、海抜の低い環状サンゴ島からなる太平洋諸島の小さな国々も同じような危機に瀕しており、数十年後にはそれらの島が水没することは不可避だと考えられている。(13)

先進国が排出した温暖化ガスが、多くの豊かな人々に加え、世界中で最も貧しい人々の多くに危害を与えたこと、また今日も与え続けていることの証拠は動かしがたいものである。もし他人に危害を与えた者はその人に補償しなければならないという考え方を私たちが受け入れるのであれば、先進国が世界中で最も貧しい人々の多くに補償責任を負っていることを私たちは否定できない。気候変動の影響を和らげるために彼らに十分な援助を行なうことは、その補償を行なう一つの方法と言えるだろう。

今日の地球は、温暖化ガスが排出されると、気候変動が生じて環境が悪化する状態にある。このような世界においては、「あなたが私を放っておいてくれたら、私もあなたを放っておく」という哲学に従って生きることはほとんど不可能になっている。なぜなら、この哲学に従おうとするなら、大気中に温暖化ガスを排出するのを完全にやめなければならなくなるからだ。そうしない限り、私たちは他の人々を放っておいているとは言えないことになる。

アメリカは気前のよい国です。アメリカ人として、私たちはすでに税金を通じて自分たちの分担以上に対外援助をしています。これで十分なのではないでしょうか。

「アメリカはその所得の何パーセントを援助に用いているか。その割合は他の豊かな国々に比べて、大きいのか、小さいのか、同じくらいか」と尋ねられたとき、正しい答えができたアメリカ人は二〇人に一人しかいなかった。私の学生たちがアメリカはこの点で気前のよい国だと言うことがあるが、その場合、私はＯＥＣＤのウェブサイトを見せて、援助を行なっている加盟国それぞれの援助額を一緒に確認することにしている。すると彼らが驚くことに、対外援助が国民総所得に占める割合で見た場合、アメリカは長年の間、先進諸国の最下位かその近辺にあるのだ。

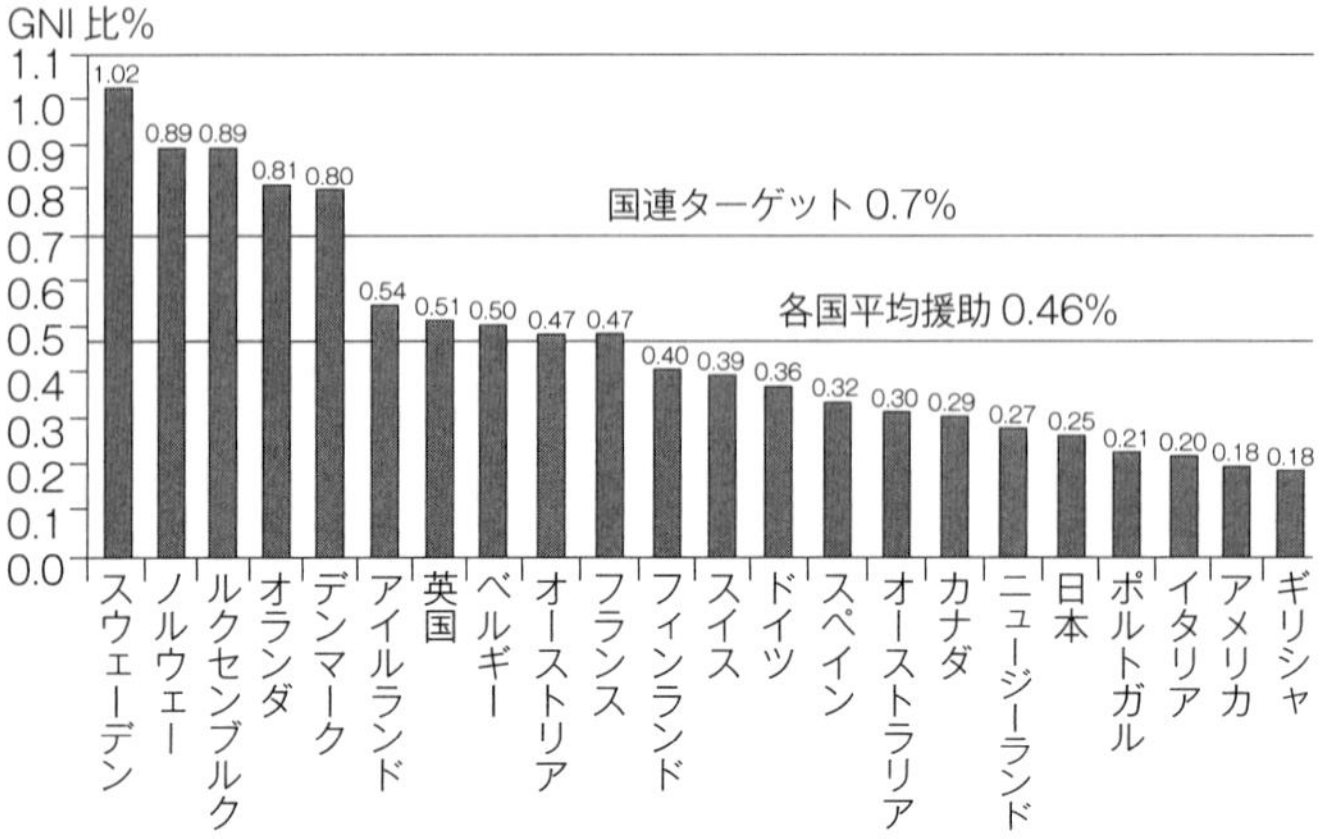

図1　政府開発援助実績の対国民総所得（GNI）比（2006）[14]
〔最新のデータについては、外務省のサイトにある以下のページを参照
http://www.mofa.go.jp/mofaj/gaiko/oda/about/oda/oda_jisseki.html〕

二〇〇六年には、対外援助が国民総所得に占める割合では、アメリカはポルトガルやイタリアよりも下位となり、先進国の中ではギリシャに次いで下から二位となった。その年の各国平均の寄付額は、国民総所得一〇〇ドル当たり四六セントであったが、アメリカは一〇〇ドル当たり一八セントしか援助に用いていなかった（図1）。

アメリカ人に対して、（国民総所得ではなく）政府支出のどのぐらいの割合が対外援助に用いられているかを訪ねた四つのアンケート調査では、回答の中央値は一五パーセントから二〇パーセントであった。正しい答えは一パーセント以下である（図2）。

アメリカが国民総所得のどれだけの割合を対外援助に当てているかという質問に対して、回答したアメリカ人の四二パーセントは実際の四倍以上を当てていると答えた。また回答者の八パーセントは、アメリカは実際の額の一〇〇倍以上を対外援助に使っていると答えたのだ！[15]

さらにこれらのアンケート調査では、過半数の人々がアメリカは対外援助に予算を使いすぎていると答えた。しかしアメリカはどのくらいの額を援助に使うべきかという質問に対しては、中央値は政府支出の五〜一〇パーセントとなった。言い換えると、人々はアメリカが実際に対外援助に使っている額の五〜一〇倍に「減額」すべきだと答えたのだ！

次のように言う人がいるかもしれない。アメリカは他の国々に比べて個人による援助がはるかに多いので、こうした政府による援助額だけでは誤解が生じる、と。ところが、たしかにアメリカは他の豊かな国々の大半に比べると個人による援助額は大きいが、それでさえ国民総所得に占める割合で見るとオーストラリア、カナダ、アイルランド、スイスには及ばず、ベルギーやニュージーランドと同じくらいなのである。この民間による所得一〇〇ドル当たり七セントの援助額を政府による援助額と合わせた場合、アメリカの対外援助額は所得一〇〇ドル当たり二五セントにしかならず、やはり対外援助を行なっている国々の中で最下位近くに位置している。[16]

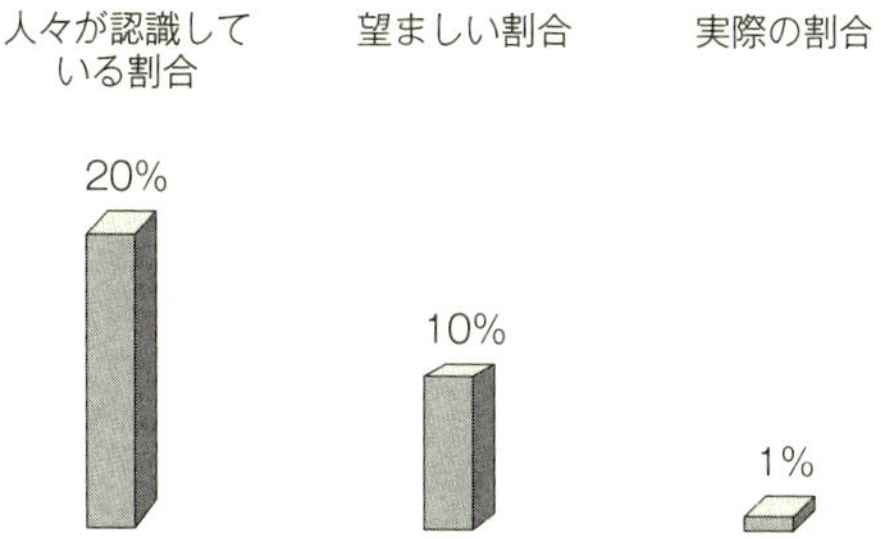

図２　対外援助額が連邦予算に占める割合

棒グラフはそれぞれ、2000 年に国際政策指向プログラム（PIPA）が実施したアンケート調査への回答の中央値である。PIPA やワシントンポスト紙が実施した他のアンケート調査でも、同様の結果が出ている。

慈善行為を行なうと、本当に必要な政治的改革が行なわれなくなるのではないか。

右派〔保守派〕が恐れているのは、国家が人々からお金を徴収して、世界中の貧しい人に与えることを私が推奨しているのではないかということだ。他方、左派〔進歩派〕が心配しているのは、お金持ちの人に援助団体への寄付を勧めれば〔彼らが実際に寄付すると〕彼らの良心の痛みは和らぐかもしれないが、それでも彼らを豊かにし何十億もの人々を貧しいままにするグローバルな経済システムから彼らは引き続き利益を得るだろうということだ(17)。哲学者のポール・ゴンバーグの考えでは、慈善行為は「政治的な静寂主義」を促進し、貧困の制度的原因――それは彼の見解では基本的に資本主義のことである――や、そうした制度に根本的にとって代わる別の制度を見つける必要性から、人々の注意をそらしてしまう(18)。

私たちの所得のもっと多くを貧困と戦う援助団体に寄付すべきだと私は考えているが、貧困と戦う最善の方法については、新しい考えを受け入れてもよいと思っている(19)。オックスファムのような援助団体は、緊急支援や開発援助に加えて、より公正なグローバル経済秩序の実現を訴える活動を行なっている。仮にあなたがグローバルな貧困の原因を調査して、その削減のために最も効果的と思われる方法を検討した結果、より革命的な変化が必要だと心から思うようになったとしよう。その場合、グローバルな経済システムにおいて革命を起こそうとする団体にあなたの時間やエネルギーやお金を注ぐことは意味のあることだろう。しかしこれは実践上の問題であり、もしあなたの求める種類の革命が生じる可能性がほとんどないとすれば、あなたは一部の貧しい人々が実際に助かる見込みがより大きい方策を探す必要がある。

人々にお金や食糧を与えると依存状態をつくり出してしまう。

干ばつや地震や洪水といった緊急事態では、餓死に瀕した人々を助けるために食糧を供給する必要があるだろう。しかしこうした緊急事態を除けば、貧しい人に直接お金や食糧を与えるべきではないということに私も同意する。それほど深刻な状況でなければ、食糧を供給することによって人々が依存状態に陥る可能性がある。もしアメリカのような先進国から食糧が輸送されると、その地域の市場が崩壊し、現地の農家が余剰作物を作って売ろうという意欲を失ってしまう可能性がある。私たちがしなければならないことは、〔現地の〕人が自分でお金を稼いだり、彼らが持続可能な仕方で、かつ自分たちの力で食糧を作り、またそれ以外のニーズも満たしたりできるようにすることである。彼らにお金や食糧を与えても、そうはならないだろう。彼らの本当の助けになる援助の仕方を見つけ出すことが重要であり、これはたやすい課題ではないが、後に見るように達成可能なのだ。

資本主義ではお金は元手である。それを寄付に使うと将来の成長が損なわれてしまう。

ガエターノ・シプリアーノという男性が、私の書いたある文章を読んで私に連絡してきたことがある。彼は、起業して成功した資本家として、私に有益な見解を提示できると考えたのだ。彼はアメリカに移民してきた家族の三世代日であり、ＥＩアソシエイトという工事・建築会社を所有し運営している。この会社はニュージャージー州のシダーノールズにあり、資産はおよそ八〇〇〇万ドルである。「資本主義ではお金は元手である」とは彼の言葉である。ガエターノが言うには、彼は可能な限り最良の仕方で資本を用いて利益を生み出し、成長を促進しようとしてきたのであり、その資本を寄付すればするほど「自分の首を絞める」ことになる。とはいえ彼は、贅沢をしているわけではない。「豪勢な家に住んでいるわけではありません」と彼は言う。「別荘は持っていませんし、運転している車は二〇〇一年製のフォード・エクスプローラーで、すでに七万三〇〇〇マイルも走っています。品のよいスカッシュのクラブに所属しており、スーツ四着と黒の靴を二足持っています。休暇をとるときも、短期間だし遠くに行くわけではありません。船も飛行機も持っていません」。彼は寄付を行なってはいるものの、「賢明で、しかも〔会社の〕持続的な成長を妨げないレベル」でやっていると言う。もし彼がそれ以上寄付をするなら、現在自分の会社に再投資している額から差し引かなければならなくなる。しかしそうすると、彼の今後の稼ぎは減り、おそらく雇える人の数や彼らに支払える給料の額も減ることになる。さらに、老後になって彼がより多く寄付しようと決めたとしても、手元にある額は少なくなってしまうだろう。

これと同様の理由から、ウォーレン・バフェットが最初に稼いだ一〇〇万ドルを寄付しなかったのはよいことだということに私たちは同意できるだろう。もし彼がそうしていたら、彼には自分の事業を発展させるために必要な投資資本がなかったであろうから、今日彼が寄付を約束している三一〇億ドルを寄付することもできなかっただろう。もしあなたにバフェットと同じくらいの投資の才能があるなら、あなたも人生後半になるまでお金を寄付に回さずにとっておき、それから彼のようにその大半を寄付すべきである。しかしそこまで優れた投資の才能を持たない人々は、もっと早くに寄付した方がよいかもしれない。

二〇〇八年に亡くなったクロード・ローゼンバーグは、ＲＣＭキャピタル・マネジメントという資産運用会社の創業者であり、会長であった人である。彼は当然、投資について多くを知っていたが、慈善行為についてもよく知っていた。彼はニュー・タイジング〔タイジング（tithing）は歴史的に宗教組織に支払われた「一〇分の一税」のこと〕というグループを創設し、『豊かで賢明な生き方――あなたとアメリカが寄付を最大限生かす方法』〔未邦訳〕という本を書いた。彼の議論によると、今寄付する方が、お金を投資に回した後で寄付するよりも値打ちがある。というのは、社会問題が長い間放っておかれると、それだけ状況が悪化するからである。言い換えると、資本は投資によって増大するが、社会問題を解決するためのコストも〔時間が経てば〕増大する傾向にあるのだ。しかも、ローゼンバーグによると、社会問題を解決するためのコストが増大する割合は、投資から得られる収益の割合に比べて「指数関数的に大きい」のである[20]。この考えを裏付けるために、ローゼンバーグは貧困やその他の社会問題には、本人だけでなく将来世代や社会全体にとっても、カスケード効果〔雪だるま式に悪化すること〕があることを指摘している。この主張は漠然としているため、証明することも、反証することも困難である。だが、仮にこのことがアメリカの貧困について当てはまるとするならば、発展途上国の貧困についてはもっと当てはまることになるだろう。それは一つには、ベースライン〔基準線〕の低いところから始める方が、高い割合の収益を得やすいからである。もちろんこれは、私たちが発展途上国の貧困削減に対して何か有効なことができると前提した上での話だが。

仮にあなたがこれまでの全財産をアフリカの貧しい人々に寄付したらどうなるのだろうか（中略）？　そうすると、一切の経済活動が失われ、新たな富を生み出したり、誰かを助けたりすることもできなくなるだろう。

この批判はマイアミ大学の哲学教授であるコリン・マッギンによるものである[21]。マッギンの言う「あなた（you）」があなた、つまり一人の読者を指すのか、あるいは集団――この場合、アメリカ南部の人なら「あなたたち（y'all）」という表現を用いて呼ぶだろう――のどちらを指すのかははっきりしない。仮にあなた（ここにあなたの名前を入れること）が、これまでの全財産をアフリカの貧しい人々に寄付しても、アメリカ経済はびくともしないだろう。たとえ本書を読んだ人すべてがそうしたとしても、やはりアメリカ経済はほとんど影響を受けないだろう（ただし本書の売り上げが私の予想をはるかに超えたら話は別であるが）。仮にアメリカ人全員がそうしたとしたら、アメリカ経済は破綻するだろう。しかし今のところ、この最後の可能性についてはまったく心配する必要はない。というのは、それが起こる兆候はまったく見られないからであり、また私もそのような提案をしているわけではないからである。

大きな額の寄付を行なっている人があまりにも少ないため、より多くの額を寄付する必要が生じている。そのため私たち一人ひとりが寄付をすればするほど、より多くの命を救うことができるという状況にある。しかし、もし皆が今寄付しているよりもずっと多くの額を寄付すれば、今とはまったく違う状況になるだろう。お金持ちの人と貧しい人の間には巨大な格差があるので、もし皆が寄付をするのであれば、これまでに稼いだ全財産をアフリカに寄付する必要はまったくない。本書を読み終えるまでにわかるように、快適な生活を送り、ときどき外食をし、ペットボトルの水を買うのに十分なだけの生活水準にある人々が皆ほどほどの寄付をすれば、世界中で極度の貧困状態にある人々の大半を一日一・二五ドルという貧困線より上に引き上げるという目標を十分に達成できるのだ。もしこのほどほどの寄付が実際になされれば、貧困が原因で毎年一〇〇〇万人の子どもが亡くなるという状況を私たちは抜け出すことができるだろう。したがって、少数の人々が多額の寄付をするにせよ、大勢の人々が少額の寄付をするにせよ、世界中の極度の貧困を終わらせようとする試みが、アメリカ経済を麻痺させることにはつながらないだろう。こうした試みが行なわれた後でも、起業活動や個人の財産の余地は十分に残っている。こうした試みは、長い目で見ればグローバル経済にとってはマイナスになるよりプラスになるだろう。なぜなら、今日は蚊帳の外にいる一四億もの人が経済活動に参加することで、新たな市場を形成し、新たな貿易と投資の機会を生み出すからである。

実際のところ、人々は自分の家族やコミュニティ、また自分の国と特別な関係にある。これは人類に備わっている基本的な条件であり、人類の歴史を通じてこのことを問題に感じた人はほとんどいなかった(22)。

——オックスフォード大学ニューカレッジの哲学教授兼学寮長アラン・ライアン

たしかに私たちのほとんどは、赤の他人よりも自分の家族や友人を大切にしている。これは自然なことであり、何の問題もない。しかし、家族や友人をどこまで優先すべきだろうか。グレンビュー高校の生徒であるブレンダンは、貧しい人を助けるためにお金を使う代わりに、そのお金を「同じようにお金を必要としている自分の家族や友人を助けるために使った方がよい」と考えた。もし家族や友人が本当にお金を必要としているなら、つまりありえなさそうなことだが、極度の貧困状態で暮らす人々と同じくらいにお金を必要としているなら、赤の他人にあげないで家族や友人にお金をあげることに反対するのは、あまりに人間の本性から外れたことになるだろう。幸い、豊かな国々に住む中間層の人々の大半はこのような〔あれかこれかという〕選択をする必要はない。このような人々は現在支出している金額よりずっと少ない額でも自分の家族をまったく十分に養っていけるため、極度の貧困状態に暮らす人々を助けるために使えるお金が手元に残っているはずだからである。とはいえ、どれだけを寄付に回すべきか正確に言うことはたしかに難しいだろう。この問いについては本書で後に議論する。

グレンビュー高校の生徒のキーナンは、アラン・ライアンとよく似た論点を出している。

「自分たちには必要がないお金を貧しい人に寄付すれば」世界はよりよく、より平等になるでしょう。しかし、それはちょうど小さな子どもが一袋のアメを買い、アメを一つだけ自分の分にして、あとは人にあげてしまうようなものです。そんなことはありえないことです。

これらすべての発言が提起する問題は、私たち人間が（だいたい）どのようなものであるのかと、私たちが何をなすべきかという二つの問いの関係である。カナダのオンタリオ州にあるクイーンズ大学で哲学を専攻する学生であるブレンダン・オグレイディが、インターネット上のブログでこの問題について書いたとき、同じく哲学専攻のカナダ人学生であるトマス・シモンズから次のようなコメントがあった。

もちろん私は人々が死ぬのは嫌ですが、なんと言うか、彼らに対して特別な感情を持っていないのです。もし私が旅行で人々が餓死しかけているような地域に行ったとすれば、間違いなく違った考えを持つでしょう。しかし現状では彼らはあまりに遠くにいるのです。寄付をしないことによって、暗に私は多くの人々が最低限の生活を送れることよりも、自分の生活が豊かであることを優先していると言われるかもしれません。まあたしかにその通りなのでしょう。私は不道徳なことをしているのでしょうか？　そうも言えるかもしれませんね。[23]

オグレイディがシモンズのコメントに質問を加えたとき、シモンズは自分の立場を明確にしようとして次のように述べた。「道徳的な弁明をするつもりはなくて、単に自分の個人的な感情をさらけ出しただけです。つまり、私がどう感じているかを説明しただけなのです」。物事が実際にどうあるかを述べることと、物事がどうあるべきかを述べることの間にある区別は、キーナンやアラン・ライアンが言っていたこととも関係している。私たちが自分の家族やコミュニティ、また自分の国をより大切にする傾向があるという事実によって、こうした境界線を超えたところにいる貧しい人々の命を私たちが助けようとしないことが説明できるかもしれない。しかし、倫理的な観点からは、彼らを助けないことを、この事実によって正当化することはできない。たとえ、私たちの祖先が何世代にもわたってこのことに問題を感じてこなかったとしても、そうなのである。とはいえ、なぜ私たちが現にこのような仕方で行動するのかについて適切な説明ができれば、どの程度の変革が可能であるかを理解するための重要な一歩となるだろう。

Ⅱ　人間の本性

第4章　なぜ私たちはもっと寄付をしないのか？

もし論理の一貫した議論をするだけで社会変革をもたらせるのなら、物事ははるかに簡単だったろう。しかし、もっと寄付すべきだと考えている人でさえ、常にそうするわけではないことは明らかである。人々がさまざまな仕方で行動するに至る心理的要因について、ここ数十年の間に多くのことがわかってきた。そこで、こうした知識を私たちが考察中の問題に適用することにしよう。その問題とは、なぜ人々が今よりもっと寄付をしないのか、またどうしたら彼らがもっと寄付をするようになるのか、である。

人間には自分の利益を優先する傾向がある。多くの人は、このことを日々の経験を通じてすでに確信しているだろう。もしまだあなたが確信していないとしても、心理学者たちがそれを証明する数々の実験を行なっている。例えば、ダニエル・バトソンとエリザベス・トンプソンが行なったある実験では、研究参加者に二つの課題を提示して、それらを本人とその場にいない別の研究参加者に割り振るよう依頼した。課題の一つは比較的面白く、大きな利益が見込まれるものだと説明された。それに対し、もう一つの課題は退屈で何の利益ももたらさないものだと説明された。研究参加者たちは次のような説明も受けた。「大抵の研究参加者は、例えばコイン投げなどで両者に平等なチャンスを与えるのが、自分と相手に課題を割り振る最も公平なやり方だと考えます」。そのためのコインが手渡された。本人以外は、誰もコイン投げの結果を知ることができないようにしてあった。課題を割り振った後の面接で、彼らは全員、最も道徳的なやり方はコイン投げをするか、やりがいのある方の課題を相手に割り振るかのいずれかだと答えた。だが、研究参加者の約半分はコイン投げをせず、そのうちの八割以上がやりがいのある方の課題を自分自身に割り振っていた。しかしもっと驚くべきことに、コイン投げをした場合に、コインを投げた本人にやりがいのある方の課題を割り当てる面が出た確率は、なんと八五パーセントにも上ったのだった！(1)

とはいえ、私たちはしばしば親切で気前のよいこともする。大半の先進国の医療においては、輸血用の血液の供給に関して、一般市民の利他心を頼りにしている。すなわち、市民は自分の血液を赤の他人にあげている。彼らはわざわざ自分の時間を犠牲にして静脈に注射針を刺されるという経験――多くの人が不快に思う経験――を何の報酬もなく、おいしくもまずくもないようなコーヒーか紅茶を一杯もらうくらいで行なうのだ。彼らは自分たちに輸血が必要となった場合に優先してもらえるわけでもない。また、人々が自分は溺れている子どもを助けるだろうと何のためらいもなく言うとき、彼らはおそらく本心からそう言っている。だとすれば、たいした犠牲を払わずに途上国の子どもたちを助けることができるというのに、なぜ私たちはそうしないのか。そこには利己心と利他心の間の単純な葛藤以外にも、いくつかの心理的要因が作用している。そこで本章では、そのうち最も重要な六つの要因について述べようと思う。

特定可能な被害者

気前のよい寄付はどのような要因によって生み出されるかを調べようとした研究者たちがいる。彼らはある心理学の実験において、研究参加者にお金を渡し、その一部をセーブ・ザ・チルドレンという米国や途上国の貧しい子どもたちの支援を行なっている団体に寄付する機会を与えた。第一のグループには、寄付の必要性について一般的な情報が与えられた。一般的な情報とは「マラウイでは食糧不足によって三〇〇万人以上の子どもが影響を受けています」という類いのものである。第二のグループには、マラウイに住むロキアという名前の七歳の女の子の写真が示された。そして、ロキアは極度に貧しいことと、「彼女の人生はあなたの寄付によってよい方へと変わります」ということが彼らに伝えられた。

ロキアの情報を与えられたグループは、一般的な情報しか与えられなかったグループよりも、寄付額が有意に大きかった。次に、第三のグループには一般的な情報とロキアの写真およびロキアについての情報が与えられた。そのグループの寄付額は一般的な情報しか与えられなかったグループよりも大きかったが、それでもロキアについての情報のみを与えられたグループよりは小さかった。(2) さらに、ロキアの情報に加えて――一般的な情報は与えずに――もう一人の子どもの情報を与えた場合でさえ、一人の子どもについてのみ述べた場合よりも、平均の寄付額は低くなった。この実験の参加者たちは、二人の子どもの場合よりも一人の子どもについて情報を与えられたときの方が、強い感情を抱いたと報告した。(3)

別の研究でも、よく似た結果が得られた。あるグループには、一人の子どもの命を救う治療を行なうためには三〇万ドル必要だと伝えられた。別のグループには、八人の子どもの命を救う治療を行なうためには総額で三〇万ドル必要だと伝えられた。ここでもまた、一人の子どもについて伝えられたグループの人々の方がより多くの寄付を行なった。(4)

この「特定可能な被害者効果」は「救命原則」に結びついている。すなわち、私たちは「統計上の人命」を救うよりも、特定可能な被害者を助けるために、はるかに多くの犠牲を払うのだ。ジェシカ・マクルーアの事件を考えてみよう。一九八七年、テキサス州ミッドランド郡で、一歳六カ月の幼児だったジェシカが涸れた井戸に落ちた。救助隊が彼女を助け出すまでの二日半の作業の様子を、CNNは世界中の何百万人もの視聴者に向けて放送した。人々があまりに多くのお金を寄付したので、ジェシカは現在、一〇〇万ドル相当の信託基金を持っていると言われている。(5) 世界のその他の地域では、ユニセフによるとその二日半の間に六万七五〇〇人の子どもが貧困関連の回避可能な原因によって死んだとされる。こうした子どもたちはメディアによって注目されることもなく、ジェシカに寄付されたお金で助けられることもなく死んでいった。だが、ジェシカの事件に関わったすべての人にとっては、いかなる犠牲を払ってでもジェシカを助けなければならないことは明白だった。同様に、私たちは炭坑に閉じ込められた炭坑夫や、行方不明になった船乗りを見捨てることはない。たとえそのような救助にかかるお金を使って危険な交差点を安全なものにした方が、より多くの命が救えるとしても、である。医療の場合でも、私たちは多くの人々が病気にならないようにする予防的措置よりも、特定の患者の生命を救うために――しばしばそれは徒労に終わるのだが――はるかに多くの費用を投じるのだ。(6)

このように「特定可能な人」というのは、より抽象的な情報とは異なった仕方で私たちを動機づける。ところが、この現象が生じるには、その人についての具体的な情報すら必要ないのだ。ある研究の参加者たちは、困窮した家族に住まいを提供するためにハビタット・フォー・ヒューマニティー〔住宅を建てることでコミュニティを築くNGO団体〕に寄付することを求められた。その際一部の研究参加者には、家族が「すでに選ばれている」と伝えられ、別の一部には、家族が「これから選ばれる」と伝えられた。その他の詳細については、寄付のお願いの文面はまったく同一であった。いずれの場合も、研究参加者はすでに選ばれた家族、あるいはこれから選ばれる家族がどのような人たちであるかは知らされず、家族についての他の情報も一切知らされなかった。それにもかかわらず、家族がすでに選ばれたと伝えられたグループの方がかなり多くの額を寄付したのである。(7)

この分野の第一人者であるポール・スロヴィックの考えでは、「特定可能な人」が――さらに言えば、すでに選ばれた人というだけでも――私たちにこれほど大きく訴えかけるのは、私たちが情動システムと熟慮システムという二つの異なるプロセスを用いて現実を把握し、何をすべきかを決めているためである。[8]情動システムは、私たちの感情的反応に基づくものである。このシステムでは現実的あるいは寓話的なイメージや物語が用いられる。それらは迅速に処理され、ある事柄が正しいか間違っているか、善いか悪いかについて直観的な感情が生み出される。そうして生み出された感情が直ちに行動をもたらすのだ。熟慮システムは、私たちの感情ではなく推論能力に基づくものであり、またイメージや物語ではなく言葉や数字や抽象概念を用いるものである。この場合のプロセスは意識的であり、私たちは論理や証拠の良し悪しを評価する必要がある。そのため、熟慮システムは情動システムに比べて少し時間がかかり、情動システムのように直ちに行動につながることはない。

助けを必要としている人は、私たちの感情を強くゆさぶる。これは私たちの情動システムが作用しているためだ。マザー・テレサの次の言葉はこのことを言い表している。「群衆を目にしても私は決して助けようとしません。それが一人であれば、私は助けようとします」[9]。もし立ち止まってよく考えてみれば、「群衆」とは人々の集まりのことであり、その個々の人は「一人」の人と同じくらい助けを必要としていることが、私たちにはわかる。そして、合理的に考えるならば、ただ一人を助けるよりも、その人に加えて別の人も助けた方がよく、またその二人に加えてもう一人を助けた方がさらによい等々ということがわかる。私たちは自分の熟慮システムが正しいことを知っているが、マザー・テレサにとっても他の多くの人にとっても、助けを求める一人の人が持つ私たちの感情を強くゆさぶる要素がこの知識には欠けているのである。

この二つの思考システムのそれぞれの特徴をより明らかにするような、より複雑な実験が行なわれている。この実験をしたのは、「ロキア」の情報を与えられた人々の反応と、より一般的な情報を与えられた人々の反応とを比較する実験をした研究チームである。今回、研究者たちが調査したのは、研究参加者の感情を刺激することで上記の二種類の情報への反応が変わるかどうかである。今回も研究参加者全員が最初に標準的なアンケートに回答した。次に、無作為に選ばれた一つのグループに対しては感情的に中立な質問（例えば数学の問題）が提示され、もう一つのグループには感情を刺激する意図を持って作られた質問（例えば「『赤ちゃん』という言葉を聞いたとき、どういう感情を抱きますか？」）が提示された。その後、研究参加者全員に対して、実験に参加した報酬の一部を慈善団体に寄付する機会が与えられたが、それぞれのグループの半分にはロキアの情報だけが与えられ、別の半分には助けを必要としている人々についてのより一般的な情報が与えられた。研究参加者のうち、感情を刺激する質問に回答し、かつロキアについての情報を与えられた人々は、同じ情報を与えられたが感情的に中立な質問に回答した人々に比べて、寄付額がほぼ二倍であった。ところが、一般的な情報を与えられた人々の寄付額に関しては、彼らが回答した質問の内容による影響は統計的に有意ではなかった。イメージや物語――またしたがって、特定可能な被害者――に対する私たちの反応は、私たちの感情に左右される一方で、言葉や数字によって伝達されるより抽象的な事実に対する私たちの反応は、私たちの感情の状態がどのようなものであれ、ほとんど変わらないのである。[10]

身近な人をひいきすること

二五〇年ほど前、哲学者で経済学者のアダム・スミスは、遠くに住む知らない人々に対して私たちがどのような態度を持っているかを読者に考えてもらうために、次のような状況を想像してみてほしいと述べた。「中国という大帝国が、その数えきれないほどの住民とともに、突然地震によって大地に飲み込まれたとする」。そして彼は読者に次のように問うた。「ある人類愛にあふれたヨーロッパ人」がいて、その人が中国とは特別なつながりを持たないとすると、彼はその知らせをどのように受け止めるだろうか。スミスによれば、その人が口ではどう言おうとも、「彼はまるでそのような天災が起こらなかったかのような落ち着きと平穏さをもって、自分の仕事あるいは娯楽を続行し、休息や気晴らしを行なうだろう(11)」。

二〇〇八年に中国の四川省を襲った悲劇的な大地震は、スミスの述べたことが残念ながら今日でも正しいことを示した。地震によって七万人の死者が出て、三五万人が負傷し、五〇〇〇万人近くの人々が家を失ったにもかかわらず、そのことが私に与えた衝撃はあまり長続きしなかった。人々の死について記事を読んだり、被災状況についてテレビで見たりすることで、犠牲者の家族に対する私の共感は高まったが、だからといって仕事を休んだり、眠れなくなったり、日々の生活の楽しみを失ったりすることはなかった。私の知り合いも、誰一人そうはならなかった。私たちの知性――私たちの熟慮システム――は災害のニュースを受け取る。だが、私たちの感情は特別なつながりのない遠くに住む人々に起きる悲劇によってはほとんど乱されることがない。たとえ緊急支援のために寄付をする気にはなったとしても、そのような悲惨なニュースを聞くことによって私たちの生活が何らかの根本的な仕方で変わることはないのだ。

たとえ私たちが気前よく寄付する場合でも、自国内の人々を助ける場合に比べて、外国の人々を助ける際には、私たちが寄付する額ははるかに少ない。二〇〇四年のクリスマス直後に東南アジアを襲った津波は二二万人の犠牲者を出し、何百万人もの人々が家を失い、困窮状態に陥った。アメリカ人は災害支援のために一五億四〇〇〇万ドルの寄付を行なった。これはアメリカ人が国外で起きた自然災害の発生時に寄付した額としては過去最大だった。しかし、この額はアメリカ人がその翌年にハリケーン・カトリーナの被災者を助けるために寄付した六五億ドルと比べると、その四分の一以下だった。だが、ハリケーン・カトリーナによる犠牲者は約一六〇〇人であり、家を失った人々の数は二〇〇四年の津波災害に比べてはるかに少なかったのだ。二〇〇五年一〇月にパキスタンで発生し、七万三〇〇〇人の犠牲者を出した地震に対して、アメリカ人は一億五〇〇〇万ドルという比較的少額の寄付しかしなかった。（この地震は、これら三つの悲劇的な災害のうちで唯一映像による記録がなかったため、劇的な映像がテレビで繰り返し放送されることがなかった。）忘れてはならないことは、アメリカで起きた災害の被災者たちは、津波や地震に襲われた国々の政府に比べるとはるかに多くの資源を持った政府からの支援も受けられるということだ。(12)

このように外国人に対する関心が比較的低いことに私たちは戸惑いを覚えるかもしれない。だが、なぜ私たちがこのような傾向を持つのかを理解するのは難しいことではない。私たち人類は、親が何年にもわたって子の世話をしなければならない社会的な哺乳類として、何百万年ものあいだ進化を遂げてきた。その何百万年もの期間の大半において、こうした依存期間中に子どもの世話をしなかった親の遺伝子は、次世代に伝えられる可能性が低かった[13]。他人の幸福に対する私たちの関心が自分の親族、自分と協力関係にある人々、またおそらくは自分が属する小さな部族集団のメンバーに限られる傾向にあるのは、その結果なのだ。

国民国家が形成され、より大きな社会が課す義務によって部族の倫理が制約されるようになってからも、他人を助けるべきだという私たちの直観は通常、自国民を助けるところまでしか広がらなかった。チャールズ・ディケンズは『荒涼館』の中で、ジェリビー夫人という「アフリカより近くにあるものはまったく見えない」女性の「望遠鏡のような博愛心」をからかうことで、身近な人を大切にすることに賛意を示している。ジェリビー夫人は、ニジェール川の左岸で暮らすボリオブーラ・ガーという先住民を教育するためのプロジェクトに熱心に取り組んでいる。しかし、彼女の家は散らかり放題で、子どもたちも放っておかれている[14]。ディケンズがジェリビー夫人を笑い者にするのが容易であったのは、当時はそのような慈善行為が的外れなものだったからだ。遠くに住む人々が私たちの援助を必要としているかどうかを知ることは困難だったし、仮に援助が必要だとしても有効な援助の仕方を見つけることはさらに困難だった。いずれにせよ、〔アフリカの人たちと〕同じくらい貧しくて困っている人々が当時のイギリスには大勢いたのである。遠くに住む人々への私たちの共感能力に限界があることについてアダム・スミスが記したとき、彼はこの事態は「自然が作った賢明な秩序だと思われる」と述べた。というのは、遠くに住む人々は「私たちが益することも害することもできない」人々だからである。たとえ私たちが遠くに住む人々を今以上に気にかけたとしても、「私たちの余計な心配が増えるだけで、彼らにとっては何ら利益にならない」だろう。[15]今日、これらの言葉はスミスが本を書くのに使った羽ペンと同じくらい廃れてしまっている。津波に対する私たちの反応が生々しく示しているように、今日の高速な通信手段と輸送手段をもってすれば、スミスの時代には不可能であった仕方で遠くに住む人々を助けることができるのだ。それればかりか、先進国に住む人々と途上国に住む人々の生活水準の格差は桁外れに広がったため、先進国に住む人々が遠くに住む人々を助ける能力は以前より大きくなり、また私たちの援助を彼らに集中させる理由も以前より大きくなっている。現在では、極度の貧困状態にある人の圧倒的多数が私たちから遠く離れたところに住んでいるからだ。

無益な試み

ある研究で、参加者たちにルワンダの難民キャンプにいる数千人が危険にさらされていると伝え、彼らが援助をすればそのうちの一五〇〇名の命を救うことができる場合に、援助意欲がどの程度あるかと尋ねた。この質問をする際に研究者たちは、危険にさらされている人の総数をいろいろに変えて伝えたが、援助によって助かる人命は一五〇〇人のままで統一した。そこで明らかになったのは、人々は危険にさらされている三〇〇〇人のうち一五〇〇人を救う場合の方が、一万人のうち一五〇〇人を救う場合よりも、より大きな援助意欲を示すということであった。一般に、危険にさらされている人々のうちで救うことのできる人々の割合が小さければ小さいほど、人々の援助意欲はより弱まる。[16]難民キャンプで危険にさらされている人々の大部分を救えないような援助に対しては、私たちはそれがまるで「無益」であるかのような反応を示すように思われる。もっとも、当然ながら援助によって救われる一五〇〇名の人々とその家族や友人にとっては、難民キャンプにいる人々の総数が大きかろうと小さかろうと、その援助はいかなる意味でも無益ではないのだが。この研究の共著者であるポール・スロヴィックは、「救うことのできる人命の割合の方が、救うことのできる人命の数よりもしばしばより重要視される」と結論している。ここから言えることは、人々は危険にさらされている一〇〇人のうちの八割を救う場合の方が、危険にさらされている一〇〇〇人のうちの二割を救う場合よりも、より多くの援助を行なうということだ。これは言い換えると、仮に人々の一団を救援するのにかかる費用が同じ場合でさえ、二〇〇人を救うよりも八〇人を救うことが優先されるということである[17]。

前章で紹介した高校生たちは、「きりがない」とか「すべての人々を助けるのに十分なお金なんて絶対にない」といったことを述べていた。私たちの多くは心理学者が「無益性思考（futility thinking）」と呼ぶ考え方をしている。私たちは貧しい人への援助が「焼け石に水」にしかならないと言う。これはつまり、私たちがいくら努力しても、助けを必要としている人々の数は依然として膨大であると思われるため、寄付をしても意味がないということだ。

責任の分散

また私たちは、誰かを助ける責任を負っているのが自分だけではない場合にも、助けの手を差し伸べることがはるかに少なくなる。アメリカ人の心理に衝撃を与えた有名な事件がある。ニューヨーク市クイーンズ地区に住んでいたキティ・ジェノベーゼという若い女性が、暴行を受けて殺された。報道によれば、三八名の人がそれぞれ自宅のアパートにいて外で何が起きているかを見たり聞いたりしていたが、ジェノベーゼを助けるために何かした人は一人もいなかった。これほど多くの人が彼女の悲鳴を聞きながらも、警察に通報することすらしなかったことが明らかになると、「私たちアメリカ人はいったいどうなってしまったのか」という国民的な論争が巻き起こった。*

キティ・ジェノベーゼの殺害後に生じた国民的論争を受けて、心理学者のジョン・ダーリーとビブ・ラタネは責任の分散という現象について研究を行なった。二人は学生たちに市場調査のアンケートへの参加を依頼した。学生たちがある事務所に行くと、若い女性が出てきて彼らに席に着くように促し、いくつかのアンケート用紙を手渡した。そして彼女は事務所とはカーテンだけで仕切られた隣の部屋に入っていった。数分後、学生たちは何か音がするのを聞いた。どうやら彼女が高い棚から何かを取るために椅子の上に立ったところ、その椅子が倒れたようだった。彼女は次のように声を上げた。「ああ何てこと、足が……」「足が、足が動かない。ああ、足首が。……この、この荷物がどけられない」。このうめき声と泣き声はその後も一分ほど続いた。(19) 隣の部屋で一人で市場調査のアンケートに記入していた学生たちのうち、七割は彼女を助けようとした。ところがアンケートに記入している学生のように見える人――しかし実際にはサクラである

＊「キティ・ジェノベーゼ」という名前が大都市住民の隣人に対する無関心さの代名詞となったずっと後に、より徹底した調査が行なわれ、当初の報告について深刻な疑義が生じた。とりわけ問題になったのは、実際に何名の者が外で何が起きているかを知っていて、それを通報する機会があったかという点である。(18)

——が同席していて、その人が助けを求める声に応じなかった場合、助けようとしたのはわずか七パーセントであった。二人の本物の学生が同室にいた場合でも、助けようとした割合は学生が一人きりの場合よりもずっと低かった。責任の分散は顕著な抑制効果——「傍観者効果」——を持つのだ。その他の実験でも同様の結果が得られている。[20]

公平感

まわりの人たちは何もせずに突っ立っているのに、自分だけが掃除をしているのは誰だって嫌だろう。同様に、私たちは貧しい人を助けたいと思っていても、自分の負担が不公平なまでに大きいと感じると、その意欲は下がってしまうだろう。自分の可処分所得のかなりの部分を寄付に当てようと考えている人は、他の人たちは寄付をする気がないことに気付かざるをえないだろう。その中には自分よりもはるかに大きな可処分所得を持つ人たちもいるのだ。想像してみてほしい。あなたはユニセフやオックスファムに対して初めて多額の寄付をした後に、カリブ海で冬の休暇を過ごしてきた近所の人に鉢合わせした。彼らは日焼けをしてくつろいだ様子で、ヨットに乗ったりスキューバダイビングをしたりと大冒険をしたとあなたに話すのだ。あなたはどんな気持ちになるだろうか?

公平に関する私たちの感覚はとても強い。そのため、私たちはしばしば自分の取り分を減らしてでも他人が公平である以上の取り分を手にするのを妨げようとする。「最後通牒ゲーム」では、二人のプレーヤーに次のように伝えられる。二人のうちの一人が親となり、例えば一〇ドルのお金を与えられる。そして親は二人目のプレーヤーである子とその一〇ドルを分け合わなければならない。ここで、そのお金をどのように分けるかは親にまかされている。親は子に多く与えることも、わずかしか与えないこともできる。もしも子が親の提示した額を受け入れなければ、二人とも何も手に入れられない。このゲームは一回きりであり、またプレーヤーが誰であるかは明かされない。そのため、次に会ったときに相手に仕返しされるのではないかという考えに彼らの決定が影響されることはない。もしプレーヤーたちが純粋に自己利益から行為したとすると、親は最も小さい額を提示し、子はそれを受け入れるはずだろう。というのも、結局のところ、わずかな額でも何もないよりはましだからだ。ところが、多くの異なる文化において、ほとんどの親のプレーヤーがお金を等分することを提案するのである。その提案は、どの文化においても受け入れられる。しかし、ときどき親のプレーヤーは経済学者が想定するように行動し、二割以下の額を子に提案する。するとほとんどの子のプレーヤーはその提案を退けるため、経済学者はこの結果に困惑するのである。(21) サルでさえ、別のサルが自分がしたのと同じ課題でよりよい報酬をもらうのを見ると、自分の報酬を受け取ることを拒むのだ。(22)

少額のお金を提示されても受け入れなかった子のプレーヤーは、二度と会うことのないような赤の他人とこのゲームを行なう場合であっても、少額のお金を受け取るくらいなら不公平な提案をした相手に罰を与えることを選んだ。なぜ人（やサル）は自分の利益に反すると思われるような仕方で行為するのだろうか？　もっとも説得力のある答えは、公平さのような道徳的直観が発達したのは、そうした直観を人々が持つことによって、彼らや彼らが属する集団の生殖適応度が向上したためである、というものだ。社会生活を営む動物の場合、協力的関係を形成する個体の方が、そうでない個体よりも暮らし向きがはるかによい傾向にある。公平な提案を行なうことにより、あなたは自分がよい協力関係を築ける種類の人間であることを相手に知らせるのである。逆に、不公平な提案を退けることによって、あなたは不当な扱いに甘んじないことを相手に知らせるのであり、それによって他人があなたを利用しようとするのを牽制するのだ。このような直観には、社会的な利益もある。ほとんどの人が公平に振る舞う社会は、各人が常に他人を不公平な仕方で利用したがる社会よりも、一般にうまくいく。なぜならその場合、人々はお互いを信頼することができ、協力関係を築くことも容易になるからだ。

お金

困っている人々を助ける唯一の手段がお金を送ることである場合、私たちは彼らに手を差し伸べることが少なくなるだろうか。すでに見たように、特定可能な個人に対してでなければ、私たちが援助する可能性は低くなる。しかし遠くに住む貧しい人々を助ける唯一実行可能な手段が大抵の場合お金であるという事実によっても、彼らを助ける意欲は下がってしまうのだろうか。

もしあなたがカール・マルクスを読んだことがあれば、貨幣の使用によって人間関係における最も善くて高貴なものが損なわれるという発想に驚かされることはないだろう。一八四四年の『経済学・哲学草稿』は、二〇世紀半ばまで公刊されず、ほとんど知られていなかったマルクスの若き日の著作である。その中で彼は、貨幣によって人間らしい性質や能力が何か別のものへと変容してしまうため、貨幣は「一般的な分離の手段」だと述べている。彼はその例として、いかに醜い男性であっても、お金を持っていれば「最も美しい女性」を買うことができると述べている。貨幣は私たちを真の人間本性から、そして同胞たる人々から疎外するとマルクスは考えたのだ。

もしこの見解がマルクスの権威によってしか支持されていないとすると、私たちはそのような見解はイデオロギー的だとして退けることができるかもしれない。だがマーケティングと心理学の分野で活躍しているキャスリーン・ボーズ、ニコール・ミード、ミランダ・グッドら——彼らはこのトピックに関するマルクスの主張をまったく知らないように見える——による『サイエンス』誌に掲載された報告が示すのは、少なくともこの点に関してはマルクスが何か正しいことを述べていたということだ。

ボーズらはいくつかの実験を行なったが、その中で参加者たちにお金について考えるように仕向けた。彼らは参加者たちに、単語を並べ変えてお金についての文章を作る課題を与えたり、そばにモノポリー用の紙幣が積んであるところに座らせたり、さまざまな金額が表示されるスクリーンセーバーを見るように仕向けたりした。無作為に選択された他の参加者たちは、お金とは無関係の文章を作ったり、そばにモノポリー用の紙幣がないところに座ったり、異なるスクリーンセーバーを見たりした。そのそれぞれの場合において、お金について考えるよう仕向けられた参加者——これを「貨幣グループ」と呼ぼう——は、他人とより大きな距離を取り、またより自己完結的な仕方の行動を示した。貨幣グループは、

• 難しい課題に取り組んでいる際に他人の協力を得られると伝えられても、助けを求めるまでにより長い時間がかかった。
• 他の実験参加者たちと話し合うために椅子を寄せてくださいと伝えられた際、あまり近くに寄せなかった。
• 余暇活動を選ぶとき、他人と一緒に行なう活動ではなく、一人でできる活動を選ぶ傾向にあった。
• 他人を助けようとする度合いが低かった。
• この実験に参加して得られた謝礼の一部を寄付するよう促された際、寄付額がより少なかった。

研究者たちが驚いたのは、人々にお金のことを少し思い起こさせるだけで、大きな違いが生じるということだった。例えば、誰かの仕事を手伝うために、対照群の研究参加者たちが提供すると申し出た時間は平均して四二分間だったのに対し、お金について考えるよう仕向けられた参加者たちが申し出た時間はわずか二五分間だった。同様に、実験参加者の振りをしていたもう一人の人が協力を求めたとき、貨幣グループは〔対照群と比較して〕半分の時間しか協力しなかった。寄付を求められたときに貨幣グループが寄付した額は、対照群が寄付した額の半分強だった。(23)

どうしてお金は私たちの助けを求めたり与えたりする意欲を弱め、また他人と距離を取るようにさせるのだろうか。ボーズらによれば、社会で貨幣が使用されるようになると、家族や友人に依存する必要が弱まり、人々はより自己完結的に暮らすことができるようになった。「このような仕方で、貨幣は個人主義を押し進め、協力して働く気持ちを減退させた。このような影響は今日の人々の振る舞いにも依然として見られるものだ」と彼らは結論している。イギリスの社会科学者であるリチャード・ティトマスは、およそ四〇年前に同じような指摘をした。医療目的で血液を売買することを支持する当時流行していた経済学者の意見を、彼は批判していた。ほとんどの経済学者は、あらゆる商品についてその十分な供給を得るための最善の方法は、値段の設定を需要と供給の法則にまかせることだと考えていた。イギリスの法律は血液の販売を禁じ、自発的で利他的な血液の提供に頼っていたため、需要と供給の法則を妨害していた。『贈与関係』〔未邦訳〕という著作の中で、ティトマスはこの制度を擁護したが、それはこの制度によってコミュニティの紐帯が強まるという理由からだった。もし血液が文字通り値段のつけられないものだとすれば、医療における緊急時には、私たちは皆、見知らぬ人たちから命を救う贈り物をもらわなければならない。そして誰もが、お金持ちであろうと貧しかろうと、助けを必要としている見知らぬ人に命の贈り物を差し出すことにより、コミュニティに恩返しすることができる。血液の売買を認めると、血液は商品となり、利他心に頼る必要はなくなる。なぜなら、利他的な提供者が足りなければ、血液を買うことができるようになるからだ。[24]

心理、進化、倫理

本章で見てきた直観は、「私たちにはそんな本性は備わっていない」という一般的な考えにまとめることができる。これは多くの人にとっては、遠く離れたところに住む貧しい人たちに寄付をする道徳的必然性があるという議論に対する理に適った反論となっている。そして一見すると、私たちは目の届かないところにいる被害者よりも目の届くところにいる被害者を優先して助けるべきだという道徳的判断は正しいように感じられる。しかしよく考えると、このような直観は吟味に耐えられないことがわかる。仮に、私たちが嵐のさなかで船に乗っていて、転覆した二艘のヨットを見つけたとしよう。私たちに助けることができるのは、一方の転覆したヨットにしがみついている一名の者か、私たちには見えないけれどももう一方の転覆したヨットの中に閉じ込められていることがわかっている五名の者のいずれかである。私たちにはどちらか一方のヨットの救出に行く時間しか残されていない。というのは、まもなくそのヨットは岩場にぶつかり、私たちが助けに行けなかった方のヨットにいた人は皆、ほぼ間違いなく溺れ死んでしまうからだ。私たちは一人でヨットにしがみついている男性のことを特定することができる。つまり、私たちには彼の名前や見た目がわかっている。だが、それ以外は彼のことを何も知らず、彼と何の関係も持っていない。私たちは、もう一艘のヨットに閉じ込められている人々については、五名いるという以外は何も知らない。もし私たちがこの特定されている一名の被害者の方が、五名の特定されていない人々のいずれよりも何らかの点で救出する価値が高いと考える合理的な理由がないならば、間違いなく私たちはより多くの人々を助けるべきであろう。さらに、もし私たちが救助を必要とする人々の立場に立って考えてみるならば――その際、私たちはこの六名の誰になるかはわからないとする――、私たちは五名が閉じ込められたヨットの方に救助者たちが行くことを望むだろう。なぜなら、そうすることで私たちが助かる可能性が最も高くなるからである。

これまで私たちが見てきた他の五つの心理的要因の各々についても、同じことが当てはまる。自国の国境を越えたところにいる人々に寄付をすることで、慈善行為が国境内にとどまる場合よりもはるかに大きな善をなすことができる。だが、私たちは自分が持つ身内びいきの感情によって、金銭的および技術的に可能な範囲で国境を越えて行動する意欲を削がれてしまう。グローバル技術の第一人者であるビル・ゲイツは、私たちが今日住む世界はまさに一つであるという事実から、倫理的な含意を導き出している。彼の慈善行為の主な力点は、世界全体に対して最も大きな善をなすことにある。アメリカの競争力と革新性を向上させるために次期アメリカ大統領にどのような助言を与えますかと『フォーブス』誌の取材者から質問を受けたとき、ゲイツは取材者にこう切り替えした。「私はどちらかと言えば〔アメリカの〕相対的地位を高めることよりも、世界全体をよくすることを考えています。そうでなければ、『第二次世界大戦後にアメリカは相対的に最も強い立場になれたので、あの戦争は非常によかった』と言えることになりますからね(25)」。

身内びいきよりもさらに擁護できないのは無力感であり、これによって私たちは自分が助けることのできる人々の数よりも、助けられない人々の数ばかり考えることになってしまう。援助を呼びかける議論に対する「焼け石に水」的な反応は、自分の援助によって特定の個人や家族や、場合によっては村全体が助かるという事実を見落としている。私が助けることのできない貧しい人々がまだまだたくさんいるからといって、私がなす善行の価値が下がるわけではないのだ。

責任の分散という考えを直観的に支持する人もいる。そういう人たちは、貧しい人々に援助を行なう義務よりも、溺れている子どもを助ける義務の方がより大きいと考える。なぜなら、子どもを助けられるのは自分一人であるが、毎年貧困関連の原因により死んでゆく一〇〇〇万人の子どもたちを助けられる立場にある人は一〇億人もいるからだ。しかし、あなたの寄付で助かる子どもたちを、他の一〇億の人も助けることが可能だとしても、彼らがそうすることはないだろうということが、またいずれにせよ一〇〇〇万人の子どもたち全員が助かるために十分な人々がそうすることはないだろうことがあなたにわかっているのなら、自分の他に助けられる人がいるかどうかは何の関係もないのではないだろうか？

私たちの祖先が生き延びて子孫を残すのに役立ってきた行動パターンは、今日の非常に異なった状況においては、私たちおよび子孫にとって何の役にも立たない可能性がある。しかし、たとえ進化の過程で人類が身につけたいくつかの直観や行動の仕方が私たちの生存や生殖のために今日でも役に立っているとしても、ダーウィン自身が気付いていたように、そうした直観や行動の仕方が正しいことにはならない。進化の方向は道徳とは無関係である。人間本性について進化論的に理解すれば、なぜ私たちが一群の人々に向き合う場合とある個人に向き合う場合とで、またはるか遠くに住む人々の場合と身近な人々の場合とで、異なった直観を持つのかを説明できる。しかし、進化論的な理解がこうした感情を正当化してくれるわけではない。

だが、当然ながら、他人のニーズは自分自身のニーズと同じくらい重要であると結論したからといって、それをそのように感じるようになるわけではない。そしてこれこそが、なぜ私たちが世界で最も貧しい人々のニーズに対しては、私たちの目の前にいる救助を必要とする人に対するのと同じようには対応しないのか、という問題の核心なのだ(26)。懐疑的な人々は、私たちが倫理的に行動するかどうかについて、理性はいかなる影響も及ぼさないと考えている。結局のところ倫理とは、私たちが何を求め、欲求するか、また私たちが何を快く感じ、不快に感じるか、あるいは私たちが何に魅力を感じ、嫌悪感を抱くかの問題なのだと彼らは言う。彼らの考えでは、知性や推論――つまり、哲学者が書く種類の事柄であり、本書の大部分もそれによって成り立っている事柄――によっては、決して誰も行動を起こさないのだ。このような主張に反論するために、一つの小さな事例を紹介しよう。私は、グレンビュー高校の生徒たちも読んだグローバルな貧困問題に関する『ニューヨーク・タイムズ』紙の記事の中で、読者がユニセフやオックスファム・アメリカに電話で寄付できるよう、電話番号を記しておいた。後にこれらの団体が私に教えてくれたところでは、この記事が掲載されてから一カ月の間に、これらの電話番号を通じて通常よりも約六〇万ドル多い寄付があった。もっとも、『ニューヨーク・タイムズ』紙を日曜日に読む人々の数の多さを考慮すると、これは巨額とは言えない。とはいえ、この記事によってかなり多くの人が説得され、寄付することにしたということは間違いない。これらの人々の一部は引き続き寄付を行なっている。私が聞いたところでは、この記事が掲載されてから数年後に、ある人がボストン市のオックスファムの事務所にやってきて、丁寧に保存してあった私の記事をバッグから取り出し、この記事を読んで以来ずっとオックスファムに寄付しようと考えていたのです、とスタッフに告げた。彼女はそのとき以来、大口の寄付者となった。このような記事が人々に与えうる影響を知ったことが、私が本書を書くことに決めた大きな理由の一つになっている。

　そこで次に、寄付の呼びかけに応じた人々を何人かとりあげて、他の人々にも寄付を促すために私たちに何ができるかを考えてみよう。

第5章　寄付する文化を作り出す

今から三〇年前の話である。クリス・エリンジャーは一本の電話を受け、それが彼の人生を変えることになった。電話をかけてきたのは株式仲買人で、クリスが所有する有価証券について助言を申し出る内容だった。クリスはほとんどお金を持っていなかったため、彼はそれを間違い電話だと思った。ところが、実はクリスの祖母が彼に二五万ドルの財産を残しており、株式仲買人はどこで調べたのかクリスよりも先にそのことを知ったのだった。しかし、こんな大金をどうしたらよいだろうか。当時クリスは、フィラデルフィア市内で社会正義のために働く団体の人々と一緒に暮らしていたので、自分が他の人たちよりも幸運であることがよくわかっていた。こんなに多くの貧しい人々がいるのに、自分だけが豊かであってよいものだろうか、と彼は自問した。まもなく彼は、新たな投資から得られた収入のうち、その二分の一から三分の一ほどの額を寄付し始めた。彼はもっと多く寄付しようかとも考えたが、しかし彼は寄付「しすぎる」ことも心配だった。とはいえ、彼は寄付「しすぎる」というのがどういう意味なのか、はっきりとわかっていたわけではなかった。道理に適っているよりも多いという意味だろうか？　度を超えて寄付するということだろうか？　普通の人々がするよりも多く寄付するということだろうか？　彼は自分の家族にどのくらい寄付しているかを尋ねたが、その話題については誰も話したがらないようだった。

その八年後、クリスは慈善家たちの集まる会議に出席した。その会議で、ある女性が発言して、ここにいる人たちの中で財産のかなりの部分を寄付することについて真剣に考えたことがある人はいますかと尋ねた。何名かの者が手を挙げ、その中にはクリスもいた。それからしばらくして、彼らのうちの四人が集まるようになり、収入だけでなく、資産の大半を寄付することについて話し合った。彼らはお互いに励まし合って、それまでに寄付していたよりもさらに多くの額を寄付し始めた。彼らのうちの三人は、自分の財産の半分以上を寄付した。このようにして、「五〇パーセント同盟」が発足し、二〇〇八年までには、お金持ちの人やほどほどの資産を持った人も含めて一〇〇名以上の会員を有する団体となった。会員資格を得るための条件は、自分の財産の少なくとも半分を寄付したことがあるか、あるいは過去三年間、毎年所得の半分を寄付したことがあるかのいずれかである。

この五〇パーセント同盟の例が示しているのは、同じ考えを共有する友人たちからの適切な支援があれば、一部の人々は他の人たちが不可能と思っていたような額の寄付を――それどころか、彼ら自身もできるとは思ってもみなかったくらい多額の寄付を——するということだ。もっとも、自分の財産や収入の半分という多額の寄付をすることは極めて少数の人々にしか期待できないだろう。とはいえ、人間心理のさまざまな要因——前章で見たような、遠く離れたところに住む貧しい人々を私たちが助けるのを妨げている要因——に打ち克つことのできる寄付の文化を作るために、私たちに何ができるかを問うことは有用である。

寄付を公にすること

もし私たちが持つ公平の感覚ゆえに、他人が寄付していない場合には自分も寄付をしない傾向があるのだとしたら、その逆もまた正しいと言える。すなわち、私たちは他人がすでに正しいことをしたと考える場合には、自分も同じことをする傾向がずっと高くなる。(1) より正確に言えば、私たちは自分の「準拠集団」——自分の拠り所とする集団——に属する他の人々がしていることを行なう傾向がある。(2) 研究によれば、慈善活動に対する人々の寄付額は、他の人たちが寄付していると彼らが考える額と相関関係にある。心理学者のジェン・シャンとレイチェル・クロソンは、アメリカの公共ラジオ放送局が行なった募金活動を用いて、放送局に電話をかけてきた人の寄付額が、最近電話で寄付をした人の寄付額を告げられた場合に、どのように変わるかを調べた。その結果、これまでに電話で一般に寄付された額の上限に近い額——正確には、九〇パーセンタイル値の額——を告げた場合に、この情報を知らされなかった対照群と比べてかなり多くの額を寄付することがわかった。この効果は驚くほど持続性があった。すなわち、平均以上の寄付額を告げられた人は、一年後にも寄付をする割合が二倍高かった。同じ情報を手紙で受け取った人も、だいたい同じ仕方で行動した。[3]

イエスは私たちが貧しい者に寄付をする際、ラッパを吹き鳴らしてはいけないと言った。「それは偽善者が人から褒められようと会堂や街角ですることである」。代わりにイエスは、寄付をするときには右の手がすることを左の手にさえ知らせないほどに隠れて行なうべきだと助言した。そのようにした場合にのみ、私たちは地上ではなく天国で報いを受けるのである。[4] 実際のところ、私たちの多くは次のように考えている。すなわち、もし人々が「他の人たちから褒められたい」とか、気前がよいという評判を高めたいという欲求のみから行為するのであれば、その人たちは本当には気前がよくないのであり、誰も見ていないところでは気前よく振る舞わないだろう、と。同様に、今日人々が大きなファンファーレを伴って多額の寄付をする場合、彼らの本当の動機は慈善行為によって社会的地位を高めることや、彼らがいかに金持ちで気前がよいかに注目を集めることにあるのではないかと私たちは疑うだろう。しかし、こうしたことは本当に問題なのだろうか？　お金が「純粋な」動機から寄付されることよりも、お金が有用な目的に使われることの方が大事なことではないだろうか。それに、寄付をするときにラッパを鳴らすことで他の人たちも寄付する気になるのであれば、なおよいことであろう。

寄付をする際は匿名の方がよいと考えたのはイエスだけではなかった。一二世紀のユダヤ人思想家であるマイモニデスは、施しをする際のさまざまな仕方をランク付けた有名な「慈善の八段階」を記した。マイモニデスにとっては、施しを受ける者が、施しを与える者に負い目を感じたり、慈善を受ける必要があることで公に辱めを受けたりしないようにすることが大事だった。そこで施しを与える者がそれを受け取る者に知られていたり、施しを受ける者がそれを与える者に知られていたりする場合は、施しの受け取り手を知らない匿名の場合と比べて、ランクが低いとされた。当時の施しは特定の地域の中で行なわれるものだった。すなわち、施しを与える者と受け取る者は同じコミュニティの中で暮らし、おそらくは日常生活ですれちがう間柄であった。ところが、慈善行為がグローバル化した現代では、寄付の受け取り手が、寄付者に対する負い目の感情によって負担を感じるリスクはあまりなく、寄付の文化を作り出す重要性の方がそれを上回るのだ。

とはいえ、自分の名前をどこかに記したいという欲求は行き過ぎになることがある。『ニューヨーク・タイムズ』紙の演劇評論家であるチャールズ・イシャウッドは、ワシントンDCにある劇団シェイクスピア・シアター・カンパニーの新しい劇場で行なわれたこけら落とし公演に出席したとき、このことを目の当たりにした。その劇場はシドニー・ハーマン・ホールと名付けられていたが、名前が付けられていたのはそこだけではなかった。

入るときは、アーリーン&ロバート・コゴッド・ロビーを通ります。そこから劇場一階へはモリス&グウェンドリン・カフリッツ財団西側大階段か、フィリップ・L・グレアム基金東側大階段のいずれかを使って上ることができます。（中略）幕が上がる前に一杯飲む余裕があれば、ジェームズ&エシー・アドラー西側オーケストラテラスか、あるいはアメリカン航空東側オーケストラテラスという比較的私的な印象の弱い名称のところで過ごすことができます。客席に着く前に、かさばる上着はキャシディ&アソシエーツ・クロークに預けてください。それからランドン&キャロル・バトラー・ステージで公演をお楽しみください。(5)

イシャウッドは、この「慈善行為の落書き」は公共善を提供するために寄付をするという「まさしく私心のない精神」に反するものだと嘆いている。(もちろん、まさしく私心のない精神をもった人々であれば、そもそも世界で最も豊かな国々の一つの首都にできた豪勢な新劇場に何百万ドルも寄付しようとは思わないのではないかと考える人もいるだろう。しかし、そのような考えは演劇評論家にとっては自らの首を絞めるような発想だろう。)いずれにせよ、人々は他の人がより多く寄付していると考える場合には、自分もより多く寄付するということがわかっているのだから、人々が寄付する際の動機についてあまり頭を悩ませるべきではない。むしろ私たちは人々に対して、自分の寄付額をもっと公開するよう勧めるべきである。自分の収入のかなりの部分を寄付していることを公開する人々は、他の人が同じようにする可能性を高めることができる。もしそれによって他の人たちも寄付の額について話すようになれば、長期的な影響は雪だるま式に大きくなり、一〇年あるいは二〇年の間に寄付の総額は増えるだろう。

まさしくこれが、クリス・エリンジャーが、妻のアンとともに「五〇パーセント同盟」を立ち上げたときに生み出そうとした変化だった。この二人や同盟の他の参加者たちは、自分たちの寄付を公にすることで、他の人々を啓発し「普通の」または「理に適った」寄付額についての人々の考えを変えようとしたのだ。この目的の実現を促進するために、彼らはウェブサイトで参加者たちの経験談を公開している。以下は、そのウェブサイトからある程度無作為に選んだいくつかの事例である。

- アニー・ベネットは彼女が経営している小規模の会社の利益から、年間二万八〇〇〇ドルを自分の収入とし、残りの三万ドルの利益をプリベント・チャイルド・アビュース・アメリカ〔一九七二年にできた児童虐待防止のための全米組織〕に寄付している。
- トム・シエと妻のブリーは、アメリカの所得中央値である年間四万六〇〇〇ドル以下で暮らすという誓いを立てた。二〇〇六年、彼らと一歳の娘の三人の生活費は三万八〇〇〇ドルだった。三六歳のシエはその額より多く稼いでいるので、発展途上国に住む貧しい人々の援助を行なっているキリスト教系の団体を中心に多額の寄付を行なっている。シエは、自分の寄付によって他の人の命が救われたかどうかはわからないが、自分の命は救われたと述べている。「私の人生が、退屈で価値のないものとなることも十分にありえたでしょう。幸いなことに、今の私は奉仕を行なうことで意義のある人生を送っています」。
- ハル・タウシグとその妻は、過去一三年間に彼らのビジネスから得られた利益のほぼすべてに当たる、約三〇〇万ドルを寄付した。現在、タウシグは「年金で快適に暮らすことができるので、もっと寄付する余裕ができました」と書いている。人々が彼の気前よさを褒めると、彼は次のように答えることにしている。「正直なところ、これは人生を楽しむための私なりのやり方なのです」。

• 精肉業者オスカー・マイヤーの孫のチャック・コリンズは、二五歳のときに祖父から受け継いだ遺産を、社会変革を促進する財団に寄付した。今や二〇年以上前のことである。レスポンシブル・ウェルスと呼ばれる団体の創設者の一人であるコリンズは、相続された富は子どもにも社会にも悪いものだと考えている。レスポンシブル・ウェルスは、相続税を廃止しないようにとアメリカの議会に働きかけている代表的な団体である。

• トム・ホワイトは、大富豪になる可能性があった。なぜなら、彼の父親が作った建設会社が非常に成功し、さらにトムはこの会社をボストンで最大手の会社にしたからである。だが一九八三年に、トムはポール・ファーマーに出会った。ファーマーは当時ハーバード大学の医学生だったが、すでにハイチで小さな診療所を開設していた。貧しい人に対するファーマーの献身的な姿に心を打たれたホワイトは、ファーマーが運営する団体であるパートナーズ・イン・ヘルスに「何千万」ドルもの寄付をし、この団体がハイチとペルーの農村部に住む貧しい人々に医療を提供するのを支援した。ホワイトは、「人々が飢えて死にかかっていることを知りながら、何百万ドルも貯め込むことは罪深いことだ」と考えている。

• ジョン・ハンティングは、今日でも大抵の人から見ればお金持ちであるが、彼は過去三〇年間にわたり所得の少なくとも五〇パーセントを寄付し、ここ一〇年間は所得の全額を寄付している。彼の父親は世界最大のオフィス家具メーカーであるスチールケース社の共同創業者だった。同社が一九九八年に株式上場したとき、ハンティングは時価一億三〇〇〇万ドルの株を所有していた。彼は地球環境を健康で持続可能なものにすることを目指すベルドン・ファンドという財団を創設し、一億ドルを寄付した。彼は二〇一〇年までに残りの遺産をすべて寄付するつもりである。[6]

貧しい人々の顔が見えるようにすること

特定可能な人々の方をより助けようとするという私たちの心理を逆手に取って、フォスター・ペアレンツ・プランというイギリスの団体は、発展途上国に住む貧しい子どもたちと、彼らに食糧や衣服や教育のための費用を送る豊かな国々の「フォスター・ペアレント〔里親〕」とを結びつけることにした。〔援助の〕お返しに、「彼らの」子どもたちからは手紙が届いた。このアプローチは、貧しい人々を助けることに関して生じる先に述べた六つの心理的な障壁のうち、五つまでを克服している。「里親」が助けるのは特定可能な子どもであるという事実に加えて、寄付によって生活が一変したことを伝える子どもたちからの手紙を受け取るため、彼らは自分の援助が無益ではないと知ることができる。また、彼らは自分が助けることのできない他の貧しい子どもたちのことばかり考えずにすむ。彼らが「彼らの」子どもたちに対して持つ責任は非常に明確である。すなわち、他の誰かが彼らの代わりにその特定の子どもを助けるという保証はどこにもないため、彼らが寄付をやめると子どもは食糧や衣服や教育を得られなくなる可能性があるのだ。彼らの公平感も満たされる。なぜなら、彼らは一人の子どもだけを援助しているため、通常はそれほど重い負担にならないし、また他の多くの人たちも同じことをしているとわかっているからである。さらに、子どもは遠くに住んでいるが、自分がその子どもの「里親」であるという考えはその子を自分の家族の一員のように思わせるので、身内びいきという心理的障壁を克服するのに役立つのである。克服できない唯一の障壁は、「里親」が子どもを助ける唯一の手段はお金を送ることのみだという点である。

これは、裕福な人々の感情に訴えて、遠く離れた国に住む貧しい人々を助ける気にさせる理想的な仕組みに最も近いと思われる。しかし、これには欠点もある。なぜなら、個々の子どもにお金を与えることは、貧しい人々を助ける方法としてはそれほど有効なものではないからだ。これでは家族が自立して生活できるようになるための援助にはならないし、仮に一部の子どもがお金をもらって他の子どもたちがお金をもらわなければ、妬みや不和をもたらす危険性もあるからだ。安全な飲み水や衛生的な環境や医療が欠如しているといった問題を解決するには、家族単位ではなく、コミュニティ単位で取り組むプロジェクトが不可欠である。フォスター・ペアレンツ・プランは、賢明にもこのことに気付いた。彼らは団体名をプラン・インターナショナルに変更し、よりコミュニティ志向のアプローチに援助の重心を移した。彼らは特定可能な子どもが持つ訴求力を最大限維持するために、寄付希望者たちに月額一二ポンドから一七ポンド（二四ドルから三四ドル）で「子どものスポンサー」になるよう、引き続き勧誘している。スポンサーになると、子どもに手紙を書いたり手紙を受け取ったりでき、また自分がスポンサーになっている子どもを訪ねたり、「小さな贈り物」を送ったりできる。しかし、スポンサー希望者には次のことも伝えられる。「あなたのお金はあなたがスポンサーをしている特定の子どもに行くわけではありません。プラン・インターナショナルが寄付金を有効活用できるように、あなたからのお金は他のスポンサーたちからの寄付とともに、世界中のコミュニティに役立つプログラムを支援するのに使われます(7)」。

ナッジの上手な使い方

人間行動の理解が進むことにより、一部の国では臓器提供の割合が劇的に増加した。これを貧しい人々への寄付に対して応用できないだろうか。ドイツでは事故の結果として脳死になった場合に臓器提供することを登録しているのは、全人口のたった一二パーセントである。オーストリアでは、その数字は九九・九八パーセントと驚くほど高い。ドイツ人とオーストリア人の文化的背景はそれほど異なっていないのに、なぜオーストリア人だけ臓器提供の意向がこれほど強くなるのだろうか。実際のところ、おそらく臓器提供の意向が強いわけではないのだ。違いは、ドイツでは臓器提供者になるための登録を自分でしなければならないのに対し、オーストリアでは自分が敢えて拒否しない限りは臓器提供者になる点にある。これと同じパターンが、ヨーロッパ中で見られる。「オプト・イン」〔自ら参加する〕制度を採用している四つの国では、大規模な広報活動をした後でさえ、登録ドナー数の割合は最高で二七・五パーセントである。「オプト・アウト」〔拒否する場合のみ不参加となる〕制度をとっている七つの国では、登録ドナー数の割合は最低で八五・九パーセントである(8)。ちょうど私たちがコンピューターの工場出荷時の設定をそのままにする傾向があるのと同様に、その他の領域でも「デフォルト〔初期設定〕」が、私たちの行動に大きな違いを生み出しうるのだ。そして、臓器提供の場合には、それによって何千もの命を救うことになる。

人々がより賢明な意思決定を行なうためにはどのように選択肢を提示すればよいかに関する研究が、新たな関心を集めている。経済学者のリチャード・セイラーと法学者のキャス・サンスティーンが協力して書いた『実践行動経済学――健康、富、幸福への聡明な選択』では、初期設定を利用することで私たちが賢明な選択をするようナッジする〔導く〕ことが説かれている。(9) 私たちは自分自身の利益になることを選ぼうとする場合にさえ、賢明でない選択をしばしばしてしまう。会社の従業員が定年後の年金制度に加入する選択肢を持っていたとしても、そうすることによる金銭的利益があるにもかかわらず多くの者が加入しない。もし代わりに雇用者が自動的に従業員を加入させるようにして、脱退する選択肢を与えておくと、加入率は劇的に増加する。(10) ここから得られる教訓はこうだ。多くの場合、ほんの少しのナッジがあれば、私たちにとって最善であると自分でもわかっていることをなすのを妨げてしまう無関心を克服しうるということである。ナッジを上手に使えば――それが政府からのものであろうと、企業からのものであろうと、ボランティア団体からのものであろうと、あるいは自分自身からであろうと――私たちが本当にすべきだとわかっていることをするのに役立つのだ。

投資・証券会社のベアー・スターンズ社は――これは二〇〇八年のサブプライムローン危機の最中にJPモーガンチェイスに買収される前の話だが――、無関心さや利己心によって社の指導的地位にいる人々が正しいことをし損じることがないように、制度設計を行なっていた。同社のウェブサイトに掲げられていた企業理念の一つは、慈善活動へのコミットメントであった。これは、個人として慈善に取り組むことはよき市民の証であり、より成熟した人間を作り上げるという信念に基づくものであった。それは単に見せかけにすぎないものではなかった。上級管理職の社員――これは大雑把に言えば、最も給与の高い一〇〇〇名の社員である――は、給与と賞与の最低四パーセントを非営利団体に寄付しなければならないと定められていた。また彼らは、寄付をした証拠として納税申告書を社に提出しなければならなかった。これらの上級管理職の社員たちは、二〇〇六年には四五〇〇万ドル以上のお金を慈善団体に寄付した。当時社長を務めていたジェームズ・ケインによれば、この規則は社の企業文化の一部であり、ほとんどの社員が、慈善行為をすることを「信じられないくらい満足を与えてくれるもの」だと考えていた。当時上級管理職だったミシェル・セガーラもこの見解を共有していた。彼女はこの方針について、「いずれにせよ自分がしたいと思っていたことをさせてくれる」ものだと考えていた。これに加えてセガーラが指摘することには、ベアー・スターンズ社の社員は、彼女が以前勤めていた別の金融会社の社員よりも、寄付について話題にすることが多いという。前に働いていた企業では、同僚が寄付しているかどうかはわからないため、その話題を口にするのは憚られたのであろう。しかしベアー・スターンズ社では、上級管理職の社員たちは、お互いに自分のお気に入りの寄付先についてメモを回し合うことで、寄付がより有効になるためのネットワークを作り上げていた[11]。

慈善活動への義務的な寄付に関するベアー・スターンズ社の方針についての記事が『ニューヨーク・タイムズ』紙に掲載されたわずか四日後に、競争相手であるゴールドマン・サックス社は、

「ゴールドマン・サックス・ギブズ」という新しい慈善基金を設立する旨と、共同経営者たちが収入の一部を基金に寄付することに合意した旨を発表した。これは寄付をする文化がどのように変化するかの一例である。その基金の額は明らかにされなかったが、ゴールドマン・サックス社は、毎年のマッチング・ギフト・プログラム〔社員が寄付した場合に、それに連動して企業も一定額の寄付を行なうこと〕の上限を一万ドルから二万ドルに引き上げるという公表も行なった。このプログラムは、共同経営者による寄付は対象としないが、プログラム参加資格のある社員によって慈善的寄付が行なわれた場合に〔企業からの寄付が〕行なわれるものである。他の多くの企業も社員が慈善活動のために時間やお金を使うことを認めていたり奨励したりしている。スーパーマーケットチェーンのホール・フーズ・マーケットは、企業利益の最低五パーセントを非営利団体に寄付し、また社員がボランティアの地域貢献活動をするために使える有給休暇を——年間最大二〇時間——認めている。グーグル社は、Google.orgという革新的な慈善活動部門を設立し、企業の利益と自己資本の一パーセントを、グローバルな問題に取り組むベンチャー企業に寄付すると誓約している。Google.orgが支援するプロジェクトの中には、クリーン・エネルギー、利用可能な政府のサービスを発展途上国の人々に知らせる活動、飢餓に至る前に干ばつを予測したり、どこかで発生した感染症が世界的な大流行になる可能性があるかどうかを予測したりするためのよりよい方法を見つけることなどがある。グーグル社の社員は、Google.orgのプロジェクトで働くために、勤務時間の二割を使ってもよいことになっている。[12]

仮に、社員がオプト・アウトしない限りは、大企業や大学や他の雇用者が社員の給与からその一パーセントを差し引いて、そのお金をグローバルな貧困問題に取り組む団体に寄付したとすれば、それは社員がより気前よく寄付することへのナッジとなり、貧困問題に取り組むための寄付が現在より何十億ドルも多く生み出されるだろう。最も大きな額の寄付を生み出すことのできるデフォルトの水準を見いだすには、いくらかの試行錯誤が必要だろう。もし多くの社員が一パーセントの控除に文句を言うのであれば、それよりも水準を下げてみてもよいかもしれない。また基準に傾斜をつけて、高所得者にはデフォルトの水準をより高くすることもできるかもしれない。大切なことは、デフォルトの水準をオプト・アウトする人が続出するような水準よりも低く設定することで、デフォルトの水準を受け入れることがほとんど全員にとっての当たり前にすることだ。この考えは、今は奇妙に思われるかもしれないが、いくつかの企業や機関が採用すればそこから広まるかもしれないものである。

自己利益追求の規範に挑戦する

企業が寄付行為を当たり前のように行ない、また気前のよい人々がいくら寄付しているかを公の場で話すようになると、それによって彼らは他の人に寄付行為を奨励する以上のことをすることにもなる。すなわち、彼らは西洋の文化、とりわけアメリカの文化に浸透している私たちの行動に関するある前提に挑戦することにもなるのだ。その前提とは、自己利益追求の規範である。

アメリカ合衆国の形成期におけるアメリカ人の心理の鋭い観察者であったアレクシス・ド・トクヴィルは、当時すでにこの規範が存在することに気付いていた。彼は一八三五年にこう述べている。「アメリカ人は、自らの生活のほとんどすべての行為を自己利益追求の原理によって説明することを好む」。アメリカ人はこのような説明をすることで自分たちの善意に関して不当な評価をしている、と彼は考えた。というのも、彼の考えでは、アメリカ人は他の国の人々と同様、他人を助けようとする自発的で自然な衝動によって突き動かされることがあるからだ。ところが、ヨーロッパ人とは対照的に、アメリカ人は「この種の感情に基づいて現実に行動することがあるのを認めがたく思っている」ことを彼は見いだしたのだ[13]。

慈善活動がますます耳目を集めるようになったにもかかわらず、いまだに一部の人々は自分が利他的であることを認めがたく思っており、またそれはアメリカ人に限った話ではない。イギリス人のヒュー・デイビッドソンは、カナダおよびヨーロッパのプレイテックス社の社長を務めており、マーケティングと企業経営についていくつか有名な本を書いている。彼は慈善活動のために自ら財団を設立したにもかかわらず、次のように述べている。「たとえ自分が慈善家であったとしても、自分が慈善のためにお金を使っていることを友人には伝えません。まったくの愚か者だと思われるでしょうからね[14]」。この言葉が示唆するように、私たちの多くは、実際のところ人は一般に自己利益の関心に動機づけられて行為していると考えているだけでなく、そうあるべきだとも考えている。この「べき」は、必ずしも道徳的な意味で用いられてはいないかもしれないが、少なくとも、自己利益を追求しないような人は愚か者であるか、不合理であるという意味で用いられている。

逆の言い方をすれば、人々が自分自身の利益に反する行為をしているように見える場合、私たちはそれを疑わしい目で見がちである。当の行為が（ホームに入ってくる列車に轢かれそうになっている人を助けるために地下鉄の線路に飛び降りるというような衝動的な行為とは反対に）注意深く検討された結果なされたものである場合には、なおさらである。アンジェリーナ・ジョリーやマドンナのような有名人が貧しい人々を援助する団体に支援を行なうと、私たちは隠れた利己的な理由を見つけ出そうとする。彼らは単に宣伝のためにそのような行為をしているのだという指摘がなされると、私たちは直ちに同意するだろう。利己心のない行為が私たちの居心地を悪くすることは否定できない。おそらく、だからこそ私たちは多額の寄付と引き換えにコンサート・ホールや美術館の建物の命名権を得る慣行を笑って許すのである。それによって私たちは、寄付をした者も本当は利己心がないわけではないことを知り、その結果、人間の動機づけについての私たちの想定は脅かされずにすむからだ。

人は自己利益に基づいて行為するものと私たちがどの程度想定しているかについて、いくつかの研究がなされている。例えば、ある研究では、女性だけがかかる病気に関する研究費用を削減する予算案が〔研究参加者である〕学生たちに伝えられた。学生たちに男性および女性の何割がこの予算案に反対すると思うかと尋ねると、彼らは、賛成反対の態度がジェンダーによって影響を受ける程度についてかなり過大評価した。同様に、学生たちの考えでは、喫煙者のほぼ全員がタバコ税の増税や公共空間における喫煙規制に反対し、また非喫煙者のほぼ全員がそれらの政策に賛成するだろうとされた。実際には、人々の態度と喫煙に対する利害関心――あるいは利害関心の欠如――は、学生たちが考えたほど緊密には関連していなかった。心理学者のデイル・ミラーが述べたように、こうした公共政策の問題に関しては、「自己利益が実際に持っている影響力の小ささと、自己利益が持つと想定されている影響力のかなりの大きさは、明らかな対照をなしている」。さらに、これらの問題に関する学生自身の態度は、しばしば彼らの利害関心とは反対であった。例えば、研究に参加した男子学生たちは、ほとんどの男性は女性に特有の病気の研究費を削減する予算案を支持するだろうと予測していたにもかかわらず、彼ら自身はその予算案に反対する傾向があった。これがきっかけでミラーは次の難問に取り組むことになった。「日常生活では自己利益追求の理論を支持する証拠がほとんどないにもかかわらず、なぜ人々はこの理論を受け入れるようになるのだろうか？」[15]。

ミラーは、この問いに対する答えを見つけるために、まず経済学者のロバート・フランクが行なった実験に目を向けた。フランクは、ある学期の始まりと終わりに、一〇〇ドルが入った封筒の落とし物を持ち主に届けるかどうかという質問を学生に投げかけた。その学期中に経済学の講義を受けた学生たちは、封筒を持ち主に届けるという答えをしなくなる傾向があった。天文学の講義を受けた学生にはそのような傾向は見られなかった[16]。おそらく、経済学の講義を受けた学生は、誰もが自己利益に基づいて行動しているという印象を持つに至ったのだろう。（経済学者によれば、喫煙者がタバコ税の増税を認めるのは、彼らは禁煙したいと思っており、増税すれば禁煙しやすくなると期待しているからである。）とはいえ、わざわざ経済学を勉強しなくても、私たちはみな自己利益追求の規範に影響を受けている。先進国に住む誰もが、どうやって貯蓄するか、どうやってもっと稼ぐか、どうやって見た目をよくするか、どうやって地位を得るかといったことについての情報を絶え間なく送りつけられている。こうした事柄すべてによって、誰もがこういったことを求めていて、それが本当に大切なことだという想定が強化されるのだ。

この自己利益追求の規範は極めて根深いものであるため、ボランティアの利他心に依拠している非営利団体においてさえ、この規範がある種の形をとって現れている。心理学者のレベッカ・ラトナーとジェニファー・クラークは、「飲酒運転に反対する学生組織」に所属するボランティア学生たちに、この団体でボランティア活動したいという二人の学生からの応募書類に目を通すよう依頼した。二つの応募書類が異なっていたのは次の点だけである。すなわち、一方の書類には、自分の姉妹が飲酒運転の車にはねられて死んだと書いてあり、もう一方の書類には、この活動にはとても重要な社会的意義があるとだけ書いてあった。書類に目を通した学生たちは、自分の姉妹が死んだという応募者の方を、もう一人の応募者よりも好意的にとらえて支持した。これは、ラトナーとクラークによれば、この応募者がこの組織の理念に対して「自己利益」に基づく関心を持つと学生たちが理解したためである。学生たちは、より一般的な利他的動機を持つ応募者の方を疑いの目で見たのだった。他の多くの場合もそうであるが、この場合も、利他的な動機を持つように見える人々を疑いの目で見ることは生産的でないように思われる。もし飲酒運転の車によって引き起こされた個人的な悲劇を経験したことのある比較的少数の人々からのみ支援を受けるのであれば、この組織はその目的を達成できないだろう[17]。

あまりにも多くの人々が信じているのとは反対に、日常生活には利他的で他人を思いやる行動がいたるところに見られる（もっとも、前章で見た理由により、そのような行動は世界で最も貧しい人々に対しては十分に向けられていないのだが)。ところが、社会学者のロバート・ウスナウが明らかにしたところによれば、利他的な行為をする人々でさえ、自分の行為に関して自己利益に基づく説明を——しかもしばしばかなり説得力のない説明を——する傾向にあった。そうした人たちは、自分が社会的意義のある活動のためにボランティアをしたのは、「手持ち無沙汰だったから」とか「家から出るよい口実になったから」などと言うのだ。つまり、彼らは「他人を助けたかった」とは言いたがらないのだ。

文学の世界では、モリエールのタルチュフのような、利他心に基づいて行動しているように見せかけて、実は自己利益を追求している人物があふれている。こういう人物には名前がある。偽善者である。しかし、自己利益を追求しているように見せかけて、実は利他的な人物というのは例が少ない。そして私の知る限り、そのような人物を形容する言葉は存在しない。ウスナウは『同情心からの行為』〔未邦訳〕という著作の中で、この種の人物の例として、ジャック・ケイシーという印象に残る人物を挙げている。彼の収入源については語られていないが、彼は少なくとも週一五時間のボランティア活動をしていると説明されている。彼は地元の消防救助隊のメンバーであり、子どもたちに応急手当と野外安全についての講習を行なっている。ある救助活動では、彼は氷の張った湖を泳いで女性の命を救ったこともある。ところが、それでもケイシーは、自分自身の利益が第一だと言うのだ。救助活動の際には、「私が第一で、他の隊員が第二で、患者が第三です」。人々が他人を助けるために救助隊に入りたいと言うのを聞くと、それは本当の理由ではないとわかりますとケイシーは言う。「誰しも、心の奥底には自分自身の利己的な理由があるものです。人々は本当のところは自分自身のためにやっているのです」。ウスナウによれば、ケイシーの態度は、「大げさに同情する人」や「善人ぶった人」や「おせっかい焼き」などと見られたくないという感情に由来するものである。そしてこのような感情は、「過度に慈善的である」ことを戒める社会的規範と、「他人を気にかけるのはある意味では逸脱的であり、原則というよりは例外である」という私たちの信念から生じている。しかし、ウスナウが指摘するように、非常に多くのアメリカ人が何らかのボランティア活動を行なっているため、そうした活動が統計的な意味で逸脱だと言うことはできない。それが逸脱であるのは、広く受け入れられた自己利益追求という規範に照らした場合だけなのだ(18)。

これ以外にも、人が自己利益以外の動機に基づいて行為することがあるという証拠は枚挙に暇がない。二度と行かないであろうレストランで食事をしたときや、ときには二度と戻ることがないと思われる町においてさえ、チップを払う。万一自分に輸血が必要となった場合に必要な血液がもらえる見込みが高まるわけでもないのに、赤の他人のために献血をする。自分が投票することで選挙結果が変わる可能性は極めて小さいのに、それでも投票に行く。これらすべてのことが示しているのは、自己利益追求の規範は、私たちが普段の生活において目にする行動によっては反証が困難な、イデオロギー的信念であるということだ。にもかかわらず、私たちは自己利益を追求するのが「普通」であるという考えの虜になっている。私たちの多くは、他の人々とうまくやろうといつも考えているため、自分が同情心から行為した場合でも、それを人々に話す際には自己利益を追求していたかのように説明するのだ。その結果、自己利益追求の規範が裏付けられたように思われ、そのような振る舞いが続いていく。この規範はそのような仕方で自らを強化していくが、社会的には有害なものである。なぜなら、もし私たちが他の誰も利他心から行為することはないと考えるようになると、自分も利他心から行為する可能性が低くなるためである。つまり、この規範は自己成就的な予言となるのだ。

一七世紀の哲学者で、私たちの行為はみな自己利益追求のためになされると主張していたことで有名なトマス・ホッブズは、ロンドンの街を歩いているときに乞食に小銭を与えた。彼と一緒に歩いていた友人は、この偉大な思想家の誤りを見つけたと言わんばかりに、ホッブズに対して、君はたった今自分自身の理論を否定する行為をしたと言った。いやそうではないのだ、とホッブズは答えた。自分が小銭を与えたのは、貧しい男が幸せになるのを見て自分が嬉しくなるからだ、と彼は述べた。ホッブズはこのようにして、自分の理論が論駁されるのを回避したわけだが、その際彼は自己利益の概念をかなりの程度の寛大さや同情心と両立しうるように拡大解釈したのだった。このことから私たちにわかるのは、自己利益には広い意味と狭い意味があるということである。人間が真の利他心を持つことができるのかどうかについては長く続いている論争があるが、実践的にはこの問いよりも、私たちが自分自身の利益をどう理解するかという問いの方がより重要である。自己利益を狭く理解して、自分のために富や権力を得ることに限定したらよいのだろうか？　自分の利益を最も満たしてくれる生活とは、高価な物をできるだけ多く消費するのを人に見せびらかして、自らの経済的成功を誇示する生活であると私たちは考えているのだろうか？　それとも、私たちは他人を助けることから得られる満足感を自己利益に含めているのだろうか？

五〇パーセント同盟のメンバーたちは、寄付行為が彼らの人生に意味や達成感や「刺激」までも与えてくれることを見いだした。彼らは、寄付をしなければ、自分の人生はもっと満たされないものになっただろうと考えている。このことによって、彼らの寄付は自己利益を追求しているものになるのだろうか？　もしそうだとしたら、私たちは彼らのような仕方で自己利益を追求する人々をもっと必要としているのである。

Ⅲ　援助に関する事実

第6章　一人の命を救うのにいくらかかるか、また寄付先として一番よい慈善団体をどうやって見つけるか

極度の貧困状態で暮らす人々の命を救うために、私たちはもっと多くのことをすべきであるという議論は、それが私たちに達成可能であり、しかもほどほどの費用で達成できることを前提としている。しかし、これは本当だろうか？　また、もし本当だとすれば、私たちはどの団体に寄付すべきだろうか？　ホールデン・カーノフスキーとエリー・ハッセンフェルドは、数年前にこれらの問いに取り組み始めた。二〇〇六年、彼らが二〇代半ばの頃、彼らは勤め先のコネチカット州のヘッジファンドから、自分たちが普段の生活で使うよりもずっと多くの給料をもらっていた。彼らは給料の一部を慈善団体に寄付したいと考えたが、寄付することはそれほど単純ではないことにすぐに気付いた。ヘッジファンドの優秀な社員であった彼らは、最初に企業の基本的情報について詳しく調べてからでなければ投資しようとはしなかった。そこで彼らは、自分たちが

これから寄付しようとする慈善団体についても、同じように情報をよく調べた上で選択しようと考えた。彼らは六人の友人の協力を得て、いくつもの慈善団体に対してその活動の影響力を示すような情報を教えてくれるよう頼んだ。その結果、彼らは——ある友人の表現を用いると——「幸福そうな羊や子どもの写真のような、素敵に見えるがその他の点ではほとんど役に立たないマーケティング向きの資料」をたくさん受けとることになった。そこで彼らは慈善団体に直接電話して、寄付金を用いてどのような活動を行なっているか、寄付金が意図された仕方で用いられていることを示すどんな証拠があるか、といったことを詳しく質問し始めた。すると、この質問に対する直接の回答を得ることは極めて難しいことがわかった。ある非営利団体の代表は、彼らが機密情報を盗もうとしていると非難した。別の団体は、彼らが求めている情報は公開できないと答えた。

本当に有益な活動をしている慈善団体の見つけ方

読者もおそらく知っているだろうが、さまざまな慈善団体の寄付金の使い途について——とりわけ彼らが集めた寄付金のうち、どれだけが団体本部の運営費に当てられ、どれだけがその団体が助けようとしている人々を助けるために実際に使われているのかについて——疑問が投げかけられることがある。チャリティ・ナビゲーターというウェブサイトはこの問題に特化したサイトである。このサイトでは、収入と運営費を比べた場合に、運営費の割合が最も高い一〇の慈善団体の一覧を公表している。本書の執筆時点では、その一覧の一番上にある団体の運営費は、収入の七七パーセントにも上る。残念なことに、非効率的である慈善団体や、あからさまな詐欺を行なっている慈善団体を明らかにすることは、より効率的に活動している団体が寄付を集めるのにしばしば悪い影響を与える。あなたが一〇〇ドルを寄付して、そのうちの二三ドルしか効果的に使われない可能性があるなら、あなたは寄付したいとは思わないだろう。

二〇〇一年に創設されたチャリティ・ナビゲーターは、慈善団体の評価のためのサイトとしてはアメリカ最大で、最も広く使われていると謳っている。このサイトは慈善団体が収入の何パーセントを運営費に当てているかを含め、有用な情報をまとめて掲載している。こうした情報によると、主要な援助団体は運営費および寄付金集めのための費用を、歳入のおよそ二〇パーセントに抑えており、団体によってはさらにその割合が低いこともある。しかし、チャリティ・ナビゲーターが行なっている分析は、カーノフスキーとハッセンフェルドが問題にしていた問いには答えていない。それはすなわち、ある慈善団体がその援助の対象にしている人々を本当に助けているのかどうかをどうやって知ることができるのかという問いだ。上述の情報が必ずしも各団体の活動の全容を明らかにしているわけではないと言える一つの理由は、それらは慈善団体自身が記入して税務当局に送った書類から得られた情報だということにある。こうした書類を精査する者は誰もおらず、また、運営のための費用と援助プログラムのための費用の分け方は、ちょっとした会計操作で変更することができる。例えば、ある団体の本部で働くスタッフは、援助プログラムの運営業務とともに、日常的な事務作業も行なっているかもしれない。その場合、こうしたスタッフの労働時間の多くを援助プログラム業務に振り分けてしまえば、彼らの給与の大部分を事務作業費ではなく、援助予算の一部として計上することができるだろう。だが、ある慈善団体が収入のどの程度を運営費として用いているかという点ばかりに注目することには、より大きな問題がある。それは、運営費の額からは当の慈善団体が持つ影響力についてはまったくわからないということだ。実際のところ、運営費の割合を低くすべきだという圧力は、その団体が行なう活動の効果を下げることにもなりかねない。例えば、グローバルな貧困を削減するために活動する団体があるとしよう。もしその団体が、支援している国々についての専門知識を持つ職員を解雇すれば、運営費は下がる。すると、その団体が受け取る寄付金のうち、より高い割合の額が貧しい人々の元に送られているように見えるだろう。だが、専門家を解雇することにより、その団体が支援を行なうプロジェクトが失敗に終わる可能性が高くなることも十分に考えられる。さらには、その団体が手がけるプロジェクトのうち、どれが失敗に終わったかさえもわからなくなるかもしれない。というのは、プロジェクトを評価したり失敗から学んだりするためには、非常に能力の高いスタッフを雇う必要があり、彼らに給料を払うのに運営費がかさむことは避けられないからだ。

カーノフスキーとハッセンフェルドが驚いたのは、このような表層的で誤解を招きかねない効果指標を除けば、慈善団体はさまざまな質問に答える準備がほとんどできていないということだった。やがて彼らは、彼らにとっては尋常ではないと思われるあることに気付いた。彼らが必要としている情報を慈善団体から得られないのは、そもそも慈善団体がそういった情報を持っていないからだったのだ。カーノフスキーやハッセンフェルドが持つ投資マネジメントの経験からすれば、大口の寄付者が寄付するかどうかを決める際には厳格な費用対効果の評価をするのは当然だと考えられるが、そのような評価を行なっている慈善団体や他の独立系の団体はほとんどなかった。もしそのような情報が存在しないとすれば、個人の寄付者も主要な財団も、自分たちの寄付がどのような効果を持つのかはほとんどわからないままに多額の寄付を行なっていることになってしまう。数千億ドルものお金が、それがよい効果を持つという何らの根拠もなしに使われるということが、あってもよいものだろうか？

こうして問題を見つけ出したカーノフスキーとハッセンフェルドは、その解決に取り組むことに決めた。二〇〇七年、彼らはギブ・ウェルを創設した。これは、慈善団体の透明性と有効性を向上させるという理念を持った非営利団体である。当初彼らはこの組織を本業の片手間に運営しようと考えていた。しかし、この仕事は片手間ではすまないことが間もなく明らかとなった。そこで翌年、彼らは同僚から三〇万ドルの寄付を集めたのちにヘッジファンドの仕事を辞め、ギブ・ウェルおよびその関連組織であるクリア・ファンドという助成金提供団体の仕事に専念し始めた。彼らは慈善団体に呼びかけ、五つの大きな人道的課題に関する二万五〇〇〇ドルの助成金への申請を募った。応募に際しては、慈善団体が持つ目標の達成に向けて測定可能な仕方で進捗していることを示す情報と、その達成にかかる費用を示す情報を提示することを求めた。こうすることにより、ギブ・ウェルが集めたお金は二つの仕方で効果的となる。寄付金の大部分——二万五〇〇〇ドルの助成金——は各課題で最も有効性の高い慈善団体に与えられ、その活動を支援することになる。同時に、この助成金の存在によって慈善団体は自分たちの活動の有効性の評価をいっそう行なうよう動機づけられる。これら五つの課題のうち、本書の問題関心に最も関連があるのは、「アフリカの人命を救う」というものである。アフリカには世界中の最も貧しい人々の三分の一が暮らしており、世界で最も子どもの死亡率が高く最も平均寿命の短い国々がある。そのため、ギブ・ウェルが求めている情報は、本書で提示した議論から生じる疑問に答えるために、私たちがまさに必要としているものなのだ。すなわち、援助団体に比較的少額の寄付を行なうことで一人の人命を救うことができるというのは本当なのか。また、もしそうだとすると、どの団体が最も効果的にこれを行なっているのだろうか、という疑問である。

一人の命を救うには実際のところいくらかかるのか

大きな規模で人命を救うことにかけては、世界保健機構（WHO）が主導したいくつかのキャンペーン活動を凌ぐことは難しいだろう。WHOは世界規模の健康問題に率先して取り組むために、一九四八年に創設された国連の一機関だ。WHOが達成した最も重要な業績としては、天然痘撲滅に向けた活動を主導したことが挙げられる。天然痘は二〇世紀において三億から五億もの人々の命を奪ったとされる。[1] 一九六七年はWHOが国際的な協力の下で天然痘の撲滅運動を開始した年であるが、この時でも天然痘はなお年間二〇〇万もの人々の命を奪っていた。その一二年後、天然痘は消滅し、厳重に管理された二カ所の研究所を除いて地球上から姿を消した。WHOはまた、河川盲目症に対する取り組みにおいても主導的な役割を担った。この病気は目および皮膚の寄生虫性疾患であり、一八〇〇万人のアフリカ人が感染し、そのうちおよそ三〇万人が視力を失っている。WHOのプログラムにより、今日までに六〇万の人々が盲目にならずに済んでおり、また人々がこの病から逃れるために立ち去った広大な土地に再び住むことが可能となった。二〇一〇年までにすべての罹患者に治療が施され、この疾患が公衆衛生上の問題でなくなることが期待されている。またアフリカ南部におけるWHOのはしか対策の予防接種活動により、はしかによる子どもの死者数は一九九六年の六万人から二〇〇〇年の一一七人にまで減少した。(2)

こうしたWHOのキャンペーン活動によって、人々の命が救われ、失明せずに済んでいる。しかしWHOはどれくらい効率的に資源を活用したのだろうか――つまり、一人の命を救うのにいくらかかったのか？　私たちがこの問いに答えることができなければ、自分のお金を最も有効に使う方法を決めることは困難となるだろう。わずかなお金で人命を救うことができると言わんばかりの額を、さまざまな組織が提示することがある。例えばWHOによれば、下痢やその合併症で亡くなる年間三〇〇〇万人のうちの多くを、非常に簡単な経口性の補水療法によって助けることができる。その治療法とは、水差し一杯の清潔な水にたっぷり一つまみの塩とこぶし大ほどの砂糖を溶かしたものを飲ませることだ。人命を救うこの治療法は、人々に知識さえあれば数セントで用意できる。(3)ユニセフによれば、今日でもはしかで命を落とす年間数十万人の子どもたちを、一回一ドル以下の予防接種で助けることができる。(4)アメリカのスポーツジャーナリストであるリック・レイリーが発案し、全米バスケットボール協会（NBA）が支援しているナッシング・バット・ネッツという組織は、毎年一〇〇万人の子どもの命を奪うマラリアからアフリカの子どもたちを守るための蚊帳を提供している。ある文章の中で、ナッシング・バット・ネッツは、一〇ドルの蚊帳によって一人の命を救うことができると書いている。「あなたがもしナッシング・バット・ネッツに一〇〇ドルを寄付したら、一〇人の生命を救ったことになります[5]」。

こうした金額を額面通りに受け取ってよいとすれば、ギブ・ウェルの仕事はそれほど難しいものではないだろう。どの団体が最も低い費用でアフリカに住む人々の生命を救うことができるのかを知るためにギブ・ウェルがなすべきことは、これらの団体が提示する金額の中で最も低いものを選ぶだけでよいことになる。だが、慈善団体にとってこうした低い金額を示すことが人々から寄付を募る努力の重要な一要素となっていることは疑いないとはいえ、残念ながらこうした金額は一人の命を救うためにかかる本当の費用を正確に反映したものとは言えないのだ。

例えば蚊帳について考えてみよう。蚊帳は適切に使えば、寝ている間に蚊に刺されるのを防ぐことができるため、マラリア感染のリスクを下げられる。だが、すべての蚊帳が人命を救うわけではない。というのは、蚊帳をもらう子どもたちの大半は、仮に蚊帳がなかったとしても生き延びただろうからである。ジェフリー・サックス（米国の著名な経済学者）は、蚊帳が持つ効果をより正確に測定しようとして、今述べた事情を考慮に入れ、一〇〇の蚊帳が届けられると毎年一人の子どもの命が救われるとの推計を行なった（サックスは、蚊帳は平均五年間使用できると見積った）。この推計が正しければ、一つの蚊帳を届けるのに一〇ドルかかるとすると、五年の間毎年一人の子どもの命を助けるために一〇〇〇ドルかかることになる。すると実際の費用は、一人の人命当たり二〇〇ドルということになる（この場合、死には至らないが後遺症の残る数多くの事例を防ぐことについては計算に入っていない）。ところが、こうした金額が正しいと考えた場合でも、そこにはまだズレがあるのだ。私たちはこれらの金額から、蚊帳一つを届けるコストがわかり、また「実際に使われている」蚊帳のいくつ当たりで一人の命を救うことができるかもわかるが、届けられる蚊帳のどれだけが実際に使われているかはわからない。したがって二〇〇〇ドルという金額は完全に信頼のおけるものではないため、蚊帳を提供することは命を救うための他の方法に比べて、私たちの寄付金の使い途としてよいのか悪いのかを評価することは困難なのである。

カーノフスキーとハッセンフェルドは、子どもに対するはしかの予防接種の効果についても、これと同様の情報の欠落があることを見いだした。そもそも予防接種を受ける子ども全員がはしかに罹るわけではなく、また実際に罹ったとしてもほとんどの子どもが快復する。そこで、一人の命を救うためにかかる費用を知るには、ワクチンの費用と、予防接種を受けなければ死んでいただろう子ども一人を救うために予防接種しなければならない子どもたちの人数とを掛け合わせなければならない。また、下痢に対する経口補水液の処方はほんの数セントでできるかもしれないが、それをそれぞれの家や村に届け、必要なときに子どもが使えるようにし、家族に使い方を教えておくためにはお金がかかるのである。ある研究によれば、下痢についての教育と治療を提供することで一人の命を救うのにかかる費用は、この病気が広く蔓延している地域においては一四ドルほどしかかからないが、下痢がそれほど蔓延していない地域では五〇〇ドルもかかる。[6] 経済学者のウィリアム・イースタリーは、これらの要因すべてを考慮に入れると、マラリア、下痢、呼吸器感染症、およびはしかによる死亡者数を減らすためのＷＨＯのプログラムでは、一人の命を救うのに約三〇〇ドルかかったと述べている。[7]

二〇〇七年にギブ・ウェルは、アフリカにおいて救命活動と健康状態の改善を行なっている慈善団体に関する調査結果を公表した。この調査はギブ・ウェルの助成金に申請した五九の団体のみを対象にしたものであり、そのうち十分な情報を提供できていたのは一五団体のみだった。残りの団体は、特定のプロジェクトについての物語や新聞記事を引き合いに出して自分たちの活動について述べたが、その団体の活動によって利益を受けた人の数や、受けた利益の内容、またその活動にいくらかかったのかを示す詳細な根拠は示していなかった。

ギブ・ウェルは、ポピュレーション・サービス・インターナショナル（ＰＳＩ）というワシントンＤＣに本部がある団体に最高の評価をつけた。この団体は、発展途上国に住む貧しい人々の健康問題に取り組むために、民間セクターの活力を役立てることをその使命としている。ＰＳＩはコンドームや蚊帳、浄水剤、マラリアや下痢の治療薬を販売し、その使用法について人々に教育を行なっている。わずかばかりの金額ではあるものの、ＰＳＩはこれらの品物を商品として販売している。それは、人々はお金を払って手に入れた場合の方が、そうした品物を適切に使う傾向があることが知られているからだ。二〇〇五年には、ＰＳＩは八二〇万枚の蚊帳を五六〇〇万ドルで販売した。ギブ・ウェルは、実際に蚊帳を使って寝ている子どもの数についてのジェフリー・サックスの推計よりも控え目な推計を行ない、また蚊帳が使用されるのは毎回ではなく五〜八割のみだと仮定して、マラリア感染を予防することで救われる一人の命当たりの費用は、六二三ドルから二三六七ドルの間であるとした。ＰＳＩ自身の推計では八二〇ドルであり、この金額はギブ・ウェルが推計した最大額と最小額の間にあるが、それでもサックスの推計の四倍にもなる。

これ以外の主要な活動として、ＰＳＩはコンドームの使用促進と配布を行なっているが、ギブ・ウェルの推計によればＨＩＶ感染の回避にかかる費用は一人当たり二〇〇ドルから七〇〇ドルである（抗レトロウイルス薬が手に入らない貧しい国々においては、ＨＩＶ感染によって命を落とす可能性は極めて高い）。

下痢が原因の死を予防するＰＳＩのプログラムは、その予算の中でも比較的小さな部分しか占めていないため、ギブ・ウェルはＰＳＩのその他の活動に比べて十分な検討を行なっていない。だが、これが最も費用対効果の高いものかもしれない。ＰＳＩは水の中に入れて混ぜると安全な飲み水となり下痢を予防する効果のある製品を提供している。また、経口補水液も提供している。ギブ・ウェルによるおおよその推計では、このプログラムは一人の命を救うのに二五〇ドルかかっている。しかしながらこのプログラムはＰＳＩの活動のごくわずかな部分を占めるにすぎないため、ＰＳＩはその活動全体として、一人の命を救うのに六五〇ドルから一〇〇〇ドルかけているとギブ・ウェルは見積もっている。上記に加えてＰＳＩは、致死性ではないマラリア発作や、致死性ではない性感染症や、望まない妊娠や、致死性ではない下痢の発作の防止活動も行なっている。

ギブ・ウェルは、最も効果的な活動をしている団体として、他にパートナーズ・イン・ヘルスとインタープラストという二つの団体を選んだ。すでに言及したように、パートナーズ・イン・ヘルスはポール・ファーマーらが創設し、五〇パーセント同盟のメンバーであるトム・ホワイトが支援している団体である。初期の活動はハイチとペルーでの小規模なものであったが、今やその活動はルワンダ、レソト、ロシアにまで広がり、世界で最も貧しい人々の一部に無料で医療を提供している。この団体が貧しい農村部において提供している基礎的な医療サービスによって救われる一人の命当たりの費用は比較的高い――推計三五〇〇ドルである――が、この団体は農村部の人々に対して他にも多くの健康上の利益を提供している。

インタープラストは人命を救う活動をしているわけではないが、ギブ・ウェルがこの団体をこのカテゴリーに含めたのは、その活動が人々の生活を極めて劇的に変化させるからである。インタープラストは、口蓋裂のような奇形の矯正を行なったり、やけどを負った人が再び歩いたり手を使ったりできるようになるための援助をしたりしている。この団体は米国の外科医や医療訓練を受けたボランティアを募って手術チームの派遣を組織したり、貧しい国々で〔医療の〕訓練と援助活動を行なう地域のセンターを設立したりしている。実施される手術はしばしば比較的簡単なもので、先進国ではごく普通に行なわれているものであるが、発展途上国に住む貧しい人々にとっては、外科医の治療を受けることはほとんど不可能なことである。ギブ・ウェルの試算では、インタープラストによる矯正外科手術一回当たりの費用は、約五〇〇ドルから一五〇〇ドルである。こうした手術は世界のどこであれ人生を大きく変えるものであるが、貧しい国々においては一層大きな影響を及ぼす。というのは、奇形をもった人々に対する差別は、先進国におけるよりもはるかにひどいことが多いからだ。インタープラストによれば、発展途上国では障害児のわずか三パーセントしか学校に通っていない。同様に、仕事を見つけることもはるかに難しいことが多く、また重度の奇形をもった人は、それがとりわけ女性の場合は、結婚もしにくくなる。多くの社会で、結婚は貧しい生活をしている女性の可能性を大きく開いてくれるものなのに、である。(8)

貧困を克服する

ギブ・ウェルは、アフリカに住む人々の健康状態の改善を直接の目的とした活動を行なっている慈善団体の評価に加えて、もう一つ別の調査も行なった。それは、貧しい人々の所得および生活水準一般を向上させるための活動を行なう団体の調査である。ここでもまた、主要な団体はカーノフスキーとハッセンフェルドが必要とする情報を提供していなかったため、彼らは有効性がある程度判明している介入手法の一つであるマイクロファイナンス〔小口金融〕に焦点を絞った。

マイクロファイナンスの物語は一九七六年に始まる。当時ムハマド・ユヌスは、バングラデシュのチッタゴン大学経済学部長であった。彼は農村部の貧困について研究しており、ジョブラという近隣の村へ調査に行く機会があった。そこで彼が知ったのは、次のことだった。すなわち、村の女性たちは家具を作るのに必要な竹を購入するためにその地域の金貸しに借金をする必要があったが、その金利があまりにも高いため女性たちはいつまで経っても貧困から抜け出せないのだった。ユヌスは自腹を割いて二七アメリカドルに相当する額を村の四二名から成る女性たちのグループに貸すことにした。すると驚いたことに、このわずかな額——一人当たり約六四セント——が、女性たちが借金生活から抜け出る道筋をつけるのに十分であり、最終的に彼女たちは借金をすべて返し、貧困を脱したのだった。

この成功が励みとなり、ユヌスは政府が運営する銀行の一つに働きかけ、村の人々にごく少額の融資を行なう試験的なプロジェクトに出資してもらうことにした。それから六年の間に、このプロジェクトにより、主に女性たちのグループに対して数千の融資が行なわれた。女性たちは自分が借りたお金を返さなければ、同じグループ内の他の女性たちがお金を借りられなくなるため、ほぼすべての融資に対して返済が行なわれた。これは当時の経済学で通説だった「貧しい者への融資は高いリスクを伴うため、利率を高く設定しなければ経済的に成り立たない」という考えを覆すものであった。

この発想でうまく行くことが明らかになり、ユヌスは一九八二年にグラミン銀行、すなわち「村の銀行」を創設し、バングラデシュ全域で融資を行なうようになった。今日では、グラミン銀行はバングラデシュ国内に七〇〇万人以上の顧客を持ち、六〇億ドル以上の融資を行なっており、返済率は九七パーセントである。最も重要なことは、ユヌスがマイクロクレジット〔小口融資〕として知られるようになったモデルを作り、それが世界中の何千もの組織によって実践されるようになったことである。

しかし、こうした融資は本当に貧困を削減するのだろうか？　マイクロファイナンスを行なっている組織のウェブサイトにアクセスすれば、わずかな融資を元手にビジネスを成功させた人々の物語を読むことができる。グラミン財団という、ユヌスの発想に刺激されて作られ二八カ国で活動している慈善団体のウェブサイトを見ると、四人の子どもを一人で育てているマリー・クレアというルワンダ人女性の物語が紹介されている。彼女は四〇ドルの融資を元手にしてレストランを開き、子どもたちの学費を払うのに十分なだけのお金を稼ぐことができるようになった。また、オーロラ・マティアスは、貧しくてパンや石けんを丸ごと一つ買うことのできない近所の人々に、パンや石けんを一切れずつ売ってどうにか生計を立てていた。在庫があればもっとたくさん売ることができたが、そうするためのお金が彼女にはなかった。彼女はオポチュニティ・インターナショナルというマイクロファイナンス組織から少額の貸し付けを受けて仕入れを増やし、今までよりもたくさん売って、高い利益を上げることができるようになった。今や彼女のビジネスは他の従業員を雇うほど大きく成長し、彼女の家族はよい家に住めるようになった。

こうした物語は希望を与えてくれるものであるが、カーノフスキーとハッセンフェルドは、これがどの程度マイクロクレジットを利用する人々の典型例と言えるのかを知りたいと考えた。彼らは、融資を受ける人々は一般に生活状態が改善するという研究を読んだものの、融資がそのような改善を生み出したのかどうかについてはまだ納得していなかった。というのも、融資を受けるほど十分に進取の気性に富む人なら、融資を受けようと受けまいと生活状態が改善していたかもしれないからだ。その後、カーノフスキーとハッセンフェルドは次のような研究を読んだ。この研究において研究者たちは、アフリカのマイクロファイナンス組織を説得して、融資を受ける基準を惜しくも満たさなかった申請者たちの中から無作為に選んで融資を行なうということをさせた。これによって、無作為に選ばれて融資を受けた人々と、彼らと同様に惜しくも基準を満たさずその後の融資も受けられなかった人々とを比べることが可能になった。その結果、半年から一年後には、融資を受けた人々が仕事に就いている可能性は一一パーセント高く、一家が深刻な飢えを経験する可能性は六パーセント低く、また貧困状態にあると分類される可能性も七パーセント低くなっていた。二つのグループは無作為に選ばれたので、両者の違いは融資が原因だと考えられる。またそれに加えて、融資を増やすことで貸し手の利益が増えることもわかった(9)。

少額の融資によって皆が起業家として成功するとは限らない。とはいえ、そうした融資は貧しい人々が家計の危機を乗り越えるのに役立つことがある。また、そうしたお金があれば、一年中適切な食事をすることが可能となる場合もある。家族の誰かが病気になると、牛や山羊を売ったり、土地の一部さえも手放したりして医者に診てもらうためのお金をかき集めることがある。少額の融資があれば、彼らは最も貴重な財産を手放して貧困の深みにはまるという事態を避けることができるのだ。

カーノフスキーとハッセンフェルドは、マイクロファイナンスが実際に貧しい人々を助けるものであると結論した。また、人々が返済しなければならないことを知りつつ融資を受けるという事実自体が、マイクロファイナンス組織が貧しい人々の求めるサービスを提供している証拠だと考えた。ギブ・ウェルは、貧しい人々が自分の収入を増やし生活水準を改善するのを援助するための他の手段としてマイクロファイナンス以上に優れたものがあるという情報は得られなかったため、オポチュニティ・インターナショナルに二万五〇〇〇ドルの助成金を与えることにした。数あるマイクロファイナンス団体の中からギブ・ウェルがオポチュニティ・インターナショナルを選んだのは、オポチュニティ・インターナショナルによる融資の返済率が九八パーセントであったことと、顧客のほとんどが極度の貧困状態にあるモザンビークでこの団体が行なっている特

定のプログラムに感銘を受けたからであった。(10)

ギブ・ウェルが援助団体にその活動内容について情報を提供するよう要請を始めたとき、大きな団体はその求めに応じるインセンティブがほとんどなかった。というのは、二万五〇〇〇ドルというギブ・ウェルの助成金は決して多額とは言えず、何百万ドルという予算がある団体にとっては、応募するのにかかる職員の労力に見合うものではなかったからだ。しかし長期的に見れば、慈善団体の評価を行なうギブ・ウェルのような活動が軌道に乗れば――また実際そうあるべきなのだが――ギブ・ウェルによる高い評価は新しい寄付を大量に呼び込むことになるだろう。そうすると、他の団体もギブ・ウェルによる評価を上げるために、自分たちの活動の費用対効果を示そうと努力することになるだろう。それと同じくらい重要なことであるが、人々が慈善団体の費用対効果についてより確信するにつれ、彼らは寄付をもっとしたいと思うようになるだろう。

効果の証明

寄付金を最も有効に使っている慈善団体はどれかという疑問をホールデン・カーノフスキーとエリー・ハッセンフェルドが抱くよりもずっと以前に、マサチューセッツ工科大学のエスター・デュフロとアビジット・バナジーは、どの援助プロジェクトが有効かを知るために科学的方法を用いることができるし、またそうすべきだという信念に基づいて、ジャミール・ポバティ・アクション・ラボを創設した。彼らの考えでは、新薬の有効性を調べるために用いられる無作為化比較対照試験こそが、科学的な厳密さのゴールド・スタンダードである。こうした試験では、患者のうちの無作為に選ばれた半分が新薬を投与され、残りの半分がプラセボ〔偽薬〕を投与される。無作為化によって、二つのグループの間に病気の進行や薬の影響に変化をもたらすような違いがないことが保証される。私たちはつい先ほど、こうした方法の一例を目にしたところである。すなわち、南アフリカのマイクロファイナンス組織によって提供された融資の効果についての研究であるが、これはポバティ・アクション・ラボの研究者によって行なわれたものである。

比較対照試験により、プログレサ（PROGRESA）という名で知られるメキシコの教育・健康・栄養プログラムの有効性が示されている。このプログラムは、母親たちが健康教育プログラムに参加し、子どもを学校に通わせ、子どもを診療所に連れて行って栄養補給剤をもらったり健康診断を受けさせたりするインセンティブを与えるものである(11)。プログレサは比較対照試験によって良好な結果が得られたため、より多くの資金を得てメキシコ国内で広がりを見せ、さらに他の国々でも同様の施策が採用されるに至った。比較対照試験のおかげで、今日では、ケニアの子どもたちに寄生虫を駆除する薬を提供すれば彼らの学業成績が上がることがわかっており、人々にコンドームの使用法についての教育をすればエイズに感染する可能性が下がることがわかっており、またインドで母親にレンズ豆を安い値段で提供すればより多くの母親が子どもに予防接種を受けさせせることがわかっている(12)。

だとしたら私たちはなぜすべての貧困削減プログラムについて同じような試験を行なわないのだろうか？　その一つの理由は試験を行なうには費用がかかるということだ。オックスファム・アメリカは、彼らが西アフリカで実施しているマイクロクレジットのプログラムの一つについて、無作為化比較対照試験を行なおうとしたところ、この支援活動そのものとほぼ同じくらいの費用がかかることに気付いた。試験にかかる費用はこの支援活動の予算から出すことになるので、試験をしない場合に比べてマイクロクレジットを半数の村にしか提供できないことになる。結局、オックスファムは無作為化試験を実施しないことにした。この決定はもっともではあるものの、援助団体が自分たちの活動の効果を適切な仕方で研究するために予算を割くことで、長い目で見ればおそらくそれに見合った利益が得られるだろう。半分の人々しか助けられなくても、その人たちに対する援助が本当に役立っているとわかっている方が、実際には援助が誰の役にも立っていない可能性がある場合よりもよい。とりわけ、支援活動がうまくいけば、次の機会に、より大きな規模でたくさんの人々に対して行なわれるという場合にはそうである。

とはいえ、いくつかの支援活動は数値で表すことのできない利益をもたらす場合がある。オックスファムは「キャパシティ・ビルディング（能力開発）」の理念に基づいて活動している。キャパシティ・ビルディングとは、貧しい人々がさまざまな点で自立して生活できるよう自らの能力を開発することを手助けし、また共同体を支援することにより人々が力を合わせて抑圧に抵抗し貧困から抜け出すのを助けるような構造を創出することである。二〇〇三年に私はインドのプネを訪れて、そのような支援活動の一つを視察した。オックスファム・オーストラリアは当時、［インドの］くず拾いの女性たちの支援を行なっていた。彼女たちは、町のごみ集積場を漁って、布切れのほかリサイクル可能な物なら何でも集めることで生計を立てていた。彼女たちの仕事を見るため、私たちはごみ集積所に行ったが、あまりにひどい悪臭のため私たちのグループの一部は車に戻り、視察の間中、窓を閉め切って車中に留まらざるをえなかった。だがその不潔さとは極めて対照的に、くず拾いの女性たちは色とりどりのサリーを不思議なくらい清潔で小ぎれいに保ったまま、金属やガラスやプラスチックやときには古いビニール袋さえ拾い集めているのだった。彼女たちには一キロ当たり、すなわち二ポンド強のプラスチックに対して、わずか一ルピー——約三セント——しか支払われていなかった。これはひどい話に聞こえるかもしれないが、以前の支払い状況に比べれば改善していた。かつて不可触民として知られていたダリットというカースト出身の彼女たちは、以前は孤立して最も低い地位にいる者として軽蔑され、経済的に搾取され、回収物を引き取る業者たちから性的な嫌がらせを受けていたのだ。

オックスファムは以前、プネ大学で社会人教育の講師を務めているラクシュミ・ナラヤンから相談を受けたことがあった。彼女はくず拾いの女性たちへの識字プログラムを実施していたが、もっと実践的な支援がなければ、彼女たちは読み書きを学ぶことに専念できないと気付いた。オックスファムの支援を受け、ナラヤンは女性たちが登録制のくず拾い協会を組織するのを手伝った。それにより、彼女たちはよりよい支払いを求めたり、性的な嫌がらせから自分たちを守ったりすることが可能となった。大きな進歩が訪れたのは、この協会がプネの市議会を説得し、くず拾いの女性たちに身分証明書を発行してもらうことに成功したときである。これにより、彼女たちは集合住宅の建物内に入ることが可能となった。住人たちはリサイクル可能なものを分別するよう通知がなされたため、その結果、多くのくず拾いの女性たちは住宅から直接にリサイクルごみを集めることができるようになった。こうして、彼女たちは清潔で安全な環境で働けるようになったのだ。

この協会は貯蓄プログラムやマイクロクレジットの施設を運営するなどの他の業務も行なうようになった。貯蓄のために皆が出したお金から得られた利子は、会員の子どもに奨学金や学校の教科書を提供するために用いられた。それ以前は、小さな子どもも町のごみ集積場で母親と一緒に働いていたが、私が視察に行ったときには子どもは一人もいなかった。私が聞いた話では、学校に通うことは子どもに母親が得られなかったさまざまな機会を与えうるということに、くず拾いの女性たちの多くが気付いたのだという。

私はプネを去る前に、くず拾いの女性たちの会合に参加した。その会合は、彼女たちが暮らす、人口は密集しているが整然としている地区のある一室で行なわれた。私には会話の内容は一切わからなかったが、全員が熱心に会話に参加する雰囲気を感じとることができた。その会合の後、ナラヤンは私に次のように言った。女性たちはオックスファムによる支援に大変感謝していますが、そろそろ支援を終了する時期が来ていると言っています、と。この支援活動はその目的を達成し、登録制のくず拾い協会は今では自立的な活動を行なっている。[13] このことは明らかに、この支援活動が成功であったことを示すものだ。

もう一つ、無作為化試験によって評価することが難しい援助の事例として、オックスファムがモザンビークで行なっている女性の法的権利向上を求める運動の支援活動がある。モザンビークは人口一八〇〇万人の、世界で最も貧しい国の一つである。とりわけ女性は極度の貧困状態に追い込まれるリスクが高い。二〇〇三年まではモザンビークの少女たちは、一四歳という若さで結婚することもあった。結婚することで新婦の家族はお金と贈り物を手にすることができるため、貧しい家庭に育った多くの少女たちはとても早い時期に結婚するのだった。法律上、結婚した女性は夫の支配下に置かれた。例えば、妻が給与のある仕事に就くには、夫の同意が必要だった。もし女性の夫が死んだ場合には、夫婦の家と土地は夫の家族が所有することになっていた。離婚した女性は財産に対して一切の権利を持たず、寡婦と同様に無一文となり、しばしば物乞いをせざるをえなくなった。「旧法は女性の貧困を増加させていました」と、モザンビーク女性弁護士協会のマリア・オーランダは言う。「女性たちは夫の財産に依存し、いかなる種類の富も貯める手段がなかったのです[14]」。

一九九〇年代に、モザンビークの女性たちはこうした不正義を終わらせるための連合組織を立ち上げた。オックスファムは技術的支援や権利を主張する能力の訓練を実施し、また国内のさまざまな地域の組織が会合を開き協力して活動するための援助を行なった。改革が必要であることを市民に伝えるため、オックスファムはメディア・キャンペーンの支援も行なった。これは単にテレビやラジオや新聞を通じたものだけでなく、読み書きができずラジオもテレビもない多くのモザンビーク人のための街頭演劇も含んでいた。このキャンペーンは、市民社会や政府のさまざまな領域からの支持を得た。二〇〇三年に、国会が新しい家族法を制定した。この法律は、結婚ができる法定年齢を一八歳に引き上げ、女性が世帯主になることを認め（以前は世帯主になれたのは男性だけだった）、また内縁関係で一年以上同居している場合には、二人の財産に対する女性の権利を認めるものであった[15]。その後もオックスファムは、女性たちに新しい権利を教育し、法律がきちんと施行されるよう保障しようとする連合組織の活動を支援している。この場合も、オックスファムの活動が与えた影響を数値で表すことは不可能であるが、この支援活動は、極度の貧困状態で暮らし、私たちが当たり前と思っているような基本的権利を持たない何百万人もの女性の生活を向上させるのに役立ったように思われる。

あまりお金をかけずにできるよいことは他にもいろいろある

正式な研究がなくても、費用対効果が非常に高いと判断するのが妥当であるような援助の仕方は他にもたくさんある。いくつかの例を見てみよう。

オーストラリア人のデイビッド・モラウェッツは五〇代のときに父を亡くして遺産を相続したが、彼はその遺産が自分にはあまり必要のないものだと考えた。彼は財団を設立し、資金提供すべき支援活動を探し求めた。彼はオックスファム・オーストラリアを通じて、エチオピアの乾燥地帯であるティグレの多くの村では、水を得るために一時間以上歩かなければならないことを知った。女性や少女たちは、飲んだり料理したり洗濯したりするための水を得るために、毎日二、三時間かけて一番近い川まで水汲みに行く必要があった。動物もその川を利用しているため、川の水は煮沸しなければ安全な飲み水にはならなかった。だが、水を煮沸するには貴重な燃料を使わなければならないため、村の人々は安全でない水を飲む場合もあった。その結果、命を落とす人々もおり、しばしばそれは子どもであった。

この地域には、安全な飲み水を手に入れられる井戸が村の中にあるところもあったが、ほとんどの村では水源の上に横たわる固い岩盤を掘削するために必要な機材を買うことができないでいた。モラウェッツは、住民約一〇〇〇人のある村に掘削機を提供するために一万ドルを寄付した。現在ではその村には井戸があり、モーターや燃料を必要としない手入れの簡単な簡易手動ポンプを使って水を汲んでいる。そのおかげで村の女性や少女たちは、水汲みのために毎日二〜三時間を費やす必要がなくなった。女性たちはそうして節約できた時間を他の活動に当て、少女たちはより多くの時間を教育を受けるのに使うことができるようになった。モラウェッツが村を訪れたとき、彼は次のような言葉を聞いた。「井戸がなかった頃は、私たちの子どもは〔不衛生な水で〕命を落としていた。今はそのようなことはない」。この井戸は三人の男性と三人の女性からなる六人の村民の委員会によって管理されており、安全な飲み水を一生にわたって提供することが可能である。それも、使用者一人当たり一〇ドルをただ一度支払うだけで済んだのだ。

モラウェッツは、スチューデント・パートナーシップ・ワールドワイドのネパール支部にも寄付をした。この団体は、若者たちが運営する国際的な慈善団体で、農村部の人々の生活状態を改善する援助活動を行なう若者を育てることを専門としている。この団体に参加するボランティアのほとんどは、教育を受けたアフリカやアジアの若者たちだ。以下に挙げるのは、モラウェッツがネパールで支援している活動の一部である。

- 飲み水に自然に含まれる高レベルのヒ素を除去するために、ヒ素除去装置を提供する。一家族当たりの費用は三・三三ドルである。

- 伝統的な調理台を使ったときに比べて半分の時間で調理ができる調理台を提供する。これにより、少女たちは学校に行く時間ができた。またこの調理台は薪を半分しか使わないため、燃料を節約し地球温暖化ガスの排出を削減する。しかも、煙を排出する煙突がついているため、喘息や目の病気の発症率を減らす効果がある。一家族当たりの費用は二〇ドルである。
- カトマンズのスラム街に住む住民たちの家にトイレを設置するのを支援する。以前は、人々は路地を流れる蓋のない下水溝で用を足していた。トイレが設置されると、そうした下水溝には蓋が設置された。設置費用は一軒当たり二二ドルである。

一九八九年、マグダ・キングは女性だけの登山隊を組織し、ネパールとチベットの国境にまたがるチョー・オユー山という標高二万六九〇六フィート（八二〇一メートル）の世界で六番目に高い山に挑んだ。彼女は自ら登頂に成功し、八〇〇〇メートル級の山の登頂に成功した最初のスペイン人女性となった。その後、彼女は五つの大陸で登山を行ない、世界に一四ある「八〇〇〇メートル峰」のうちの七つの登頂に成功した。キングは登山を行なう中で、多くの人里離れた村を通り、そこで貧困のうちに暮らす人々を目にした。彼女はネパールと、登山の手伝いをしてくれたシェルパの人々に何か恩返しをしたいと考え、アメリカ国内をまわって講演や写真による現地の様子の紹介や募金活動を行なった。彼女は観光コースから遠く外れたネパールの奥地で、学校を建てるためにその地域の人々と三カ月を過ごした。彼女はあるインタビューに答えて、「私たちは道路が途絶えたあたりに学校を建てています」と言ったが、実際のところヤーマシンは彼女が表現したよりもずっと辺鄙なところにある。それは車が通れる道が途絶えてから二時間しっかり歩かなければたどり着けないような村である。自国に帰ってから、キングと彼女の夫はナムロ・インターナショナルを設立した。これは、貧しい農村部の人々に教育を提供することで貧困から抜け出るのを助ける団体である。〔ナムロとは、ネパールの人々が重い荷物を長い間運ぶために用いる、額からかける背負い紐のことである。〕学校を建てるには、その地域の皆が学校設立に賛同した上で、住民が協同して建築作業を行なわなければならない。村の人々が持たない技術を必要とする仕事に限り、外部からの協力もなされる。ナムロ・インターナショナルは、窓やセメントやその他の資材を持ち込むが、石はその地域のものが使われる。村人たちは労働力を提供することでスウェット・エクイティ〔資産がない場合に労働力を提供することで得る所有権などのこと〕を手にすることになるが、これによって人々は学校がうまく運営されることをより気にかけるようになり、また二〇〇人の生徒が通う学校を一つ建てるのに二万五〇〇〇ドル以下の費用で済ませることが可能となる。

実際に建物を造ることは最初の一歩でしかない。次にナムロ・インターナショナルは、アメリカの姉妹校と協力して、その学校に適切に教員が配置され、教科書やその他の教材が支給されるよう支援する。ナムロは一〇年間にわたって学校を支援し、その地域コミュニティが自立するための援助を行なうと約束した。例えば、ナムロは村の女性四人が伝統的な織物の技法を学ぶためにカトマンズへ行けるように金銭面での支援を行なった。彼女たちは、村に戻ってからその技法を他の女性たちに教えることになっており、〔織物が〕女性たちの収入源になるようにするのだ。

ナムロはまた、成人の識字プログラムや安全な飲み水の提供を行なうといった地域のインフラ整備の支援も実施している。

キングは、彼女の登山活動は「自分のためのものだが、スペインの女性たちのためのものでもあり、私たちがそのように大きなことを達成できることを示すものです」と言っている。しかし、彼女によればナムロ・インターナショナルが関わった農村部の地域支援活動は、これまでに彼女がしてきたどんなことよりも彼女の人生を豊かにした。この経験を通じて、「私は世界一高い山の頂上に立つよりも、ずっと崇高な目標にたどり着いた」と彼女は言う。彼女はまた、私たちに変革をもたらす力がないとは言えないことを示せたと考えている。一人の人間が、地域社会全体に変革をもたらすことができるのだ。

オーストラリア人の眼科医フレッド・ホローズは、一九八〇年代にネパールとエリトリアを旅したとき、白内障やその他の治療可能な目の病気によって失明した人が沢山いることに驚いた。それ以来、彼は一九九三年に亡くなるまで、医療へのアクセスがない人々に視力回復のための単純な手術を休むことなく行ない続けた。死の一年前、自分ががんであり、あまり多くの時間は残されていないことを知ったホローズは、妻のガビと一緒にフレッド・ホローズ財団を設立し、自分の仕事が引き継がれるようにした。二〇〇三年までにこの財団は、一人当たりおよそ五〇ドルの費用で一〇〇万人もの人々の視力を回復させた[16]。

障害を持った人々に対する支援がほとんどない貧しい国で盲目であることは、豊かな国で盲目であるよりもずっと大変なことだということを理解するのは容易だろう。視力を回復することは、本人にとって大いに役立つだけでなく、その人が家族や地域社会に再び貢献できるようにもする。ある研究によれば、インドでは失明して仕事を失った男性の八五パーセントと女性の五八パーセントが、視力回復後に再び仕事を得ることができた。子どもの場合、失明の予防や治療は生命に関わることだ。研究によれば、失明した子どもは他の子どもに比べて次の年に死ぬ可能性がずっと高い。仮に生き延びたとしても、学校に通える可能性は低いことがわかっている。

（豊かな国々に住む大抵の人々にとって）比較的少額のお金で、貧しい人に対してその人生を完全に変えるような変化をもたらすことのできる、もう一つの事例がある。それは産科瘻孔《ろうこう》の治療である。若い女性の栄養状態が悪いか、あるいは身体が十分に成熟する前に結婚するような文化では、出産に十分なほど骨盤が大きくなる前に妊娠してしまうことがしばしばある。その結果、胎児がお産の途中で産道に詰まり、出産が数日間にわたって中断されることがある。近代的な医療技術のない村での出産の場合、このような事態になるとほとんど常に胎児は死んでしまう。それと同時に、胎児の頭が膣壁に与える圧力によって膣と膀胱または直腸の間に穴、すなわち瘻孔ができることがある。そうすると、尿あるいは大便が膣から漏れ出ることになる。そして女性がいくら洗っても、ひどい臭いを発するようになる。すると夫は妻が呪われたと考えて、しばしば妻を実家に帰らせてしまう。家族は、彼女を家の中に置いておくことができず、彼女のために小さな小屋を建てる。そして彼女は残りの人生をそこで過ごすことになるのだ。

オーストラリアとニュージーランドで産婦人科医をしていたキャサリンとレジナルド・ハムリン夫妻は、一九五九年にエチオピアを訪れた。そして、現地に住む女性たちが医療を受けられないために直面していた問題を目の当たりにして、その地に留まることに決めた。産科瘻孔は命に関わるものではなく、また清潔に保つことが困難なため、当時、現地の一般病院はこの病気を持つ女性を受け入れないことが多かった。この事実を知ったハムリン夫妻は、アディスアベバ産科瘻孔病院を設立した。産科瘻孔の患者を一カ所に集めることには、別の利点もあった。すなわち、何年も一人ぼっちだった女性たちは、今や社会生活を取り戻し、同じ問題を抱える他の女性たちと話すことができるようになったのだ。キャサリン・ハムリンは夫を亡くした後もエチオピアで産科瘻孔の患者のために働き続け、この病院は現在までに三万二〇〇〇人の女性を治療し、医学生や外科医の教育も行なってきた。カリフォルニアを拠点とする慈善団体であるフィスチュラ〔産科瘻孔〕財団からの支援により、エチオピアの他の地域でも小さな病院を三つ開くことができた。ハムリン夫人は現在八〇代であるが、これまでに〔アメリカの人気テレビ番組である〕「オプラ・ウィンフリー・ショー」や、〔アメリカのドキュメンタリー番組である〕「ウォーク・トゥー・ビューティフル」という感動的な番組に出演した。彼女の病院は産科瘻孔の女性を決して拒むことはなく、診察した患者の九三パーセントは治療が成功した。患者の女性が退院するときには、自宅に戻るためのバスの運賃と新しいドレスが一着用意されることになっている。ハムリン夫人は、彼女が何千回も目にした光景を次のように述べている。「退院するこの女性は、もし治療を受けることができなければ一生惨めで恐怖に満ちた人生を送ることになっていたでしょう。けれども、今や彼女には明るい未来が開けているのです。だから若い女性がまた元通りになって、真新しいドレスを着て、笑顔で文字通り小躍りしながら家に帰るのを見ると、本当に私たちの心は温まるのです[17]」。

国連人口基金とエンジェンダー・ヘルスというアメリカにある女性の健康支援団体が作成した報告書によれば、アフリカにおける産科瘻孔の標準的な治療費は一〇〇ドルから四〇〇ドルである[18]。ワールドワイド・フィスチュラ・ファンドという産科瘻孔の治療を支援する慈善団体は、産科瘻孔患者一人当たりの外科手術費用を四五〇ドルと見積もっている[19]。

以前、私はワールドワイド・フィスチュラ・ファンドの創設者であり会長兼代表取締役でもあるルイス・ウォール氏に、セントルイスにあるワシントン大学で会った。この大学の産婦人科の教授でもある彼は、ちょうどニジェールに向けて出発するところだった。彼の財団は、産科瘻孔がとりわけ高頻度に見られる地域に新しい産科瘻孔専門の病院を建てているところであった。ウォール氏が私に教えてくれたところでは、産科瘻孔を患いながら治療を受けられない女性が三〇〇万人おり、アフリカだけで毎年三万三〇〇〇人の新たな患者が発生している[20]。彼はその前年の夏、リベリアで六七歳の産科瘻孔患者の治療を行なった。彼女が産科瘻孔になったのは三二歳のときで、それ以来三五年もの間、尿にまみれて暮らしていたのだった。「それを治すための手術は二〇分で終わりました」と彼は言った。唯一の長期的な解決策は予防であり、とりわけあまりにも幼い少女が妊娠することの危険性をより多くの人々に知ってもらうことだ。産科救急センターへのアクセスを改善することによっても、問題は劇的に減少するだろう。だが彼はその一方で、「〔産科瘻孔を患う〕一四歳の少女の未来と人生を取り戻せるなら、いくら払っても価値があるのではないでしょうか」とも述べている。

***

極度の貧困状態にある人の命を救ったり、人生を大きく変えたりするのに、どのくらい費用がかかるのかを計算することは容易ではない。私たちはさまざまな支援プログラムの有効性を評価することに、もっと力を注ぐべきである。しかしながら、これまで見てきたように、慈善団体が行なっている仕事の多くは費用対効果が高く、こうした団体によって一人の命を救う費用は二〇〇ドルから二〇〇〇ドルの間だと信じるに足る理由があると言える。

この費用の幅の上限で考えた場合であっても、貧しい国で人命を救うのにかかる費用と豊かな国で人命を救うために使われている費用を比べると、私たちは居心地の悪さを感じざるをえない。一九九五年にデューク大学が行なった研究によると、米国内で行なわれている人命救助のための五〇〇以上の措置を調べた結果、一人の命を救うための費用の中央値は二二〇万ドルだった。(21) 二〇〇八年、米国環境保護庁は平均的なアメリカ人一人の命の値段を七二二万ドルとし、一方、米国連邦運輸省は五八〇万ドルと見積もった。(22)（政府の省庁はこうした数字を、例えば大気汚染対策や安全な道路の建設によって死者数を減らすような方策が経済的に正当化できるかを判断するために用いている。）

こうした不確かさがある中で、私たちはどうすべきなのだろうか。優れた仕事をしている多くの団体があり、それらの団体は支援する価値のあるさまざまな機会を私たちに提供している。そのうちのどれが一番よいかがわからないということは、そのいずれに対しても寄付を行なわないことの言い訳にはならない。仮にあなたが四五〇ドル余分に持っていて、自分のために使うか、他人を助けるために使うか考えているのだとしよう。その場合、産科瘻孔を患う一四歳の少女が手術を必要としているのと同じくらいあなたが必要としているものを見つけるのは容易ではないだろう。あなたが余分に持っているお金が五〇ドルだけだとしても、そのお金があなた自身にとって持つ価値と、容易に治療可能な白内障のために視力を失っている人にとって持つ価値とを同様の仕方で比較することができるだろう。

第7章　よりよい援助に向けて

ここまで私たちは、援助活動に対してよくなされる批判を概観してきた。しかし、援助プログラムの多くは貧困の削減に役立っていないと批判する手厳しい論者に対しては、まだきっちりとした応答をしていない。こうした論者の中でも著名な人物として、経済学者のウィリアム・イースタリーがいる。彼は援助活動が効果を上げていないことを嘆いて、次のように述べている。

西洋諸国は過去五〇年の間に対外援助費として二・三兆ドルを使ったが、子どもたちにわずか一二セントの薬を与えればマラリアによる死者数を半減させることができるのに、それが未だにできずにいる。西洋諸国は二・三兆ドルを使ったが、わずか四ドルの蚊帳を貧しい家庭に届けることが未だにできずにいる……。これほどの善意にあふれた思いやりが、困窮している人々を助けるという結果をもたらしていないことは悲劇と言える(1)。

あなたは、西洋諸国がすでに大きな思いやりを示して、膨大な対外援助費を使ったという印象を〔この引用文から〕受けただろうか。すでに見たように、西洋の国々の大半は国民所得の割合からすると極めてわずかの援助しか行なっていない。しかし、イースタリーは過去五〇年間について話しているので、援助が効果的かどうかという問題を論じる前に、この五〇年間に西洋諸国が実際にどれだけの援助を行なってきたのかについてQ＆A形式で見てみよう。

Q：五〇年間に二・三兆ドルというのは、一年当たりいくらなのか。

A：四六〇億ドルである。

Q：四六〇億ドルというのは、過去五〇年間に豊かな国々に住んでいた人々の一人当たりだといくらなのか。

A：今日、豊かな国々に住む人々の数はおよそ一〇億人である。しかし、過去五〇年間の平均をとると約七億五〇〇〇万人である。そうすると、毎年一人当たり六〇ドルほどになる。

Q：四六〇億ドルというのは、過去五〇年間における豊かな国々の全所得の何パーセントなのか。

Ａ：その期間を通じた対外援助費は約〇・三パーセント、すなわち所得一〇〇ドル当たり三〇セントである。(2)

こうして見ると、豊かな国々が行なっている援助の額は、それほど大きいものには見えないのではないだろうか。

世界で最も貧しい人々を助けるために豊かな国々が提供している額については、所得一〇〇ドル当たり三〇セントが対外援助費に当てられているという上記の数字でさえ、相当の誇張があると言わざるをえない。私たちの援助費の大半は、人道的な考慮ではなく政治的ないし国防上の優先順位に基づいて行なわれている。例えば冷戦期に西側諸国からなされた援助は、第三世界の諸国をソ連の影響から遠ざけるという目的のせいで大きく偏っていた。当時コンゴの独裁者であったモブツ・セセ・セコがスイス銀行に持っていた口座に何億ドルものお金が振り込まれたが、それもイースタリーが引用している「援助費」の一部だったのだ。こうした援助費が貧困の削減にほとんど役立たなかったとしても驚くべきことではない。

冷戦は終結したが、経済協力開発機構（ＯＥＣＤ）のウェブサイトで見ることのできる統計データを見ればわかるように、対外援助は今日でもグローバルな貧困を削減するためだけに行なわれているわけではなく、また、場合によっては貧困の削減が主な目的ですらない。アメリカの政府開発援助費の受け入れ国上位一〇カ国について見てみよう。本書執筆時点（二〇〇八年六月）では、それらは上から順に、イラク、アフガニスタン、スーダン、コロンビア、エジプト、エチオピア、コンゴ民主共和国、ナイジェリア、パキスタン、ヨルダンである。イラクだけで二〇〇七年のアメリカの対外援助費の二九・五％も受け取っており、アフガニスタンも六％近くを受け取っていた。それに対して、世界で最も貧しい国々の上位一〇カ国は、すべて合算しても、アメリカの援助費の五％しかもらっていなかった。(3)* イラク、アフガニスタン、およびパキスタンが米国の対外援助の上位一〇カ国に入っているのは、これらの国々が貧困国であるからというよりも、テロリズムに対する戦いにおいて中心的な役割を担っているからだ。エジプトが何十年もの間最上位近くに位置しているのは、中東地域の安定化を目指すアメリカにとって重要な相手国だからであり、ヨルダンへの援助も同じ動機からである。コロンビアはとりわけ貧しい国というわけではないが、アメリカがこの国に援助することはコカインの密売組織を封じ込めようとする試みと関連している。OECDによって「特に開発が遅れている国〔後発開発途上国〕」と位置づけられている国々に対するアメリカの援助費は全体のわずか五分の一である一方、「低中所得」国とされる国々への援助は全体のおよそ半分を占めているのだ。

また、極度の貧困に苦しむ人々を助けるというよりも、政治的な目的を持って援助をしているのは、アメリカに限った話ではない。世界銀行のエコノミストであるブランコ・ミラノヴィッチは、OECD諸国によって二〇〇一年に二カ国間で支払われた援助費を検討した。すると、ヨーロッパ連合（EU）からの二カ国間援助――これは、EU自体が実施している援助プログラムであり、EU諸国が行なっている個々の援助プログラムとは別個である――は、アメリカの援助に比べて、一人当たりの所得が世界平均よりも高い国々に一層偏っていることがわかった。同じ年にオーストラリアとカナダによって行なわれた二カ国間援助も、貧しい国々よりも豊かな国々の方が一人当たり換算でより多くのお金を受け取っていたという意味で、豊かな国々に偏っていた。ドイツ、フランス、イタリアからの二カ国間援助は、一人当たり換算では豊かな国々と貧しい国々の間でおおよそ同じ割合で行なわれていた。また、ベルギー、アイルランド、イギリス、スイス、ルクセンブルク、オランダ、および北欧諸国の援助は、貧しい国々に大きく偏っていた。とはいえ、全体的に見れば、世界で最も開発が遅れている国々に渡った援助費は、ＯＥＣＤのドナー諸国からの援助費のわずか四分の一だった。(4)

貧しい者を助けるためにより多くのことがなされているという誇張された印象を援助総額が与えてしまう、もう一つの理由がある。それはアメリカやオーストラリアを含むいくつかの国々が、自国産の物資の購入と引き換えに援助を行なうことにより、自国の経済を活性化させる一方で援助の効果を下げてしまっているということだ。例えばアメリカ連邦議会は、アフリカにおけるエイズの蔓延を防ぐ目的でコンドームを配布しているアメリカ政府の省庁に対して、アメリカ製のコンドームの購入を義務づけている。だが、アメリカ製のコンドームはアジア製の同様の製品に比べて値段は倍である。アフリカにコンドームを寄付することで人命が救われるのは確かである。しかし、この用途に使える金額は一定であるため、コンドームの値段を吊り上げる要因が何であ

＊最も貧しい一〇カ国とは、中央アフリカ共和国、シエラレオネ、エリトリア、ニジェール、マラウイ、エチオピア、リベリア、ギニアビサウ、ブルンジ、コンゴ民主共和国である。

れ、それによって寄付できるコンドームの数が減り、結果的に救うことのできる人命も減ってしまうのだ。[5] しかしながら、もっと深刻な問題がある。それはアメリカの対外援助費のうち食糧支援に当てられているおよそ二〇億ドルは、法律によりアメリカ産の穀物に使われなければならず、また食糧を必要としている地域に送る際にはほとんどの場合アメリカの船舶によって輸送するよう義務づけられていることだ。これにより、アメリカの農民は農産物を高い値段で売ることができ、またアメリカの船舶会社にとっても儲け話となる。しかし、食糧が必要とされている地域の穀物を買った方が輸送費や他の諸経費を省くことができるため、はるかに安い。また、四カ月かけて食糧を送るという遅れも生じない。有効性の点から言えばさらに悪いことに、政府の補助金を受けた食糧を大量に輸入することで現地の穀物相場が下がってしまうため、発展途上国の農民が食糧生産の効率を高める気を失ってしまう。ロックフェラー財団の理事であり農業エコノミストのピーター・マトロンの言い回しを借りれば、これは「しっぽが犬を振る〔本末転倒の意〕」ようなものである。というのは、アメリカ国内の農業政策が、海外の飢えた人々を助けるためにアメリカが用いる方法を決めてしまっているからである。米国会計検査院という連邦議会の独立調査機関は、食糧援助が「本質的に非効率的である」と結論した。また、ダニエル・マックスウェルとクリストファー・バレットは、『食糧支援の五〇年』〔未邦訳〕という彼らの重要な研究において、アメリカの食糧支援が主に飢えた人々を助けるために行なわれているという、彼らが「神話」と呼ぶものの実態を暴露している。こうしたさまざまな不都合は、貧困削減のために活動する最大手の援助団体の一つであるＣＡＲＥにとっては十分に明らかであったため、彼らは貧しい国々でアメリカ産の穀物を配布することを拒んだ。そのために彼らは、その気があれば受けられたはずの四五〇〇万ドルの支援を受けられなくなったにもかかわらず。(6)

ここで、豊かな国々がこうした仕方で援助を条件付きのものとすることはまったく理に適ったことだ、と主張する人もいるだろう。しかしその場合は、あらゆる援助は効果がないと結論づけることは公平でない。ひも付きの援助の目的の一部は、ドナー国の経済に利するということであり、おそらくこれが達成されることもあるだろう。上に述べた要因を考慮するならば、過去五〇年の間に極度の貧困に苦しむ人々を助けることを主たる目的として行なわれた援助の実際の額は、豊かな国々の国民一人当たり年間六〇ドルには到底届かないと思われる。実際のところは、その四分の一以下だろう。しかし仮に、六〇ドル満額が最も貧しい人々を援助するために用いられていたとしてみよう。それでもやはり、それはあなたが夜に出かけて深く考えずに使う金額よりも少ないだろう。六〇ドルというのは、ロック・コンサートのチケットの値段よりも安く、また、夕食と映画に一、二杯の酒とタクシー代あるいは駐車場代にかかる費用よりも安いだろう。あなたが一晩出かけた際に使うお金は、はたして「これほどの善意にあふれた思いやり」とイースタリーが呼ぶに値するほどの金額だろうか。これは同胞たる人間に対する私たちの思いやりについて、低い期待しか抱いていないことを示唆しているだろう。それはまた、次のことも意味している。すなわち、私たちがあふれんばかりの思いやりによってすでに膨大な額の援助を貧しい国々につぎ込んだにもかかわらず、これらの膨大な額をもってしてもマラリアによる死亡を防ぐなどの基礎的なことすらできなかったと主張して、援助を非効率的だと十把一絡げに決めつけることはできない、ということだ。もし私たちがこうした基礎的な事柄においてまだ成功していないとすれば、おそらくそれは貧しい人々を助けることを主な目的として寄付された額があまりにも少なかったからだろう。

ほとんどの場合、対外援助を批判する人々が批判の対象にしているのは、政府による援助プログラムや政府の資金で運営される援助機関である。例えばイースタリーの『傲慢な援助』という著作は、主に世界銀行や国際通貨基金（ＩＭＦ）や国連や米国国際開発庁（ＵＳＡＩＤ）に議論を限定している。イースタリーによれば、こうした組織が失敗した原因は、壮大な目標を持ってトップダウンで計画を立案し、しかも責任の所在が不明確だった点に求められる。ところが彼は、非政府組織（ＮＧＯ）の仕事をまったくと言っていいほど無視している。四〇〇ページあるその著作の中でＮＧＯについて言及があるのはわずか四回で、そのいずれにおいてもＮＧＯの仕事は詳しく議論されてはいない。ＣＡＲＥやオックスファムやセーブ・ザ・チルドレンやワールド・ヴィジョンといった主要な援助団体の名前は、まったく姿を現さない。イースタリーは活動家たちに「より多くの対外援助費を集めることではなく、対外援助費を貧しい人々に確実に行き渡らせることにエネルギーを注ぐ」よう助言している。しかし、もし彼が助言を与えようとしている活動家がＮＧＯのためにお金を集めているのだとすれば、より多くの援助費を集めることが無益だという彼の主張には何らの根拠も示されていないと言える。（私はまだ世界銀行に寄付するようにと呼びかける人に声をかけられたことはない。）

大規模な額の援助が政治的な干渉なしに行なわれることによって世界規模の貧困が克服されう

るのかどうかは、まだ試されたことがないため、誰にもわからない。政府による援助は政治的および官僚的な制約によって足を引っ張られてしまうため、効果的な活動をしているNGOへの個人の寄付はなおさら重要なものとなる。イースタリー自身が述べているように、世界中の貧しい人々約三〇億人（この数字には一日一・二五ドル以下で暮らす人々だけでなく、一日二ドル以下で暮らす人々も含まれている）に対する対外援助費の年間総額は、一人当たりにするとおよそ二〇ドルにしかならない。このわずかばかりの額によっては貧困がいまだに根絶されていないというのは、驚くべきことだろうか？　何らかの確実性を持って言える最悪のことは、過去に行なわれた政府の援助の多くは誤解に基づいていたり、見当違いであったりしたため、ほとんど効果がなかったということだ。しかし私たちが本気で貧困の削減に着手し、問題の規模に合うような資源――そこには過去の失敗を分析して過ちから学ぶための資源も含まれる――を用いたとしても、よい効果を与える方法を一つも見つけだすことはできないということは、ありそうにないことだと思われる。

「援助ではなく、貿易を」？

援助を行なうことに対して私たちが持っている大きな不安の一つは、援助では貧しい人々を助けることはできず、むしろ彼らにとって有害ですらあるかもしれない、というものだ。このような見解は一部の対外援助の批判者たちによって支持されている。彼らは援助が経済発展をもたらさないと主張する。(7)例えばマーティン・ウルフは、『なぜグローバリゼーションはうまくいくのか』〔未邦訳〕という著作の中で、貧しい国々の人々にどれほど大規模な援助を行なうよりも、彼らがグローバルな市場で自分たちの作ったものを売ろうとする際の障壁を下げることの方が、貧困を削減するのに役立つと論じている(8)。ウルフや他の対外援助の批判者たちの指摘によれば、過去五〇年の間に貧困から抜け出した国々は一般にほとんど援助を受けていなかったのであり、逆に最も多くの援助を受けていた国々は一般に今日でも貧困から抜け出せずにいる。もっとも、いくつかの事例においては、その理由は、より深刻な問題を抱えている国々――地理的に不利であったり、政治的に腐敗していたり、生産性を阻害する習慣があったり、人々が新しい事業を始めるやる気を削ぐようなまずい公共政策が実施されていたりする国々――の方が、より多くの援助を受けるからであろう。とはいえ、いくつかの対外援助政策が、経済成長を促進することに実際に失敗したことは明らかだ。何が問題かを理解することは重要であるが、正しい援助政策はそれが経済成長を促進するにせよ、そうでないにせよ、貧しい人々を救うことができるのだと理解することもまた重要である。

援助によって経済成長が鈍化する一つの理由は「オランダ病」である。この言葉は、一九六〇年代にオランダ沿岸の北海で天然ガス田が発見された際に、オランダ経済が衰退したことを指して、『エコノミスト』誌が作り出した言葉である。この貴重な天然資源は大きな経済的利益をもたらすはずであったが、現実には、天然ガスの輸出から生じる歳入が流れ込むようになると、オランダの製造業は低迷した。その理由は、経済学者たちによれば、他の国々がオランダのガスを購入してオランダに外貨が流れ込むようになると、オランダの通貨価値が主要な貿易相手国の通貨に対して上昇したため、オランダからの輸出品がより高価になり、国際市場でのオランダ製造業の競争力が弱まったためである。大規模な対外援助費の流入も、これと似た問題を生み出す可能性がある。

すでに見たように、対外援助費は豊かなドナー諸国の国民所得のわずかな割合を占めるにすぎないが、貧しい国々にとっては、援助費がその国の国民所得の一割以上になる場合もある。コンゴ民主共和国や東ティモールやアフガニスタンのような少数の極めて貧しい国々においては、援助費は国民所得の四分の一以上を占める。[9] このレベルになると、援助は極めて深刻なオランダ病をもたらしうる。そして実際のところ、経済学者のラグラム・ラジャンとアルビンド・サブラマニアンの研究によれば、食品加工業や衣服や靴の製造といった労働集約的な製造業や輸出産業の成長が、対外援助によって大きく阻害されることがわかっている。ただし、希望が持てることに、彼らが検討した最新の一〇年間である一九九〇年代では、対外援助が持つ負の効果はその前の一〇年間に比べてやや小さかった。これはおそらく、貧しい国々の政府が、受け取った援助費をより賢明な仕方で使うようになったからだと思われる。[10]

ラジャンとサブラマニアンは、このような負の影響が、援助の利益を相殺するほど大きいものであるかどうかについては答えを出していない。援助費が社会基盤や農耕法や労働者の熟練度の向上のために用いられた場合、生産性が向上し、オランダ病による負の効果を凌ぐほどの輸出量の増加をもたらす。一九九二年にモザンビークの内戦が終結した後の一〇年間にヨーロッパ諸国は、アフリカにあるこの国に対して異例なほど高い水準の援助を行なった。事実、この一〇年の間、モザンビークの国民総所得の四割は対外援助によるものだった。援助費のほぼ半分は債務返済に当てられたためにモザンビーク国内で使うことはできなかったとはいえ、残りの援助費は道路や病院や学校を建設し、労働者の熟練度を向上させるために用いられた[11]。おそらくはこの理由から、この間の一人当たりの実質経済成長率は平均して毎年五・五パーセントと高かった。一九六六年の独立後のボツワナや、一九五〇年代の台湾や、一九九〇年代のウガンダに対する高いレベルの援助も、高い経済成長と両立していたことが示されている。こうした事例は、オランダ病が不可避ではないことを示している[12]。

いずれにしても、発展途上国の輸出産業の成長を阻害している障壁に関して言えば、援助に起因するオランダ病よりも、はるかに重大な問題がある。それは、アメリカとヨーロッパが農産物に補助金を出していることだ。これによって、気候と安い労働力のおかげで自然な競争力を有する経済部門〔すなわち農業〕において輸出を増やそうとする貧しい国々の努力が台無しになっている。例えば綿花について見てみよう。綿花は西アフリカに住む数百万人の農場労働者の唯一の収入源であり、彼らの多くは一日一・二五ドル以下の収入で家族を養っている。こうした農場労働者は、高度に機械化された栽培を行なうはるかに裕福な二万五〇〇〇人のアメリカの綿花生産者たちに比べて、より安価に、しかもより環境的に持続可能な仕方で綿花を生産している。ところが、アメリカ政府が自国の綿花生産者に対して総額で年間三〇億ドルの補助金を支払っているため、世界市場ではアメリカの綿花生産者たちは西アフリカの人々よりも安く綿花を販売することができる。カリフォルニア大学にある農業問題研究所のダニエル・サムナー所長の試算によると、もしアメリカが綿花に対する補助金を廃止したならば、それによって生じる西アフリカの綿花生産者たちの所得の上昇は四人の子どもの医療費をすべて支払うのに十分なものになるとのことである[13]。経済学者のキム・アンダーソンとアラン・ウィンターズの研究によると、農産物に対するあらゆる補助金を撤廃し、農産物以外に対する関税も五割削減すれば、世界的に見て少なくとも年間九六〇億ドルの経済的利益が生じ、そのうち三〇〇億ドルが発展途上国にもたらされることになる[14]。アメリカとヨーロッパの納税者たちは綿花やトウモロコシやその他の農産物への補助金のために何十億ドルも支払っているわけだが、これを撤廃することは、人道的な観点からも、基本的な経済学の観点からも、優先事項とされるべきなのだ。

ここであなたは次のように問うかもしれない。私たちは自分の時間や資金を、貧しい人々の援助を行なう団体に寄付するよりも、貿易障壁の撤廃運動のために用いた方がよいのではないか、と。明らかに、これはさまざまな要因に左右される。すなわち、私たちの資金や時間を費やすことでそうした撤廃運動が成功する可能性が高くなるかどうかや、そのような撤廃運動が成功した場合に貧しい人々に対する利益はどのくらい大きなものになるのか、私たちの寄付が他の種類の援助に対してなされた場合にどれだけ役に立つのか、などだ。貿易障壁の撤廃に反対して結託している強力な政治的既得権があるため、政治的変化が生じることはありそうにない。私たちはこのことを、アメリカ国内の農業補助金を認可する二〇〇八年の農業法案をめぐる争いにおいて目の当たりにした。この法案は世界規模の貧困に取り組む諸団体によって反対されていただけでなく、農業圧力団体のために働いている経済学者を除けば国内のほぼすべての経済学者によっても反対されていた。ジョージ・W・ブッシュ大統領自身も、五年間にわたって三〇〇〇億ドルの補助金を提供するこの法案を「肥大化し無駄が多いもの」と呼んで、法案に対して拒否権を発動した。だが連邦議会は大統領の拒否権を覆すのに必要な議会の三分の二の票をたやすく集めて、拒否権を覆してしまった。(15)こうした敗北を考慮すると、私たちは自分たちが何か有益なことを実現できると自信が持てるような別の領域で努力した方がよいと考えられる。

また、一部の人々や地域、場合によっては一国全体に経済成長が生じない場合があることにも注意する必要がある。経済成長が見られないのは、一つには、発展途上国の政府が賢明でない経済政策をとっているからか、あるいは政治や慣習や社会構造が経済的生産性に対して非常に敵対的であるために、投資をしようとする者がほとんどいないからかもしれない（こうした場合には、政策改革を条件として経済援助を実施することができる）。しかしまた一つには、その国が地理的な条件によって不利益を被っているからかもしれない。例えば、内陸国で四方が〔貿易相手国として〕有望な市場とは言えない貧しい国々に囲まれている場合などだ。こうした場合、輸出先としてより繁栄した市場にアクセスすることが困難なために、その国の成長が阻害されるかもしれない。こうした状況では、国内の食糧生産の改善や、教育と基礎的な医療の提供を目的とした援助を行なうことが、その国の貧しい人々を助けるための最善の方法、あるいは唯一の方法でありうる。理想的に言えば、援助は、何らかの理由で経済成長から利益を得られない人々に対するセーフティ・ネットとなるべきである。ときには、より貧しい国々の方が幼児死亡率や寿命といった人間の福利に関する主要な指標において、豊かな国々よりも優れている場合がある。例えば、キュー

バはアメリカよりも幼児死亡率が低いことがよく知られている。(16)

二〇〇七年に行なわれた世界経済フォーラムで、イースタリーとビル・ゲイツがパネリストとして一緒に登壇したとき、イースタリーはこれまでアフリカに対してなされた援助はアフリカの経済成長を活性化することができなかったという、彼のいつもの論点を主張した。これに対してゲイツは手厳しくこう答えた。「一人の子どもが生き延びれば、その分GNPが増大するなどと私は言った覚えはありません。人命はそれ自体に価値があると私は思っています(17)」。ゲイツの言うことは正しい。私たちが目標とすべきなのは、経済成長それ自体ではなく、経済成長したいという私たちの欲求の背後にある目的なのだ。それはすなわち、命を救い、不幸を減らし、人々の基礎的なニーズを満たすことである。

悪い社会制度はよい援助プロジェクトを台無しにする

なぜ一部の国々は豊かで他の国々は貧しいのかについては、長く論争が続いている。多くの専門家が強調するのは、よい社会制度や慣習の重要さである。これは例えば、法の支配、所有権の保護、有能な政府、信頼関係を可能にする社会的な慣行、良質で広く行き渡った学校教育、腐敗に対する寛容度の低さなどだ。有能な政府とは、公的セクターが比較的うまく機能していることである。例えばもし私たちが事業を始めたいと思った場合、話を進めるために役人にわいろを送る必要がないことであり、また労働者や消費者や地域住民としての私たちの権利が、安全でない労働環境や安全でない製品や公害から守られていることである。法の支配とは、私たちが暴力から守られていることであり、また、私たちが将来について計画するにあたり、自分の所有物が他の誰かに奪われることはないことについて相当程度の確信が持てるということである。法の支配によって、私たちは契約を結ぶ場合に、もし契約相手が契約違反をしたならば罰則が課されるということを知った上で契約ができる。しかし、法の力に訴えることは常に費用がかかるため、一定レベルの信頼関係があった方が、人々は一緒に働きやすいし、コミュニティの感覚も生まれやすくなる。

よい社会制度は貧困の削減に決定的に重要な役割を果たすという考えは、援助の価値を否定するものではなく、援助を受ける政府が経済成長のための基礎を作るという条件付きで援助を行なうことにつながる。ブッシュ大統領はこのような考え方に納得し、共和党・民主党両党の支持を得てミレニアム・チャレンジ・アカウント〔ミレニアム挑戦会計〕を設立した。これはアメリカの対外援助費の一部を、大統領の言葉で言えば「正義に適った仕方で統治を行ない、自国民に投資し、経済的自由を促進する」政府のためにとっておくというイニシアチブである(18)。オックスファムのような団体は、制度構築に目を向け、地域で民主的に運営される協同組合を作って、その組合が井戸の維持からコーヒーの販売促進活動まですべての事柄を担うのを支援している。また、世界銀行や政府間の援助プログラムは、政府が有効に機能するための能力を構築しようとしてきた。

また実際のところ、援助は社会制度を改善するのに役立ちうる。経済学者のポール・コリアーが明らかにしたように、とりわけ援助が脆弱な国家に対してなされた場合にはそうである。例えば内戦から復興しようとしている国は、再び紛争状態になり国民が悲惨な状態に陥るリスクが高い。コリアーによれば、相当の額の援助が適切な仕方で数年間継続的になされた場合は、紛争後の政府の能力が高まることによりそのような悲劇を回避することができる。[19] 数十年にわたる内戦に苦しんだモザンビークは、援助によってよい変化がもたらされた一例である。シエラレオネは、再び紛争が起こる危険がまったくなくなったわけではないが、もう一つの例となりそうだ。また、腐敗した政府や無能な政府に代わって改革派の政府ができるよい機会にもなる。例えば、二〇〇二年にザンビアのレヴィ・ムワナワサの政府がそれまでの極めて腐敗した政府に取って代わった場合がそれに当たる。コリアーによれば、そのような場合に四年間にわたって一〇億ドルの技術支援を行なうことで、その国に一五〇億ドル相当の経済的利益がもたらされると期待できる。この試算では、有能な政府を持つ国が世界にもたらす利得は勘定に入れられていない。[20]

社会制度を改善できるのであれば、私たちはそうすべきである。コリアーが述べているような状況においては、それが私たちの最優先事項となるべきである。しかし悲しいことに、状況があまりに悪いため、不運な市民の悲惨な状況を改善するためにできることが何もない場合もある。そのときには、私たちは別のところに援助を向けざるをえない。だが、たとえ援助がよりよい社会制度を作ることにはつながらないとしても、援助が最も貧しい人々に直接役立って、彼らに大きな、また長続きするような違いをもたらすことができる場合もある。このようなときには、私たちは援助を差し控えるべきではないのだ。

ミレニアム・ビレッジ・プロジェクト

現在、アフリカで大規模な実験が行なわれている。これは、援助によって一国の社会制度が変わらないとしても、農村の人々に変化をもたらすことができるのか否かを試すものだ。経済学者のジェフリー・サックスの考えでは、貧困はアリ地獄型の罠になることがある。アフリカで穀物を作っている小規模農家は、やせた土地を苦労して耕さざるをえないが、肥料を買うお金がない。彼らは育てた作物からとった種子を残しておくが、こうした種子は収穫量の少ない種類のものである。それゆえ彼らはアフリカ以外の発展途上国の農民の平均と比べてその三分の一ほどしか収穫できず、肥料やよりよい種を買うためのお金がいつまで経っても手に入らないのだ。二〇〇二年、当時国連事務総長であったコフィ・アナンが国連ミレニアム・ビレッジ・プロジェクトの代表にサックスを指名したとき、サックスはまず、貧しい人々が貧困の罠から抜け出るのを助けるための実践的かつ信頼のおける方法を見つけようとした。彼の結論は以下のものであった。もし援助機関が農村部の人々に彼らが必要としている肥料とよりよい種子を購入するための手段を数年間にわたって提供すれば、農民たちは収穫量の向上によって得た稼ぎから再投資することができるようになる。そして援助機関が支援を終了した後も、彼らはより高い収穫量を維持し、さらなる改善のために再投資することができるだろう。サックスは次のように述べている。「一時的な援助は、農民にとって長期にわたる成長の端緒となりうる。私は勘で話しているのではない。アジアの緑の革命はこのような仕方でうまくいったのだ(21)」。

二〇〇五年、サックスはこの理論を実践しはじめた。彼は国連開発計画と、ミレニアム・プロミスというＮＧＯ団体と、コロンビア大学地球研究所という農業・公衆衛生・工学技術・生態系の諸問題を解決するための研究と専門知識を提供する研究所の三者からなる協力関係を築いた。この三者が一体となってミレニアム・ビレッジ・プロジェクトの支援を行なったのだ。多くの援助プロジェクトはただ一つのこと――穀物生産量を改善するためのよりよい種子の配布や、学校や診療所の設置など――を行なうために立ち上げられるが、それに対しミレニアム・ビレッジ・プロジェクトはこれらすべてを一度に行なうことを目指すものである。彼らは農村が直面するさまざまな問題に取り組むために、多方面にわたる支援を提供するのだ。(22)

このプロジェクトは計六万人が住む一二の村から開始された。これらの村はすべて慢性的な飢餓の「ホットスポット〔頻発区域〕」に位置しており、病気の問題が深刻で、医療制度および社会基盤が脆弱であった。これらの村はすべて比較的平和な国々にあり、またそれぞれの国は、政治腐敗の問題はある程度はあるものの、人々が比較的安全に土地を耕し、余剰の農産物を売って得た利益を保持できるくらいには十分有効な統治が行なわれていた。サックスは自分が考案したモデルをさまざまな状況下で検証するために、異なる気候条件や農業の伝統を持つアフリカの一〇の諸国からこれらの村を選んだ。それぞれの国の政府もこのプログラムを支援するためにわずかな資金やサービスを提供したが、すべての援助はこれらの村に対して直接行なわれた。

ミレニアム・ビレッジ・プロジェクトでは、プロジェクト・アドバイザーと相談の上で、それぞれのコミュニティがその特有の状況に応じて、費用対効果が最も高く望ましいと考えられる形態の支援を選ぶことができる。それぞれの村は、安全な飲み水、子どもたちへのビタミンやミネラルの栄養剤提供、予防接種プログラム、蚊帳、寄生虫を駆除するプログラムのいずれかを選ぶことができる。補助金受給の条件として、意思決定に女性の参加が認められなければならなかった。同時にこの支援プログラムでは、農民に対して農業収穫量向上のための肥料と改良された種子が提供され、また農業を多角化してお金になる作物を作るよう助言も与えられる。その代わりに農民は、増えた収穫量の一部を、子どもに学校給食を与えるプログラムに提供するよう求められる。これによって子どもたちは栄養状態がよくなり、就学率が向上し、授業に集中することができるようになる。この支援プログラムでは、省エネの料理用レンジや、その地域に適したエネルギー生産方法や、さらには携帯電話のような新しい技術の導入も行なっている。以上すべてを合わせると、この援助には年間一人当たり約一一〇ドルかかり、そのうちの一人当たり一〇ドルは、村が支払わなければならない。このプロジェクトでは、支援を五年間継続して行なうことを約束している。この期間が過ぎた後、当初の計画が成功していれば、収穫量の向上により農民は貧困の罠から抜け出て自分で肥料を買ってその状態を自立的に維持したり、他の事業へと経営を多角化したりできるようになる。そうすると、外部からの支援は終了することができる。(23)

二〇〇八年現在、この支援プログラムは四〇万人以上の人々からなる八〇の村にまで拡大している。これまでの報告によれば、穀物収穫量は大きく上昇し、飢餓はなくなり、栄養不足やマラリアは減少し、就学率は急激に伸びている。おそらく最も重要なことは、地域の指導者たちが語っていること、すなわち村民たちが協力して共通の問題に取り組むことで、彼らの間に新たな希望の兆しと自尊心が見られるようになったことである。

さまざまな村でコミュニティの指導者たちが状況の改善について語っている。ガーナのボンサーソ村のコミュニティの指導者であるエリザベス・アッピアは、このプロジェクトによってコミュニティでの作業に女性が参加する割合が増えた様子を記している。それは部分的には、井戸の修理がなされ、毎日徒歩で二時間かけて行なっていた水汲みの必要がなくなったおかげであり、また一つには、女性たちがお金を稼ぐ機会と、新しいコミュニティセンターで学習する機会を得たからである。ケニアのサウリ村のコミュニティ指導者であるパメラ・ミトは、穀物の収穫量が三倍となり、農民は農産物を多様化することを覚えたため、今や食糧を自給できるようになっただけでなく、現金収入も得られるようになった、と述べる。また安全な飲み水が村に供給されるようになったため、自分の子どもが赤痢になるかもしれないと心配する必要もなくなったと言う。マリのティビ村のヤクーバ・クーリバリーは、穀物の収穫量が、その余剰分を売ることができるくらいに増え、学校に男女別のトイレが新たにできたことで、女子も就学できるようになったと述べている。ルワンダのムヨンゲ村のンダハヨ・セレスティンは、穀物の収穫量が上がったため、過去二年間は一日一食しか食べられなかった彼の家族が、一日二食食べられるようになったと言う。彼らは「未来が過去と同じようにはならない」ように、お金を貯めることさえできるようになってきた。

というわけで、これまでのところは順調に成果が出ていると言える。だが、この実験によりサックスの「貧困の罠」理論の正しさが示されたと言えるかどうかや、また国レベルでよりよい社会制度を作らなくても、飢餓を終わらせ、子どもの死亡率を下げ、アフリカの人たちが自らの手でよりよい生活を作り出すのを援助できると示されたと言えるかどうかを判断するには時期尚早である。二〇一〇年から二〇一二年のどこかの時点で、ミレニアム・ビレッジ・プロジェクトが成功しているかどうかが明らかになるはずである。もし成功していれば、プロジェクトの規模を拡大し、穀物の収穫量の向上、安全な飲み水、よりよい健康状態、新しい学校、よりよい通信手段といったものから得られる利益を村が享受するのに十分な程度の社会制度を備えた多くの貧しい国にある、何十万もの村々で実施することができるだろう。その実施にはより多くの援助が必要だが、支援を受ける村が援助なしにやっていけるようになったあかつきには、援助の有効性が示されることだろう。

地球上にそんなに多くの人は生存できない

私がグローバルな貧困について講演をすると、しばしば次のような批判を受けることがある。「貧しい人々の命を今救ったとしても、地球は収容可能な人口をとうに超えているので、やがて人口崩壊が起きた場合により多くの人が死ぬことになるだけだ」。この批判は、一八世紀の英国の経済学者兼牧師であるトマス・マルサスの思想が今日でも意義を持っていることの証左と言える。よく知られているようにマルサスは、人口は常に食糧供給を上回ると主張した。もし疫病や天災によって人口増加が抑制されなければ、「巨大で不可避な飢饉」が人口を減少させるであろうと彼は書いた(24)。その二世紀後の一九六八年、昆虫学者のポール・エーリックはベストセラーとなった彼の著書『人口爆弾』において、私たちは人類全体に食糧を行き渡らせるための戦いに敗れたと警告した。世界は一九八五年までに「大規模な飢饉」に襲われ、「何億もの人々が飢えて死ぬことになる」と彼は予言した[25]。幸いなことにその予言は誤っていた。彼が陰鬱な予言を行なってから三〇年の間に、食糧生産は一人当たりの生産量で見ても大きく増加した。また、一日当たりの必要摂取カロリーは二二〇〇カロリーであるが、これを摂取していない発展途上国に住む人々の割合は、二人に一人以上から、一〇人に一人というところまで減った[26]。

二〇〇八年、世界的な食糧危機が再び新聞の見出しを飾った。この年は小麦が二八年ぶりの高値をつけ、トウモロコシの値段が二年前の二倍となり、発展途上国における食料費が一年間で二五%上昇したのだ。アメリカでは、最も貧しい二割の層でさえ、食料費が所得に占める割合はわずか一六パーセントである。ところが、この割合はナイジェリアでは七三パーセントであり、ベトナムでは六五パーセント、インドネシアでは五〇パーセントである。したがって、食料の値段が上昇すると、貧しい人々が十分な量の食料を手に入れることは明らかに困難となるのだ[27]。このような事態の進展があると、貧しい人が生き延びて子どもを増やすのを助けることに対して、マルサス的な反論が再燃しがちである。だが問題は食糧生産量があまりにも少ないということではない。むしろ問題は、私たちが生産した食糧を食べていないということにある。毎年一億トンのトウモロコシがバイオ燃料の原料となり、アメリカで燃料として使われる。そうすると輸出できるトウモロコシが大幅に減り、世界的な穀物価格の高騰につながる。しかもほとんどのトウモロコシは、人間の口には入らない。動物が食べるのだ。そしてこれが食糧危機の最大の原因となるのである。アジア諸国がより豊かになり、人々がより多くの肉を食べるようになったため、動物の飼料として使われる穀物や大豆の量は過去一〇年の間で急激に増大した。中国だけを見ても、二〇〇六年までの二〇年間に、かつては五〇〇万頭以下だった年間の肉牛生産数は五〇〇〇万頭以上に増え、産卵鶏は六億五五〇〇万羽から二三億羽に増え、アヒルは三億羽から二〇億羽に増え、ニワトリは一五億羽から七七億羽に増えた。こうした動物のほぼすべてが穀物や大豆を飼料としている。[28] 国連食糧農業機関（ＦＡＯ）によれば、二〇〇七年に七億五六〇〇万トンの穀物が動物の飼料として用いられた。[29] これがどのくらいの量の穀物なのかを実感してもらうために、次のように想像してみてほしい。この穀物を極度の貧困状態に暮らす一四億人の人々の間で平等に分けたとしよう。すると、一人ひとりに〇・五トン以上の穀物、すなわち一日当たり約三ポンド〔約一・三六キロ〕が行き渡ることになる。これは一日に必要なカロリーの二倍に相当する量だ。これに加え、世界の二億二五〇〇万トンの大豆作物の大半も動物の飼料となっている。これらを合わせると、私たちが育てている食物の相当な量が、人間によって直接消費されているわけではないということがわかるだろう。動物は穀物を消費して肉や卵や乳を生み出すが、穀物の栄養価の大半は体を温めたり、可食部以外の骨などの部分を成長させたりするのに用いられる。こうして、私たちが育てた穀物の栄養価のほとんどが無駄になっているのだ。例えば肉牛の場合、わずか一ポンド〔約四五四グラム〕の牛肉を得るために一三ポンド〔約五・九キロ〕の穀物を飼料として与えなければならない。豚の場合、この割合は一ポンドの豚肉につき六ポンド〔約二・七キロ〕の穀物だ。しかもこうした数字さえ、無駄の量を過小評価している。なぜなら、肉は穀物よりも含まれている水分が多いからだ。[30] 世界は食糧不足に陥っているのではない。問題は、私たち、すなわち比較的豊かな者たちが、育てた作物を直接に食料として消費する場合に比べて四～五倍ほど多く消費する方法を見つけたということなのだ。

現在の状況とマルサスが予見した状況の違いは、こうである。すなわち、彼は人口の増大が大規模な飢饉を引き起こすことを予測したが、これまでのところ唯一の迫り来る「危険」と言えば、皆が菜食主義者にならねばならないということだけである。私たちが動物に与える穀物や大豆は、万一それが必要とされる場合には、飢餓を避けるのに役立つ緩衝材になる。実際のところ私たちは地球上のすべての人が食べていくのに十分なだけの食糧を生産している。二〇五〇年までにさらに増えると予想される三〇億人を合わせても、まだ十分なだけ生産しているのだ。

とはいえ、世界はどこまでも増え続ける人口を支えることはできない。人口増加によって、すでに食糧生産増大の効果が損なわれている国々もある。ナイジェリアの現在の人口は一億四四〇〇万人だが、二〇五〇年までに二億八二〇〇万人になり、世界で六番目に人口の多い国になると見込まれている。現在六三〇〇万人が住むコンゴ民主共和国は、同じ時期に人口が一億八七〇〇万人になると予測されており、今日七七〇〇万人の人口を持つエチオピアは人口が一億四六〇〇万人になると考えられている。(31) しかし、一九七〇年代に生態学者のギャレット・ハーディンがバングラデシュやインドを念頭に置いて述べたのと同じ仕方で、人口が急激に増えている貧しい国々に援助を行なうべきではないと述べるならば、貧困の削減が出生率も低下させるという十分に確立された事実を無視することになる。(32) 社会保障制度がなく、しかも多くの子どもが死んでしまう国においては、親は大きな家族を作る傾向にある。これは、子どものうちの誰かが生き残って自分たちの老後の世話をしてくれるようにするためであり、また農村部の場合は土地を耕すためでもある。国が工業化し、生活水準が向上するにつれ、出生率は低下する。これはヨーロッパや北アメリカで起きたことであり、またその後日本やより最近では韓国など、欧米と同じレベルの豊かさを達成したアジア諸国においても起きたことだ。

教育もまた、出生率を低下させる。特に女子に提供された場合がそうだ。エチオピアでは、学校に行かなかった女性は平均して六人の子どもを産む。そのほとんどが生き残ったとしたら、持続不可能な人口増加につながるだろう。それに対して、少なくとも中等教育まで受けた女性は、平均して二人の子どもを持つ。これは同じ人口を維持するのに必要な出生率を下回っている。他の国々ではこれほど顕著な違いは見られないが、全般的に見れば、中等教育を受けた女性は正式な教育を受けていない女性に比べて子どもの数が三分の一から半分になる。[33] このような違いをよく表しているのが、インドのケララ州である。ケララはインドの中でも貧しい地域の一つであるにもかかわらず、インドのその他の地域の大半と比べると識字率は高く、ジェンダーの平等も進んでいる。ケララは「一人っ子政策」のような強制的なアプローチに訴えることなく、中国よりも、またスウェーデンとカナダを含む一部の先進国よりも低い人口増加率を達成した。[34] 援助が識字率を高め、ジェンダー平等を促進する手段となる場合、援助は持続可能な人口を達成するのに役立ちうるのだ。

とはいえ、出生率の高い貧しい国々では、出生率を低下させるためのより直接的な手段を取らなければ、最低限度のまともな生活を保障できる程度の水準で人口を維持し安定させることができないかもしれない。しかし、こう言ったからといって、援助の重要性が減じるわけではない。基本的な医療の提供が援助活動の中心であることに変わりはない。なぜなら、それによって女性たちに手を差し伸べ、避妊について説明することができるからだ。もしあなたが人口増加の抑制を最も優先すべきものと考えるなら、あなたはポピュレーション・サービス・インターナショナルや、インターナショナル・プランド・ペアレントフッド・フェデレーション〔国際家族計画連盟〕などの団体に寄付を行ない、その際に自分の寄付が家族計画関連の援助に用いられるよう指示すべきだろう(35)。

＊＊＊

哲学者をしていると、あなたのお仕事は何ですかと人に何気なく聞かれた場合、その次に来る質問は、「それであなたの哲学はどのようなものですか」というものであることが多い。私の同僚のクワメ・アンソニー・アッピアは、これに対して次のようなよい答えを用意している。「私の哲学は、あらゆることは思ったよりもずっと複雑だというものです(36)」。私はアッピアに常に同意するわけではないが、援助が現実の世界にもたらす可能性の高い諸帰結を明らかにすることは、私たちが思っていたよりもずっと複雑である場合が多く、またこのことはあらゆる大規模な人間活動についてもあてはまることである。この複雑さを生み出すのがオランダ病であろうと、悪い社会制度であろうと、人口増加であろうと、それらは支援を提供しようとする私たちの努力に不確実性という要素をもたらすことになる。とはいえ、援助が及ぼす影響に一定程度の不確実性があるからといって、私たちの援助義務がなくなるわけではない。もし、ある援助計画が貧しい人々に大きな利益をもたらす可能性が高く、しかもその援助計画を実現するために私たちが払う費用が比較的小さいものであるならば、私たちはやはり寄付を行なうべきなのだ。

しかしながら、私たちがまだ解決していない問題がある。それは、私たちはいくら寄付すべきなのかということ——とりわけ私たちが家族に対する義務を持ち、また一般にほとんど寄付しないかまったく寄付しないような人々に囲まれて生きているという状況で、いくら寄付すべきなのかということ——である。人間の心理と援助についての事実についてしっかりと理解したところで、最初に提起した倫理的な問題に立ち戻って考えてみることにしよう。

Ⅳ　新しい寄付の基準

第8章　自分の子どもと他人の子ども

シャーロット・パーキンス・ギルマンの短編小説「不自然な母親」は、一八九五年に出版された。この物語には恐ろしい決断を迫られる女性が登場する。エスター・グリーンウッドは、彼女の夫に会いに行くために歩いているときに、人工湖のダムが決壊しそうになっていることに気付く。彼女はすぐに走り出し、自分の赤子が寝ている家を通り過ぎて、その下の谷に住む人々に危険が迫っていることを知らせに行った。自分の赤子を助けていると、村の人々に危険を告げるのが間に合わなくなるため、彼女は自分の家には立ち寄らなかったのだ。彼女は村の人々を助けた後に、自分の赤子のもとに戻ろうとした。幸いに赤子は助かったが、彼女自身は途中で溺れて死んでしまった。年老いたブリッグス夫人は、一三人の子どもを持ち、当時の常識的な道徳を代弁する人物であるが、彼女はエスターの判断を批判した。エスターは自分の子どもの命ではなく他人の命を優先したため「不自然な母親」だと言うのだ。ブリッグス夫人の娘のメアリー・アメリアは、著者のギルマンの進歩的な見解を代弁している人物だが、彼女はエスターが一五〇〇人もの命を助けたこと、また危険にさらされていた他の子どもたちのことを考えていたに違いないことを指摘した。ブリッグス夫人は、メアリー・アメリアがこのような意見を表明したのを恥ずべきことだとして、次のように述べた。「母親の務めは、自分の子どもの面倒を見ることでしょう！」

この物語は、以下のような厄介な問題を提起している。極限的な状況における親の義務とはどのようなものか。私たちが他人に対して持つ責務が自分の家族に対して持つ責務と同じくらい重要な場合や、それ以上に重要な場合はあるのだろうか。親は自分の子どもを愛すべきであるというのは言うまでもないことで、そうしないことは間違っており、不自然でもある。親はまた、子どもに必要なもの、つまり食事、住居、衣服、教育を与えなければならない。しかし、親はたとえ自分の子どもを危険にさらすことになっても、数百人の人々を助けるべきであろうか。幸いにも、私たちがこのような問いに直面することはほとんどないだろう。私たちの多くが直面する実際のジレンマは、次のようなものである。すなわち、最新の高価なコンピューターゲームを買ってほしいという子どもの訴えを退けたり、ブランド物の子ども服を買わなかったり、優秀とされているが非常に学費の高い私立校ではなく、地域の（名門校ではないが十分な教育レベルにある）公立校に子どもを行かせたりすることは、間違っており、不自然であるか否かである。これらそれぞれの場合に私たちがより安価な選択肢を選ぶことで得られる貯えによって、見知らぬ人々の命を助けるためにかなりの額を寄付することが可能になる。しかし、見知らぬ人のニーズや苦しみがいかに大きくても、自分の子どもに対する責務の方が見知らぬ人に対する責務よりも重要なのだろうか。

ゼル・クラヴィンスキーはまさにこの種のジレンマによって心を悩ませていた。クラヴィンスキーのこれまでの人生は多忙なものだった。彼はフィラデルフィアの公立校で生活環境に問題のある子どもたちの教育を行ない、二本の博士論文を書き、ペンシルバニア大学でミルトンについて講義した。その傍ら、彼は時間を見つけて不動産投資を行ない、四〇代半ばまでにショッピング・モールや他の資産を含めて約四五〇〇万ドル相当の財産を築き上げた。彼は家族を経済的に支える必要があると考え、自分の妻と子どもおよび姉の子どもたちのために財産の一部を信託基金に預けた。それから彼は、残りの財産の大半を寄付してしまった。その後に残ったのは、フィラデルフィア近郊のジェンキンタウンにある質素な家と、株式と現金を合わせて約八万ドルだけであった。彼は自分のためにはほとんどお金を使うことがなかった。いっとき彼は、スーツを一着しか持たず、しかもそれは古着屋で二〇ドルで買った代物だった。彼は私の講義に顔を出したとき、次のように述べた。「自分のお金をすべて寄付し、自分の時間とエネルギーのすべてを差し出すべきであることは、まったくもって明らかだと私には思われます」。それどころか、お金と時間とエネルギーを差し出すだけではクラヴィンスキーにとっては十分ではなかった。彼は臓器移植を待ちながら腎不全で亡くなる人が毎年何千人もいることを知ると、フィラデルフィアのスラム地域にある、低所得のアフリカ系アメリカ人の患者を診ることが多い病院に連絡を取った。

そして自分の腎臓の一つを見知らぬ人に提供したのである。(1)

クラヴィンスキーが明かしてくれたところによると、彼の妻のエミリーは、いつか自分たちの子どものうちの誰かが腎臓移植を必要とするかもしれないと言って、彼が腎臓を提供することに反対した。彼女は彼にこう言った。「自分の家族に対して与えるリスクがどれほど小さいとしても、あなたの家族は私たちであって、臓器移植を受ける人は家族ではないのよ」。たしかにこれはまったく理に適った反応だと思われる。私たちの大半は自分の家族、特に自分の子どもに対する責務を、何より重要なものと考える。家族を最優先にすることは自然なことのように感じられ、またほとんどの場合においてそうすることが正しいように思われる。しかし、クラヴィンスキーはそのようには考えなかった。彼の意見では、「家族に対する神聖不可侵の義務というのは、あらゆる種類の貪欲や利己心を合理化するために使われるものなのです。『私がタバコ会社で働いているのはお金が好きだからだ』と言う人は誰もいません。そういう人が口にするのは、『いや、本当のところはこんな仕事はしたくないのだけれど、子どもたちのために貯金をしないといけないからね』というようなことです。あらゆることがこのやり方で正当化されてしまうのです」。

クラヴィンスキーの無私の行為——とりわけ、腎臓を提供する話——を聞くと、私の学生たちは動揺した。クラヴィンスキーは学生たちに次のように説明した。腎臓を提供した結果として死ぬ確率はおよそ四〇〇〇分の一であり、腎臓提供を受けなければ死んでしまう人に自分の腎臓を譲らないことは、自分の命を見知らぬ人の命よりも四〇〇〇倍価値があるものと評価することである、と。このような評価は「常軌を逸している」と彼は述べた。

クラヴィンスキーの話を聞いた後、自分の生き方をどのように変えられるかを真剣に考え始める学生たちが出てくる。中には、移植のために腎臓を提供しようという考えを抱く者もいる。ただし私の知る限り、それを実行した学生はまだいない。より防衛的な反応を示す学生たちもいる。彼らは、クラヴィンスキーが述べた事実に疑問を呈し、移植手術時あるいはその後の経過において何か悪いことが起きる可能性は四〇〇〇分の一よりも高いのではないかと発言する。（クラヴィンスキーが挙げた数字は、腎臓を提供した結果死ぬというわずかな危険性について正確に述べたものであるが、いくつかの研究によれば腎臓の提供者が致命的でない合併症を患う危険性ははるかに高いことがわかっている。また、移植を受ける人も成功が保証されているわけではない。というのは、生体腎移植を受けた人の五パーセントは術後一年以内に亡くなるからだ。比較的小さなこととはいえ、このことも四〇〇〇分の一というリスクと便益の比率に対して違いをもたらすことになる。(2)）しかし、その他の学生たちは、次のように自問し始める。「ひょっとすると、ある意味では私は実際に自分の命を見知らぬ人の命の四〇〇〇倍以上価値のあるものと考えているのかもしれない」と。

パートナーズ・イン・ヘルスは、農村部の貧しい人々に対する医療を改善した実績によってギブ・ウェルが高く評価している団体である。この団体の共同設立者であるポール・ファーマーもまた、自分の家族に対する愛情と、見知らぬ人々に対する配慮との間で葛藤を感じていた。ファーマーは大学卒業後、一年間ハイチで過ごした。それは一つには、ハイチは物価が安いため限られたお金で長く滞在できるからであった。彼がハイチのある病院でボランティアとして働いていたとき、若いアメリカ人の医師と仲良くなった。この医師はハイチですでに一年間働いており、もうすぐアメリカに帰るところだった。ファーマーは彼にこの国を去るのは辛くないかと尋ねた。するとその医師は答えて次のように言った。「それは冗談かい？　帰る日がもう待ちきれないよ。ここには電気も通っていない。本当にひどいところだよ、ここは」。「だけど、ここで起きていることすべてを忘れられないんじゃないかと心配にならないかい？　この国にはこんなに多くの病気があるんだよ」とファーマーは尋ねた。医師は、自分はアメリカ人だから国に帰るんだと答えた。ファーマーはこの医師の答えについて、その日一日ずっと考え続けたという。「『自分はアメリカ人だから』というのはどういう意味だろうか」、と。アメリカ人であるということは、ハイチで医療を受けられずに死んでいく人々について忘れることができるということなのだろうかと彼は不思議に思った。そのとき彼は、医師になろうと決心したのである。(3)

ファーマーは一九八四年にハーバード大学医学部に入学し、医師になるために勉強を始めた。その一方で、定期的にハイチに行って、カンジュという町で公衆衛生上の問題を研究した。ハイチ中央部の台地にあるこの町は、ハイチの基準で考えても貧しい町である。この時期に彼はボストンの建設業者で現在は五〇パーセント同盟の一員であるトム・ホワイトと出会った。ファーマーはホワイトをハイチに連れて行き、彼自身の目でその状況を見てもらった。まもなくホワイトは、ファーマーがパートナーズ・イン・ヘルスを立ち上げるのに協力し、組織としての形を整える最初の数年の間、財政面での主たる支援者となった。一九九三年にはマッカーサー財団が、ファーマーに「ジーニアス・グラント〔アメリカ国内の非凡な創造性を持つ人に対して与えられる助成金〕」を授与した。彼が受け取った二二万ドルは、基本的に彼が好きに使えるお金であった。彼はその全額をパートナーズ・イン・ヘルスに寄付した。医学教育を修了した後、彼はハーバード大学（医療人類学）とボストンにあるブリガム・アンド・ウィメンズ病院（感染症部門）で職を得た。彼は自分の給料や印税や講演料をすべてパートナーズ・イン・ヘルスに寄付し、この団体が彼の必要経費を支払い、その残りは基金に回した。彼は独身の間は、ボストンにいるときはパートナーズ・イン・ヘルス本部の地下室で眠っていた。カンジュにある彼の家は、非常に簡素でお湯も出ない家だった。

ハイチでファーマーは、道路が整備されていないところに住んでいる患者の往診に、何時間も歩いて行くこともある。彼はこうすることにこだわりを持っている。なぜなら、彼の考えでは、こうした患者の往診をする時間と労力がもったいないと言うのは、この患者たちの命は他の患者たちの命よりも重要でないと言うようなものだからだ。ハイチの農民が暮らす粗末な小屋や栄養失調の赤子のところからわずか七〇〇マイルしか離れていないマイアミまで飛行機で飛ぶと、立派な服を着た人たちが体重を減らす努力について話し合っている。ファーマーは、このような発展途上国と先進国の大きな落差に腹を立てている。彼の心を最も悩ませている問題は、かつてハイチをもうすぐ去ることになっていたアメリカ人医師に関して彼が心を悩ませていたことと同じである。「なぜ人々はこれほどまでに他人に配慮せず、記憶を抹消し、忘れてしまうことができるのだろうか」。

ファーマーは、ディディ・ベルトランというカンジュに住む校長の娘と結婚した。そして彼が三八歳のときに娘のカトリーヌが生まれた。あるときファーマーの診療所で、ある女性が出産時に合併症を起こした。彼は赤子の命を助けることができなかったため、むせび泣きをし始めた。彼はすみませんと言って外に出ざるをえなかった。彼は自分に何が起きたのかと自問した。そして彼は、この死んだ赤子がもしカトリーヌだったらと考えて自分が泣いていたことに気付いた。「お前は自分の子どもの方が、他の子どもたちよりも可愛いのか」と彼は自問した。この問いは彼を苦しめるものだった。というのは、彼は自分が治療している子どもたちに完全に共感していたと思っていたので、自分の子どももほど他人の子どもを愛せないことは「共感能力の機能不全」だと思えたからである。ファーマーの伝記を書いていたトレイシー・キッダーはこの考えに疑問を持ち、次のように言う人々がいたらどう答えるのかとファーマーに尋ねた。「どうしてあなたは、自分はみんなとは違って自分自身の子どもと同じくらい他人の子どもも愛せるなんて思っているのですか」。ファーマーはそれに答えてこう言った。「世界中のすべての偉大な宗教的伝統では、『あなたの隣人をあなた自身を愛するように愛しなさい』と言われています。私の回答は、『申し訳ないけれど私にはそれはできない。けれど、私はそうあろうと努力し続けるつもりです』というものです」。しょっちゅう旅行するため家族と離れていることの多いファーマーは、そのような努力の一環として、カトリーヌの写真と、自分の患者の一人でカトリーヌと同じくらいの年の栄養失調に苦しんでいるハイチの子どもの写真を携帯することにしている。

当時パリで暮らしていた妻と娘に会いに出かけるファーマーに、キッダーが同行したときのことである。〔ファーマーの妻の〕ディディは、自分の祖先がどのような苦難を経験していたかを知るために、フランスの奴隷所有者の古文書を調査していた。キッダーはファーマーが着いてからまもなくして起きたある辛辣な出来事について語っている。それは、ファーマーがカトリーヌと遊んでいるときのことだった。ディディは、これからファーマーが、パートナーズ・イン・ヘルスが結核予防プログラムに取り組んでいるモスクワに向かうことを知っていた。彼女は彼にいつ出発するのかと尋ねた。「明日の朝だ」と彼は答えた。ディディはこの答えに明らかに腹を立てて、喉の奥でうめくような不満の声を上げた。ファーマーは、両手で自分の口を覆った。キッダーは「彼が言葉に詰まったり、どう行為してよいかわからなくなったりしているのを見たのは初めてのことだった」と記している。ファーマーが彼の望むほどには自分の家族と一緒に過ごしていないとすると、それは彼が「もし私が今ぐらい一生懸命働かなければ、死ぬ必要のない人が死んでしまうことになる」という考えに突き動かされているからである。彼は、治療法が存在する病気によって人々が死んでいくという事実をとにかく受け入れられないのだ。彼にとっては、それは罪である。彼は一度、次のように述べている。「貧しい人々のために働きすぎるということはありません。私たちは自分の至らない点を埋め合わせようとして、ただもがいているだけなのです」。

ファーマーと同様、クラヴィンスキーも他の親たちと同じように自分の子どもを愛していると述べており、私はその言葉が本当だと確信している。彼は子どもたちのために信託基金を用意して、他の人々に向けられている彼の献身的行為のせいで子どもたちが害を被らないようにした。しかし、彼が父親として自分の子どもを愛しているからといって、彼が自分の子どもの命の価値を、見知らぬ子どもの命の価値よりも何千倍も大きいと見なすことは、彼の見解では正当化できないことである。『ニューヨーカー』誌にクラヴィンスキーについての記事を書いていたイアン・パーカーは、自分の子どもに対する彼の愛情と、知らない子どもに対する彼の愛情の比率を計算するようにと迫ったことがある。クラヴィンスキーは次のように答えた。「どのような比率にすべきか私にはわかりませんが、自分の子どもを生かすために多くの子どもたちを死なせることはできません」。そして次のように付け加えた。「私の子どものうちの一人が快適な生活を送るために、二人の〔見知らぬ〕子どもが死ぬべきではないと思います。また、私の子どものうちの一人が生きるために、二人の〔見知らぬ〕子どもが死ぬべきではないと思います」(4)。

パーカーは、クラヴィンスキーの態度について、小説に出てくるブリッグス夫人に意見を聞くことはできなかったが、次善の策としてマサチューセッツ工科大学の哲学教授であるジュディス・ジャーヴィス・トムソンの次のような意見を見つけたようだった。「『私は自分の子どもたちの命について、他の人たちの命と同じくらいにしか関心を持っていない』と言う父親がいたら、彼はまったくもって父親失格である。彼は親が持つべき見解を持っていないのであり、そうした見解が効用を最大化するかどうかは関係ないのだ」。実際にはクラヴィンスキーは、自分の子どもたちの命について、他の人たちの命と同じくらいにしか関心を持っていないとは言っていない。とはいえ、彼は他の大抵の人たちに比べれば、それに近いことを言っていたのは事実である。それによって彼は父親失格ということになるだろうか。なるほど子どもたちには愛情のある親が必要である。彼らは自分の親が自分を守ってくれ、自分の味方になってくれると感じられる必要がある。自分の父親が、見知らぬ子どもを助けるためには自分の子どもが死ぬことになってもよいと考えていることがわかったら、子どもたちが動揺するのは当然だろう。とはいえ、文学作品の中には、親が自分の子どもと、より大きな道徳義務のいずれかを選ばなければならなくなる状況が多く見られる。そして、こうした状況について考えをめぐらせる際、私たちは親が自分の子どもを最優先すべきだとは必ずしも考えない。もしそう考えるとしたら、アブラハムがたった一人の息子であるイサクを犠牲にせよという神の命令に喜んで従ったことは、ユダヤ教やキリスト教やイスラム教において賞賛されているが、それがどうしてなのかを理解することは難しいだろう。(5)古代ギリシャ人たちも、父親がより大きな善のために子どもを犠牲にしなければならないことがあると考えていた。『アウリスのイフィゲニア』というエウリピデス作の悲劇では、ギリシャ軍の船団がトロイアに向けて出航しようとするが、女神アルテミスはギリシャ軍を率いるアガメムノンが彼の娘のイフィゲニアを神に捧げない限り、追い風を吹かせないと言うのだった。アガメムノンは神に誓って自分は子どもを愛していると述べる。「子どもを愛さないのは狂人だけだ」。しかし彼は自分の娘に次のように言った。「私が何を望もうと、ギリシャが私にお前を犠牲にするよう仕向けるのだ」。もし私たちがアブラハムほどにはアガメムノンには共感しないとすると、それはおそらく、今日でもユダヤ教徒やキリスト教徒やイスラム教徒はアブラハムの神を崇拝しているが、古代ギリシャの神々を信じている人はもはやいないせいであろう。

母親が自分の子どもの命を助けるためにやってよいことの限度については、ジョゼフ・キャノンの小説『さらば、ベルリン』〔澁谷正子訳、ハヤカワ文庫、二〇〇七年〕において、より現代的な状況で探求されている。第二次世界大戦後、レナーテ・ナウマンというドイツ在住のユダヤ人女性が、ナチスに協力した罪で裁判にかけられていた。彼女は「警察の犬」、すなわちユダヤ人ではない振りをして生活しているユダヤ人を見つけて通報するという軽蔑すべき仕事をしていたのだ。小説を読み進めると、もし彼女がその仕事を断るか、自分に課せられたノルマを果たせなければ、自分自身の命と、彼女の高齢の母親の命が危険に曝される状況にあったことがわかるのだが、だからと言って彼女のしたことが許されるとは私たちは考えない。さらに読み進めると、驚きの展開がある。ナウマンにはナチスに見つからないような場所に住んでいる息子がいて、しかも彼女なしにはその息子が死んでいただろうことを私たちは知る。この事実によって、彼女がナチスに協力したことは正当化できるだろうか。仮に彼女が自分の息子の命よりも見知らぬ人の命を優先したならば、彼女は母親失格だということになっただろうか。

人は何かをしなかったことよりも、何かをしたことに対して、より大きな非難を受けてしかるべきだと私たちは考える傾向にある。おそらくこうした理由から私たちは、エスター・グリーンウッドの立場に置かれた場合に、何百人もの人々に警告を発することをせずに自分の子どもを助けることを選んだ女性を非難するよりも、〔ナチスに積極的に加担することで〕自分の子どもを助けたナウマンをはるかに非難しやすく思うのだろう。しかし、もしレナーテ・ナウマンを非難するのであれば、私たちは自分自身の子どもを救うためにやってよいことに限度を課しているのである。そこで私たちは、自分の子どもを助ける一方で他の人々の子どもを死なせることになるような行為を選ぶことによってもまた、これらの限度が破られていないかと問わなくてはならないのだ。

私が見るところ、エスター・グリーンウッドも、ゼル・クラヴィンスキーも、ポール・ファーマーも、親として失格というわけではない。彼らは自分の子どもたちを愛しており、子どもたちを守りたいと思っている。彼らの問題は、彼らが大抵の人とは異なった仕方で他人のニーズによっても動機づけられていることである。アブラハムやアガメムノンがそうであったように、彼らが心を悩ませている選択は、他の人々なら他人のニーズに共感したり、より公平な視点を取ろうとしたりせず、感情のみに基づいて決めるものである。最近クラヴィンスキーは、彼の妻の心配を和らげるために、また自分の子どもたちと疎遠になりたくなかったために、不動産業を再開し、お金を儲けて、家族のためにより大きな家を購入した。結局のところ彼は、いよいよとなれば、家族が一体であることを優先するような「自然な父親」であったのだ。私たちは、彼でさえ自己利益の規範の力には逆らえなかったのだと言いたくなるであろう。もっとも、彼がすべての命に等しい価値を置くことをやめたのは、〔正確に言えば〕この規範が彼の家族に対して及ぼした力と、彼が家族に対して持っている特別な愛情が結合した結果なのだが。

ファーマーは極端に要求の高い道徳的基準に従っている。ただ、彼は他人に期待できることについては現実的だ。私は学生に向けた彼の講演を聞いたことがある。会場は満席で、その多くは彼の熱心な――ほとんど英雄崇拝していると言ってよい――支持者である。しかし彼は、学生たちに対して自分がしているようにせよと要求することはない。彼は休暇を取らないが、パートナーズ・イン・ヘルスで働く他の人々については休暇を取るように勧めている。彼はぜいたく品を買うことはないが、他の人がぜいたく品を買うことについては、彼らが貧しい人々に何か寄付をする限り、非難することはない。おそらくこれは、彼が次のことを自覚しているからだと思われる。それはすなわち、パートナーズ・イン・ヘルスの共同設立者であるジム・キムがトレイシー・キッダーに伝えた言葉を借りて言えば、「人々が彼から感化を受けることこそが大事なのです。でも、誰もが彼のようになるべきだとか、彼のようになれるなんてことは、とても言えません。貧しい人々がまともな医療を受けられるようになるにはポール〔ファーマー〕のような人々がたくさん現れなければならないとしたら、それは完全に絶望的なことです」。このことが示しているのは、私たちは基準を低めに設定しなければ、より多くの人にその基準を満たしてもらうことができないということだ。

レスポンシブル・ウェルスの共同設立者の一人であり、五〇パーセント同盟の一員であり、オスカー・メイヤーの孫でもあるチャック・コリンズは、自分の財産を用いてできる最善のことをしたいという彼の欲求に相反する、家族への義務の圧力を感じていた。彼が財産の大半を寄付したのは、子どもができるよりも前だったにもかかわらず、である。「人々はこう言うのです。『あなたは自分自身の人生については無茶をしても問題ない。だけど、自分の子どもたちについては無茶をすべきではない』と」。これに対するコリンズの答えは、こうである。すなわち、親というものは子どもに対していつも何らかの決断を行なっており、子どもには財産を譲らないという決断は、そうした決断の一つにすぎないというものだ。彼は相続された財産は子どものためによくないと強く信じている。これはレスポンシブル・ウェルスが相続税を廃止すべきでないと主張する際に用いる議論の一つである。だがコリンズは、極端なことを言うわけではない。「もちろん私たちは自分の身近な家族に対して責任を持たなければなりません。しかし彼らが問題なく暮らせるようになれば、私たちは関心の輪を広げる必要があります。家族の意味を広げるというのは急進的な発想ですが、私たちが一蓮托生であることを理解しなければ、社会は困難に陥るのです」(6)。

この意見は道理に適ったものであり、また人間の本性からあまりにかけ離れたものでもないように思われる。しかしもちろん、「問題なく暮らせる」というのはかなり曖昧な概念である。〔私が勤めるプリンストン大学の〕学生たちが私によく尋ねる質問は、親が毎年四万四〇〇〇ドル〔約四四〇万円〕の学費を支払って自分を大学に通わせることは間違ったことか、というものである。それに対する私の答えはこうだ。それだけの金額を支払ってまでエリート大学に通わせることが認められるのは、将来的に自分の子どもだけでなく他人の利益にもなるような投資と見なすことができる場合だけである。学生たちは並外れたレベルの教育を受けることによって、そうした教育を受けていない場合よりも世界のためにずっと多くのことを行なうためのスキルや資格や知識を身につけることができる。このような資質を備えた人々が一人でも多くいた方が、世界全体にとってはよいことだ。仮にプリンストン大学に入学することで、より高い給料の仕事を得る可能性が生まれるだけだとしても、あなたが卒業後に貧しい人々のために活動する団体に自分の給料の何パーセントかを寄付するという決意をしっかりと抱き続け、またこの考えを高給取りの同僚たちの間に広める限りは、これもまた他人にも広がりうる利益である。もちろん、次のような危険はある。すなわち、あなたが同僚を説得するのではなく、あなたが同僚に説得されて、ＢＭＷ

よりも安い車を運転することなんて到底できないだとか、街の一等地にある驚くほど大きなマンションに絶対に住まなければならないと思うようになるという危険である。

ファーマーは、彼が自分の娘を愛するほどには他人の子どもを愛することができないということについてキッダーと話していたときに、次のように述べた。「実際のところ、このことはみんながわかっていることであって、またそうすることが奨励され、そうすることで褒められるのです。けれども、本当に難しいのはその逆のことをすることなのです」。もちろん彼が言っていることは正しい。自分の子どもを愛するよりも、他人の子どもを愛することの方がずっと難しい。しかし社会としては、私たちは親が自分の子どもを愛し大事にすることを奨励している。なぜなら、それが幸せで健康な心を持つ子どもを育てる方法だからだ。これ以外に健全な子どもを育てるよりよい方法はない。これまでいくつかのユートピア的な共同社会では、家族の絆を共同体全体への献身の倫理に置き換えようとしたことがある。だがイスラエルのキブツのような、こうした試みのうちで最も賢明なものでさえ、親と子の結びつきはあまりに強いものであるため、それを抑圧するのは不可能であった。親は子どもを抱きしめるために子どもたちだけが住む家にこっそりと入ったりすることがあり、またいくつかの研究ではコミューンで育てられた子どもたちは深い感情的な愛着を形成することが困難であることが示された(7)。徐々にキブツでは核家族が復活し、子どもを親から引き離して集団的に育てる試みは失敗であると認められるようになった。理想的な親であることと、すべての人命の価値は等しいという考えに基づいて行為することの間にファーマーとクラヴィンスキーが痛切に感じた葛藤が現実のものであり、解決不可能なものであるのは、こうした理由からである。両者は常に緊張関係にある。親は他人の子どもよりも自分の子どもを愛するものであり、またそうすべきなのだ。そしてこの理由から、親は他人のニーズを満たすよりも先に自分の子どもの基本的なニーズを満たすものなのだ。このことを認めない限り、いかなる義務の原則も広く受け入れられることはないだろう。しかしだからといって、親が他人の基本的なニーズを満たすよりも先に、自分の子どもたちにぜいたく品を買い与えることが正当化されるわけではないのだ。

第9章　多くを求めすぎだろうか？

私は本書の第Ⅰ部で、私たちがよい人になるにはどのくらい寄付をしなければならないかについて、次のように論じた。すなわち、これ以上寄付をすれば、自分が寄付することで防ぎうる悪い事柄とほぼ同じくらい重要な何かが犠牲になってしまうところまで、寄付しなければならない、と。私たちが寄付することで防ぎうることについては、ここまでの議論を通じて理解が深まったことと思う。そこで、ここで話を元に戻して、この道徳的議論は、あまりに要求が大きすぎるため、何かおかしいところがあるに違いないという感覚を、より詳しく検討することにしよう。私たちはほぼ全員、自分が本当は必要としていないものを手に入れるためにお金を使っている。倫理的であるためには、私たちはそうしたものを買うことを本当に控えるべきなのだろうか。この問いに答えるには、私たちが持つ倫理的義務に関する見解のうち、そこまで要求水準が高くないいくつかの見解を検討することが役に立つだろう。

公平な負担

すでに見たように、私たちは公平の感覚によって、自分の公平な負担以上のことはやりたくないという強い動機づけを持つ。ここで、私の先の議論が示唆するくらい多くを寄付することによって、自分の公平な負担以上のことをすることになると仮定しよう。その場合、この事実によって、公平な負担とされるものの限度を踏み越えないことまでもが道徳的に正当化されるだろうか。哲学者のリアム・マーフィーとクワメ・アンソニー・アッピアの二人は、正当化されると答えている。(1) 彼らは、世界の豊かな人々には大規模な極度の貧困を撲滅するのに十分な援助を提供する義務があるということには賛同している。しかし彼らによれば、これは私たちが集団として持つ義務である。集団の各成員は自分自身の公平な負担分には責任を持つが、それ以上の責任はない。アッピアは『コスモポリタニズム』〔未邦訳〕という彼の著作の中で、次のように述べている。「世界中の非常に多くの人々が自分の負担分について義務を果たしていないのだとすれば――実際、人々が義務を果たしていないことは明らかである――自分の人生を棒に振ってまで他人の尻ぬぐいをすることを私に要求することはできないと思われる(2)」。

この見解が持つ意味を考えてみるために、さしあたりマーフィーとアッピアの考えが正しいものと仮定してみよう。あなたの公平な負担はどの程度だろうか。世界中の極めて貧しい人々がまともな暮らしをする機会を保障するために必要な援助の総額を私たちが知っているとして、多少の寄付をする立場にある豊かな人々の数でその額を割ったとしよう。そうすれば、貧しい人々に対して私たち全員が持つ義務のうち、自分の公平な負担分を果たすためにあなたがいくら寄付しなければならないかがわかるだろう。

この金額を算出するための非常に大雑把なやり方がある。それは、貧困線以下で暮らす世界中の貧しい人々の収入がいくらであるかを推計し、すべての貧しい人々が貧困線を超えて自分の基本的なニーズを満たすのに十分なだけの所得を得る水準に達するにはどのくらいのお金が必要かを計算することだ。ジェフリー・サックスが計算したところ、二〇〇一年の段階では、すべての人が貧困線を越えるためには一年に一二四〇億ドル必要だという結論が出た。二〇〇一年のOECD諸国二二カ国の年間総所得を合わせると、二〇兆ドルであった。したがって、不足額を埋め合わせるために必要な寄付は、所得の〇・六二パーセント、すなわち一〇〇ドルごとに六二セントである。年間所得が五万ドル〔約五〇〇万円〕の人は、三〇〇ドル〔約三万円〕を少し超えるくらいを寄付する義務を負うことになる。これは個人に深刻な影響を与える額とは到底言えない。比較のために言えば、一九九九年にアメリカ人はアルコール飲料の消費のために一一六〇億ドルを使った[3]。この額のちょうど半分を貧しい人々に寄付すれば、寄付の必要額のうちアメリカ人全員で負担すべき額になる。しかもこの寄付をした後でも、お酒を飲みたい人はまだ一、二杯飲むことができるのだ[4]。

しかしながらこの計算はあまりに大雑把である。貧しい人々の基本的なニーズを満たすために必要なお金を彼らに渡すことで世界の貧困が解決できると真剣に提案している人は誰もいないし、サックスもそのようには考えていない。そのような仕方では、貧しい人々が直面している多くの問題に恒久的な解決がもたらされそうにはない。

より持続可能な仕方で貧困を削減するために必要な金額について見当をつけるには、少なくとも二〇一五年までの間は、ミレニアム開発目標を私たちの目標と見なすのがよいだろう。ミレニアム開発目標とは、二〇〇〇年にニューヨークで行なわれた国連ミレニアム開発サミットにおいて、世界中のすべての国々の指導者によって合意されたものだ。これらの目標は、達成困難ではあるものの、二〇一五年までには実現可能な目標であるがゆえに選ばれた。この目標には以下のものが含まれる。

- 極度の貧困下で生活する人口の割合を半減させる。
- 飢餓に苦しむ人口の割合を半減させる。
- すべての子どもが初等教育の全課程を修了できるようにする。
- 教育における男女格差を解消する。
- 五歳未満児の死亡率を三分の一に削減する。
- 妊産婦の死亡率を四分の一に削減する。
- ＨＩＶ／ＡＩＤＳの蔓延を食い止め、その後減少させる。マラリアやその他の主要な疾病の発生を食い止め、その後発生率を減少させる。
- 安全な飲み水を継続的に利用できない人々の割合を半減させる。

ある国連のタスクフォース（これもサックスが委員長を務めた）が、これらの目標を達成するためにどれくらいの費用が必要かを推計した。このタスクフォースがバングラデシュ、カンボジア、ガーナ、タンザニア、ウガンダで行なった予備調査では、開発目標は一人当たりの年間負担額が二〇〇六年には七〇〜八〇ドルで達成でき、そしてプロジェクトの規模が次第に大きくなるため費用が増大し、二〇一五年には一二〇〜一六〇ドルで達成できることがわかった。この予備調査に基づき、タスクフォースが算出した世界全体での推計は、二〇〇六年には一二一〇億ドルで、二〇一五年までには額が上がって一八九〇億ドルになると考えられた。タスクフォースはこの推計を暫定的なものだとしているが、「規模の大きさとしては正しい」と考えている。(5) 各国がすでに約束している政府開発援助を考慮に入れると、目標達成のために毎年必要になる追加の金額は、二〇〇六年にわずか四八〇億ドル、二〇一五年に七四〇億ドルである。

そこで私たちは、上記の総額に達してこれらの結果を生み出すために、豊かな人々の一人ひとりが合計でどれだけ寄付しなければならないのかを計算することができる。世界銀行のブランコ・ミラノヴィッチに従って、仮に「豊かな」人々の定義を、《（西欧、北アメリカ、日本、オーストラリア、ニュージーランドから成る「リッチ・クラブ〔豊かな国々〕」の中で最も所得の低い国である）ポルトガルの平均所得以上の所得を有する人々》とするなら、世界には豊かな人々が八億五五〇〇万人いることになる。(6) もしその豊かな人々の一人ひとりが毎年二〇〇ドル寄付したとすれば、その総額は一七一〇億ドルとなる。これは、サックスが率いる国連のタスクフォースが推計した、ミレニアム開発目標を達成するのに毎年必要となる額とおおよそ同じである。すでに見たように、これらの目標は、世界の貧困を根絶させるのではなく単に半減させることを目指すものにすぎない。とはいえ、さしあたりそのことは脇に置いておこう。二〇一五年までにこれらの目標を達成することは、世界中に広がる貧困を根絶するためのよい出発点となるだろう。

この八億五五〇〇万人の豊かな人々の中には、ポルトガルの平均所得をかろうじて上回る人もいれば、億万長者もいる。彼ら全員が同じ額を寄付しなければいけないというのは、公平なことのようには思われない。税率と同様にスライド制を用いた方がよいであろう。つまり、本当のお金持ちは、ある豊かな国の平均的な賃金労働者にすぎない人々よりも、単により多くの額を寄付するだけでなく、所得のより大きな割合を寄付すべきである。最終章で私はこのタイプの公平さを反映したスライド制を提案するが、今はそうした詳細は省くことにしよう。重要なことは、もし各人が自分の公平な負担を果たすならば、大規模な極度の貧困を根絶するか少なくとも劇的に減少させるために私たちの一人ひとりが寄付する必要のある額は、毎年数千ドルではなく、数百ドルの範囲になるという事実である。

これによって何が達成されるのかをもう一度確認しておこう。上記のタスクフォースは、ミレニアム開発目標を達成することから生じる利益について、次のように述べている。「これまで通りの活動を行なう」シナリオと比べて、これらの目標を達成できれば、極度の貧困状態で暮らす人は五億人減り、飢餓に苦しむ人は三億人減る。安全な飲み水を手に入れられない人は三億五〇〇〇万人減り、六億五〇〇〇万人が基本的な衛生環境を手に入れることができる。今後一〇年間で、三〇〇〇万人の子どもの命が救われ、妊娠および出産の結果死ぬ女性が二〇〇万人減る。さらには、就学が可能となることで何百万人もの子どもたちの機会が増大し、また環境破壊の進行が緩やかになるか、改善の方向に向かう。

しかし、ほとんどの人が自分の公平な負担を果たしていないため、私たちはさらに次の問いについて考える必要がある。私たち一人ひとりが行なう義務があるのは、本当に、公平な負担を果たすことだけなのだろうか。この問いについて考えるために、〔第1章でとりあげた〕池の物語の別のバージョンを作ってみよう。あなたが浅い池のそばを歩いていると、一〇人の子どもが池に落ちて助けを必要としているのを目にする。辺りを見回すと、親も保護者もいないが、自分と同様、たった今池のそばに来て溺れている子どもたちを見つけ、あなたと同じくらい子どもを助けられる立場にいる大人が九名いることに気付く。そこであなたは急いで水の中に入って一人の子どもをすくいあげ、池から離れた安全なところに連れて行った。あなたは他の大人たちも同様のことをして子どもたちは全員無事だろうと思って池の方を見ると、驚いたことに四名の大人がそれぞれ子どもを一人ずつ助けたのに対し、残りの五名はそのまま立ち去ってしまったことに気付く。池にはまだ五人の子どもがいて、明らかに溺れそうになっている。「公平な負担」論者なら、あなたはすでに救助に関する自分の公平な負担を果たしたと言うだろう。もしみんながあなたと同じことをしていたなら、子どもたちはみな救出されていただろう。子どもを助けることに関しては、どの人も他の人に比べてよりよい立場にはなかったのだから、この課題に関するあなたの公平な負担は単に一人の子どもを救うことであり、それ以上のことをする義務はない。しかし、あなたや他の四名の大人たちは、放っておくと五人の子どもが溺れて死ぬと知りながら、それぞれ一人の子どもを助けただけで救助をやめてもよいものだろうか。

この問いは実際のところ次のことを尋ねていることになる。他の人々が自分の公平な負担を果たしていないという事実は、あなたが子どもを容易に助けられるにもかかわらずその子どもを見殺しにするのを正当化する十分な理由になるのだろうか。私が思うに、答えは明らかに否である。他の人々は救出の手助けを拒否することによって、どうでもよい存在になったのである。彼らは別に同じ数の岩であってもよかったのだ。それどころか、公平な負担理論によれば、子どもたちにとっては彼らが実際に岩であった方がよかったのだ。なぜなら、その場合、あなたはもう一度池に入ってもう一人別の子どもを救出する義務があっただろうからである。生命の危機に瀕した子どもたちの救助を手伝えるにもかかわらず自分の公平な負担を拒む人々がいることは、子どもたちの責任ではない。こういう人たちが何らかの行為をすること、あるいはしないことによって、私たちが容易に救いうる子どもをそのまま溺死させてしまうことが正しくなるわけではない。(7)

リアム・マーフィーの考えでは、この状況であなたが一人の子どもを助けて、しかしもう一人助けることを拒んだとしても、あなたは何も間違ったことはしていない。マーフィーのこの意見は、一見してもっともらしくないが、彼は次のように説明することで私たちを納得させようとする。すなわち、あなたが二人目の子どもを容易に助けられたにもかかわらずそうすることを拒んだという事実は、あなたが「ぞっとするような性格」の持ち主であることを示しているが、だからといって、あなたが何か間違った行為をしたことは示していない、と。溺れて死にそうになっている特定の人の差し迫ったニーズに対して、それほどまでに心が動かされないような人がいれば、私たちはその人を仲間外れにすればよい（が、だからといって、その人は間違った行為をしているわけではない）と、このようにマーフィーは言う。(8) しかし、問題なのはその人の性格だけではない。問題は、その人がその子どもを容易に助けられたにもかかわらず、その子を死ぬにまかせたことなのである。ぞっとするのは彼の行為なのだ。彼はまるで地団駄を踏みながら「フェアじゃない！」と言う子どものようなものだ。すでに見たように、公平感は個々人にとっても彼らが住む社会にとっても利益があり、またおそらく生得的なものである。しかし、私たちは成長すると、ときには不公平を受け入れなければならないことを学ぶ。私たちはそうすることを好きになる必要はないし、自分の負担を果たさない人にはもちろん怒りをぶつけてよい。とはいえ、ほとんどの場合、行為しないことによる犠牲が相当大きい場合には、私たちはやるべきことをやるのである。自分の公平な負担以上のことをするのを原則的に断る人は、公平さをフェティシズム（盲目的な崇拝）の対象にしているのだ。それはまるで、嘘をつけば無実の人が殺されることを防げるような場合においてさえ、嘘をつくことに対して絶対反対の立場を貫くようなものだ。公平さと嘘をつくことのいずれの場合でも、原則を維持することがほぼすべての状況で重要である。だが、原則を維持することが端的に間違っている場合もあるのだ。

とはいえ以上の議論は、公平さがまったく重要でないということを示すものではない。自分の公平な負担として要求される以上の数の溺れている子どもを助けるという事例は、他の人々がやらずに済ませていることの埋め合わせをするために（アッピアの言い回しを使うと）「自分の人生を棒に振る」必要があることを示す事例ではない。他の人々が自分の負担を果たしていない状況で生命を救うという事態に私が直面するなら、おそらく私は厳密な意味での公平さが要求する以上のことをする義務があるだろう。しかし私は、私が救おうとしている命とほぼ同じくらい重要な何かを犠牲にすることになる地点の前で立ち止まることが、正当な理由を持ってできる。そのような状況においてどの程度公平さを重視すべきかを言い当てることは難しい。しかし、たとえ私たちがアッピアの主張を受け入れて、他人の尻ぬぐいをするために自分の人生を棒に振る必要はないことを認めたとしても、やはりアッピアの立場でも、私たちのほとんど全員が今日行なっているよりもはるかに多くのことをするよう私たちは求められるだろう。

中程度に要求の高い立場

以上で、私たちの義務を自分の公平な負担に限定する議論を退けることができたとしよう。すると次の課題は、近年の哲学的論争において浮上してきたいくつかのより要求の高い基準を検討することである。グローバル正義論について多くの論考があるリチャード・ミラーという哲学者によれば、私たちがどれくらい寄付すべきなのかというと、それ以上寄付すると自分の人生を悪化させる「かなりの」危険を冒すところまでであり、その点を超えてまで寄付する必要はない。ミラーの考えでは、私たちは「自分が固く抱いている人生の目標」を追求したとしても道徳的であることはできるが、こうした目標を達成するのに必要である以上にお金を使うことは道徳的に許されない。(9)『豊かさの道徳的要求』〔未邦訳〕の著者であるギャレット・カリティの考えでは、それ以上寄付すると友情や音楽的才能の開発や社会生活に積極的に参加するといった「自分の人生を内在的に高めるような善」の追求に支障が出てしまう手前のところまで、私たちは寄付すべきである。[10] ブラッド・フッカーは『理想の道徳律、現実の世界』〔未邦訳〕という著作の中で、私たちが心がけるべきことは、広く受け入れられれば最善の結果をもたらすような道徳律に従って生きることだと論じている。フッカーによれば「大きな困難を抱えている人々を助けることによる個人的な犠牲がかなりのものになったとしても」、私たちは彼らを助ける道徳的義務がある。ただし、この一線を越えて援助することまでは求められていない。[11]

この中で最も要求が低いのは、ミラーの基準である。〔この基準によれば〕もしあなたにとって大切なことが自分が何者であるかを表現することであり、それには質素な服ではなく、おしゃれで遊び心のある服やアクセサリーをときどき買う必要があるならば、こうした品物を買うことが許される。同じことが食事についても言える。もし私たちがよいレストランで食べることがなければ、私たちは「興味深いさまざまな美的で文化的な可能性を追求する仕方で」食事をするという「価値ある」目標を追求することができないだろう。同様に、「偉大な作曲家や演奏家たちが持つ、音色や質感のニュアンスをうまく用いて強力な美的効果を生み出す能力」を楽しむことが価値ある目標であるなら、「最低限以上の」ステレオ機器を買うことが正当化されるのだ。

カリティの基準はもう少し要求が高い。彼の言う「人生を内在的に高めるような善」には、おしゃれな服のようなものは含まれていないと思われる。もっとも、音楽は人生を内在的に高める善であると彼は考えているので、音楽を楽しむために必要な物は何でも含まれるのではないかと思われるが。しかし、ほとんどの善に関しては、より安価な選択肢を選ぶことが自分にとって相当悪いことにならない限り、そちらを選ぶべきである。かかる費用によって判断すべきでないのは、友情や誠実さといった私たちが最も大切にしている価値にかかわる善のみである。

フッカーは、自分の基準が曖昧であることを認めている。とはいえ、慈善団体に対して定期的に少額のお金や時間を提供している人であれば、この基準を満たすだろうと彼は述べている。彼によれば、重要なのはこの基準が、ある人が提供した時間や金額が総計してその人にかなりの犠牲を強いているかどうかを問題にしていることであり、特定の事例において大きな困難を抱えている人を助けることで生じる犠牲がかなりのものであるかどうかではないということである。したがって、フッカーによれば、この水準まで寄付を行なっても、自分の個人的な計画をあきらめることは必要とされないのである。

そこで、ミラー、カリティ、フッカーらの見解では、貧しい人々に対する私たちの義務は、これ以上寄付すると子どもの命とほぼ同じくらい重要な何かを犠牲にすることになるというところまで寄付すべきだ、という〔私の主張〕ほどには要求が高くないことになる。しかしこの三人の哲学者たちが以下の点には同意しているという事実を見失わないことが大切である。すなわち、世界中の最も貧しい人々を助けるために、あなたが何も寄付しないか、ほんのわずかしか寄付しないならば、あなたは間違ったことをしているのだ。世界中に蔓延する極度の貧困を克服するのにいくらかかるかという事実に左右されるものの、ミラー、カリティ、フッカーらが主張する義務は、公平な負担理論よりもかなり要求が高くなる可能性がある。例えばミラーは、高級な服飾品の購入は「ごくたまに」しか認められないと言う。音楽愛好家が買ってよいステレオ機器は

「最低限以上の」ものであってよいが、たとえお金に余裕があったとしても、最高機種を買うことは正当化されない。カリティによれば、私たちは自分の人生を高める重要な活動に関してはお金を使ってよいが、ささいなものを買うために費やすお金はむしろ貧困撲滅に役立つよう使われるべきである。フッカーによれば、あなたは自分が寄付をしたお金と時間を総計すると相当な個人的犠牲を払ったといえるところまでは寄付をする義務がある。豊かな人々のほとんどが、貧しい人々を助けるために自分の所得のほんのわずかな割合しか寄付していないか、あるいはまったく寄付していない世界においては、私を含め四人の論者が合意する点、すなわち私たちは皆、最低でも、貧しい者を助ける中程度に要求の高い義務を持つという合意は、私たちの相違よりも重要なのだ。

多くの人々は、おしゃれな服を着たり、おいしい物を食べたり、高性能のステレオ機器で音楽を聴いたりすることによって大きな喜びを得る。私は快楽を得ることには大賛成だ。他のことが等しければ、快楽は多ければ多いほどよいと言える。私たちが自分のお金を使ってよいとミラー、カリティ、フッカーが考えている物事に価値があることは否定できない。だが私の議論が正しければ、そうした物事に費やすお金を、人々の命を救ったり甚大な苦しみを予防したりするために使えるのであれば、そうしないことは間違っていることになる。問題は、回避可能な原因によって毎日二万七〇〇〇人の子どもが死ぬという非常事態のさなかに私たちは生きていることだ。つまり一時間ごとに一〇〇〇人以上が死んでいるのだ。また何百万人もの女性が治療可能な産科瘻孔を患っており、治療すれば視力が回復する見込みのある何百万もの人々が失明状態にある。私たちはこうした事柄に対して何かすることができる。この重要な事実によって、私たちが行なう選択は影響を受けてしかるべきである。音楽を聴くという私の価値ある目標、あるいは人生を高める経験を求めて高性能のステレオ機器を買うとすれば、私は他人の生き死によりも、自分の人生を高める事柄に対してより大きな価値を置くことになる。そのような生き方は倫理的と言えるだろうか。人命には等しい価値があるという信念を嘲ることにはならないだろうか。

同じ理由から、芸術や文化活動に対する慈善行為は、今日のような世界においては道徳的に疑わしいものである。二〇〇四年にニューヨークのメトロポリタン美術館は、中世のイタリア画家ドゥッチョが描いた小さな聖母子像を、四五〇〇万ドルを超えると言われる額で購入した。この作品を購入することでメトロポリタン美術館は、幸運にもそこを訪れることのできる人々が見られる膨大な数の名画に新たな一枚を加えたことになる。しかし発展途上国で白内障の手術を行なうのに五〇ドルしかかからないのだとすると、その作品を購入するための金額で、絵画どころか何も見えない九〇万人の視力を回復することもできたのだ。産科瘻孔の治療費が四五〇ドルだとすると、四五〇〇万ドルあれば一〇万人の女性にもう一度まともな人生を送る機会を与えることもできたのだ。一人の命を救うのに一〇〇〇ドルかかるとすると、四万五〇〇〇人の命を救うことができたのだ。これは満員のスタジアムにいる人の数と同じである。いかに美しく歴史的に重要だとしても、一枚の絵画がこれと比べようがあるだろうか。もしメトロポリタン美術館が火事になったとしたら、一人の子どもよりも、ドゥッチョの作品を炎から救い出すのが正しいと思うような人がいるだろうか。子どもが一人の場合でさえ、そう思う人はいないだろう。人々のより差し迫った困窮がすでに解決された世界においては、芸術に関する慈善行為は気高い行為と言えるだろう。残念ながら、私たちはそのような世界には暮らしていないのだ。

すると、「公平な負担」理論もこうした中程度に要求の高い理論も、「非常に困っている人々を助けるために私は何をすべきか」という問いに対してもっともらしい答えを与えているとは言えない。とはいえ、これらの理論はそれとは別の実践的な問いに答える際には意義があると思われる。次章でそうした問いについて考えてみよう。

第10章　現実的なアプローチ

自分の所得の大半を寄付することを要請するような倫理的議論に出会うと、私たちは次のように問いたくなるかもしれない。あまりにも人間の本性に反しているためにほとんど誰も従うことのないような基準に何の意味があるのだろうか、と。このテーマについて長年講演をしたり著作を書いたりする中で私が気付いたことがある。それは、ある種の人は、高い道徳的基準を満たそうと努力することで、たとえ彼ら――私自身も含め――がその基準の要求する高さには到達できないとしても、正しい方向へと導かれることがあるということだ。第5章で触れたシャンとクロソンによる研究は、アメリカの公共ラジオ放送局で電話による寄付を受け付けた場合、他の人が大きな額を寄付したと電話の主に伝えることで、寄付額を増やすことができるというものであったが、これも同じ結果を示唆している。しかしシャンとクロソンによれば、この方法が有効なのはある一定限度までだった。ほとんど誰もしないくらい高額の寄付を人々に求めることは、彼らの気持ちを削ぐ危険がある。また、ある限度を超えると、倫理的な生活をしようと努めることに何の意味があるのかと人々が疑念を抱くようになりかねない。正しいことをするのがいかに大変かと考えて人々は気力を失い、わざわざ努力する必要はないのではないかと思ってしまうかもしれない。この危険を避けるため、私たちは肯定的な反応をもたらすような寄付の水準を提唱すべきである。貧しい人々が必要とする援助をなるべく多く受けられるようになることを私は望んでいる。そこで、できるだけ大きな額の寄付を集めることができ、それゆえ最善の結果をもたらすような寄付の水準を提唱すべきだと私は考える。

本章では、私は〔前章で述べたよりも〕はるかに容易な数値目標を提案したい。すなわち、暮らしに困らない程度の経済状態にある人々は年間所得のおよそ五％を寄付し、富裕層にはそれ以上の額を寄付することを求めたい。私の期待では、人々はこのレベルであれば寄付することができ、また寄付すべきであると納得してくれるだろう。私の考えでは、この寄付の実践は、よい人生を送るのに欠かせない一要素としての寄付行為の倫理的重要性を回復するための第一歩となる。そしてもしこの目標が広く採用されたなら、極度の貧困を終わらせるのに十分以上の寄付額が集まることになるだろう。

たしかにこの基準は、私が本書で先に述べた道徳的議論が要請するものに比べれば、まったく不十分である。というのは、当然ながら、ほとんどの人は世界規模の貧困を削減するために所得の五パーセントを寄付した後も、彼らが助けることのできる人命とほぼ同じくらいのものを犠牲にすることなく、さらに寄付できるだろうからである。したがって、私の議論の結論からすれば所得の五パーセントを寄付する人々は果たすべきことをしているとは到底言えないのに、その人々が義務を果たしているとどうして私は言うことができるのだろうか。その理由は次の二つの事柄の違いに由来する。すなわち、個人として私がなすべきことと、私が社会の大半の人々に提唱し、実践するよう求めるべき諸原則あるいは道徳律との違いである。

拷問は常に不正であるという基本的な議論をとりあげてみよう。警察や警備隊が囚人を虐待する傾向はさまざまな文書によって明らかにされており、また拷問によって有用な情報が得られる可能性は低いことから、拷問は常に不正だという規則は最善の帰結をもたらす可能性が高いと思われる。しかし、まったくありえそうにない状況だが、もしニューヨーク市の真ん中で核爆弾が爆発するのを防ぐための唯一の手段がテロリストを拷問することであるという状況に私が置かれた場合、テロリストを拷問すべきであると私は主張するだろう。個人がなすべきことと、最善の道徳律が人々に命じることとは必ずしも同一ではないのだ。

哲学者の中には、私たちがなすべきと信じていることと、私たちが提唱すべき一般的な道徳律との間に隔たりがありうるということを認めない者もいる。彼らの考えでは、すべての人が従う規則として公に提唱できないような行為は、常に間違っている。彼らはあらゆることが率直に述べられ、透明であることを求める。カントは、行為の正しさのテストとは、その行為の基礎となる原則が普遍的法則になることを命じることができるかどうかであると述べたことで知られている。[1] ジョン・ロールズはこの考え方に基づいて、「公開性条件」を彼の正義論の重要な一要素とした。[2] これは結構な考えのように思われるが、次の事実を見過ごしている。すなわち、道徳律が私たちの望むように広く受け入れられ、実践されるためには、進化の過程で得られた私たちの人間本性――かつて人類が部族生活をしていたときの奇妙な名残がある人間本性――にうまく適合するよう調整されていなければならないということだ。第4章で見たように、私たちが自分の目の前にいたり、名前を知っていたりする人々の利益に対して与える重要性といくらかでも同じくらいの重要性を、遠く離れたところに住む見知らぬ人々の利益に対して与えるように私たちを説得しようとしても、それを困難なものにするバイアスが私たちにはある。もし私たちがこのバイアスを考慮に入れなければ、私たちの提唱する道徳律は従う人がほとんどいないため、あまり役に立たないだろう。しかしながら、私自身がいくら寄付するかについて決めようとしているときには、それとは事情が異なる。この場合、私は自分自身の人間本性を引き合いに出して、私がすべきだと判断したことをしないというわけにはいかない。よく知られているように、フランスの実存主義哲学者のジャン＝ポール・サルトルはこう指摘した。私は自分が何をなすべきかと自問するとき、私は自由である。私が次のように言うことは端的に言って正しくない。「私はアフリカの知らない人々を助けるために一〇〇〇ドルを寄付することはできない。なぜなら私は人間であり、人間というものは自分の知っている身近な人々に比べて、遠く離れたところに住む名前も知らない人々に対してはそれほど関心を抱かないからだ」。どうしてこのことによって私は、オックスファムのウェブサイトを開き、クレジットカードの情報を打ち込んで一〇〇〇ドル寄付することができなくなるのだろうか。どうしてこのことが、それに反対する理由にそもそもなるのだろうか。自分でこれが正しいと思い、かつ自分が選択しないということ以外にはその実行を妨げるものがないことをなさない理由として、人間本性を持ち出すならば、実存主義者が好んで使った非難の言葉を用いれば、私は「本来性を欠いている」ことになる。

今述べたことにまだ納得できないならば、それは一つには、私たちが道徳を単純に白か黒かで考えるのに慣れていることによるだろう。あなたは正しいことをして褒められるに値するか、間違ったことをして非難されなければならないかのいずれかだというのである。しかし道徳はもっと複雑なものである。私たちが賞賛や非難を用いるのは人々の行動に影響を与えるためであるから、大半の人々が実践すると私たちが期待できるものに照らして適切な基準を設定しなければならない。そこで賞賛や非難は、少なくとも公に行なわれる場合には、私たちが自分自身の行為に適用する要求の高い基準ではなく、私たちが公に提唱している基準に従うべきである。私たちは同じ状況で大半の人々がなすであろうよりもはるかによい行為をする人を褒めるべきであり、また他の人々に比べてはるかに悪い行為をする人を非難すべきである。もしあなたが自分の公平な負担以上のことをしたのであれば、それによって少なくとも非難の程度は下げられなければならない。もしあなたが公になっている道徳律に従った場合は、私たちはあなたがそうしたことについて賞賛すべきであり、それ以上のことをしなかったからといってあなたを非難すべきではない。(3)

お金持ちの有名人に対する評価基準

今の話は、世界中で最も裕福な人々についてどう考えるかという話題につながっている。彼らの多くは巨額の寄付を行なっている。私たちは、〔例えば〕ビル・ゲイツについてどう考えるべきだろうか。彼は貧困削減のために二九〇億ドルを寄付しているが、それでも世界で最も裕福な人々の一人であり続けている。

ビル・ゲイツは究極的な基準が何であるかを知っている。その基準は、ビル&メリンダ・ゲイツ財団のウェブサイトにはっきりと掲げられている。「すべての人命は――どこで暮らす人であろうとも――等しい価値を持つ」。ビル・ゲイツによれば、彼が慈善活動を始めたのは、毎年五〇万人もの子どもがロタウィルスに感染して死んでいるという記事を読んだときだった。彼はそれまでロタウィルスについてまったく知らなかった。（ロタウィルスは、子どもに重篤な下痢症状を引き起こす最も一般的な原因である。）彼はこう自問した。「どうして私は今まで、毎年五〇万もの子どもの命を奪う事柄について、一度も聞いたことがなかったのだろう」。さらに彼は、米国では根絶されたかほぼ完全に根絶された病気によって、発展途上国で何百万もの子どもたちが死んでいることを知った。このことは彼にとって衝撃だった。なぜなら、もし人命を救うことのできるワクチンや治療方法があるのなら、政府はあらゆる手段を尽くしてそれを必要とする人々に届けるものとばかり彼は思っていたからだ。ビル・ゲイツの話によると、彼と妻のメリンダは「今日の私たちの世界においてでさえ、助ける価値のある人命と、そうでない人命があるという残酷な結論から逃れることができなかった」。彼らは「こんなことがあるはずがない」と思った。しかし、それが現実であることが彼らにはわかっていた。[4] そこでビル・ゲイツは財団を設立し、当初の基金として二八八億ドルを寄付した。そして二〇〇八年からは、この財団の仕事に専念し、財団の活動ができるだけ効果的になるよう努めている。

ビル・ゲイツの寄付額は、当時これまで慈善目的でなされた寄付の中では最大規模のものであり、物価上昇率を差し引いて計算した場合でも、カーネギーやロックフェラーが一生の間に寄付した額よりもはるかに大きかった。（その後ウォーレン・バフェットが、ビル・ゲイツがこれまでに寄付したよりも、一〇億ドルから二〇億ドル多い額を寄付することを約束した。しかしビル・ゲイツは引き続き寄付をしているため、最終的にどちらがより多く寄付するかはまだわからない。）ビル・ゲイツは彼の気前のよさと、彼の財団の目標と手法を選ぶ際に彼が見せた巨視的な発想に関して、賞賛に値する。だがいかに気前がよいと言っても、彼がすべての人命は等しい価値を持つという考えに従って生きていないことは明らかだ。彼が住むシアトル近郊の湖畔にたたずむ五万平方フィートの広さのハイテクな豪邸は、一億三五〇〇万ドルの資産価値があると見積もられている。固定資産税は一〇〇億ドル近くになるとされる。(5) ビル・ゲイツの所有物の中には、レオナルド・ダ・ヴィンチの手稿の中で今日唯一個人所有されているレスター手稿があり、彼は一九九四年に三〇八〇万ドルを払ってそれを手に入れた。さて私たちは、彼が他の大富豪も含めてほとんどの人よりもずっと多く寄付していることについて彼を賞賛すべきだろうか。それとも、今日でも予防可能な病気によって死んでいる人がいるのに彼が贅沢な暮らしをしていることについて、彼を非難すべきだろうか。彼はさらに多くを寄付することができるし、またそうすることが望まれるものの、彼が今までそれだけ多くの寄付をしたことについて、私たちは彼を賞賛すべきだと私は思う。

貧しい人々を助けようとする有名人の行ないを判断する際には、私たちはこれと同じ比較基準を用いるべきである。二〇〇六年、マドンナはデイビッドという男の子を養子にとった。デイビッドは当時、マラウイの孤児院に住む病弱な一歳児だった。このことについてメディアはマドンナを激しく非難した。メディアはデイビッドの父親が生きていることを発見し、テレビカメラを携えて彼のもとに押し寄せた。父親はインタビューに答えていたが、養子縁組の法的な意味を十分に理解しているようには思われなかった。しかし、デイビッドの父親は母親が死んだ後、息子の世話をすることができずに息子を孤児院に預けたのだった。マラウイではＨＩＶ／ＡＩＤＳが蔓延したため、こうした孤児が一〇〇万人いる。孤児院の持つ資源は限られており、子どもたちの多くは五歳になるまでに死んでしまう。マドンナによれば、彼女がデイビッドに会ったとき、彼は重度の肺炎を患っており、呼吸困難に陥っていた。マラウイは世界最貧国の一つであり、幼児死亡率は一〇〇〇人当たり九四人で、平均寿命は四一歳である。成人のほぼ七人に一人がＨＩＶ／ＡＩＤＳに感染している。仮にデイビッドが孤児院に残っていたとしたら、彼が平均的なマラウイ人よりもよい人生を送っただろうと考える理由はない。おそらくは、平均よりもはるかに悪い人生を送ったことだろう。

貧しい国に住む子どもを養子に迎えるというマドンナの行為は、ミア・ファローやユアン・マグレガーやアンジェリーナ・ジョリーといった他の有名人の例に倣ったものと言える。養子をとるという行為は、〔第4章に出てきた〕「ロキア」のような特定可能な受益者がいるという点で魅力的であるが、貧困の原因を解決するわけではない。こうした有名人がそれだけしかやっていないとすれば、養子をとるという行為は世界で最も貧しい子どもの利益のためにやっているというよりも、自分自身の利益のためにやっているのではと勘繰りたくなるかもしれない。もっとも、マドンナについて言えば、デイビッドを養子にとること以外のこともやっており、その点は評価できる。彼女が共同で設立したレイジング・マラウイという慈善団体は、マラウイの孤児を助けたり女児の教育を支援したりするための募金活動をし、またジェフリー・サックスのミレニアム・ビレッジ・プロジェクトのための資金集めもしている。アンジェリーナ・ジョリーも、ミレニアム・ビレッジ・プロジェクトを支援しており、またナタリー・インブルーリアは産科瘻孔根絶キャンペーンのスポークスパーソンである。私はこれらのスターたちが、グローバルな貧困とそれがもたらす諸帰結と闘うために、彼らの時間と所得のどの位の割合を使っているのかは知らない。しかし、もしその割合が他の大半の映画スターや人気歌手よりもはるかに大きいものだとすると、私たちは彼らがあとどれだけ多くのことができるのかにばかり注目するよりも、彼らが現にしていることを賞賛すべきである。

他方で、大富豪の中でも、非常に贅沢な暮らしをしながら相対的に見て少ししか寄付をしていない者に関しては、いくらか非難しても無礼には当たらないだろう。例えば、ポール・アレンという、「たまたま億万長者になった男」と呼ばれることもある人物について考えてみよう。一九七五年に、アレンは高校時代の友人と一緒にコンピューター会社を設立した。八年後、彼はその友人と袂を分かったが、会社の株の約四分の一を保持することになった。このかつての友人とはビル・ゲイツのことであり、この企業とはマイクロソフト社のことである。今日、『フォーブス』誌の長者番付によれば、アレンの総資産は一六〇億ドルである。[6] これはビル・ゲイツが二八八億ドルを寄付した際に持っていた資産総額の約四分の一である。アレン自身のウェブサイトによれば、彼は生涯の間に慈善目的で九億ドル以上寄付している。それだけ寄付できる人はほとんどいないとはいえ、ビル・ゲイツが寄付した額に比べると一三分の一以下であり、同程度の大富豪の多くが寄付している額と比べても少ない。(7)さらに言えば、ビル・ゲイツが資金を提供しているプロジェクトとは対照的に、アレンは彼の限られた慈善活動を、彼の住むアメリカ太平洋岸北西部というすでに裕福な地域にある文化芸術財団、病院、その他の地域プロジェクトに限定して行なってきた。またアレンは慎ましく倹約して生きているわけでもなく、バフェットのように自分の財産を投資に使って将来のある時点で寄付できるようにしているわけでもない。彼は三つのプロスポーツのチームのオーナーであり、それらのチームに何億ドルもつぎ込んできた。彼のおもちゃの中には、年代物の軍用機の大規模なコレクションと、オクトパスという名の四一三フィート長の外洋ヨットがある。このヨットの価格は二億ドル以上であり、専属の船員が六〇人いる。二〇〇三年に進水式を行なったとき、このヨットは世界最大のものであった。このヨットには音楽スタジオとバスケットボールコートがあり、二機のヘリコプターと七台のボートと一隻の潜水艦、海底を観察するための遠隔操作機が備わっていた。この潜水艦には八名が乗船して二週間海中で過ごすことができる（そういったことがお好きならば）。「ヨットクルー」というヨット関連の求人サイトによれば、船主は通常、その船の状態を維持して船員の給与を支払うために、船の価格の最低一割を毎年払わなければならない。そしてアレンは他にも、二〇〇三年に世界で三番目に大きなヨットと認定されたタトゥーシュ号を含む二つの巨大なヨットも所有しているのであった。(8)

私はポール・アレンのことを直接には知らないのだが、彼について私の書いたことが彼個人に対する攻撃と受け取られないことを願う。彼のライフスタイルは私たちの文化を反映したものであり、私が批判したいのはむしろこの文化なのだ。なにしろ、アレンのようにこうしたおもちゃを所有して楽しんでいるのは彼一人ではない。オクトパス号は現在、世界第六位の大きさに順位を下げてしまった。ドバイやサウジアラビアの王族や、ロシアの億万長者であるロマン・アブラモヴィッチや、ソフトウェア会社オラクルの最高経営責任者（CEO）のラリー・エリソンが所有するヨットの方がさらに大きいのだ。ラリー・エリソンも浪費癖のある億万長者であり、自分のお金でもっと善行をなすことができる人の一例である。彼は「お金は単に〔勝敗の〕記録を付けるための方法でしかない」と述べたことで知られている。彼は現在、『フォーブス』誌の世界長者番付の一四位であり、推定二五〇億ドルの資産を持っているとされる。彼はカリフォルニア州ウッドサイドに四〇エーカーの日本風の邸宅を所有しており、その値段は推定二億万ドルである。またマリブにも一億八〇〇〇万ドル以上の資産価値のある土地を持っている。彼は何百万ドルもの自分のお金を使って二〇〇三年と二〇〇七年に〔ヨットレースの〕アメリカズ・カップに出ようと挑戦したが、いずれも叶わなかった。彼は数々の珍しい自動車や、戦闘機を含む数台の飛行機を所有している。彼のヨットのライジング・サン号は建造に約二億ドルかかった。これはアレンのオクトパス号とほぼ同額である。しかし彼は、この巨大なヨットを停泊させる場所を見つけるのが困難だと不満を述べ、停泊が簡単なより小さい「レジャー・ヨット」を現在注文中である。『スレート』誌によれば、彼は二〇〇七年に三九〇〇万ドルを寄付した。これは気前のよい額に聞こえるかもしれないが、次のように考えてみてほしい。もしエリソンが今後一ドルも稼がないとしても、彼はこれから六〇〇年にわたって毎年三九〇〇万ドルを寄付し続けることができ、しかも老後に備えて一〇億ドル以上手元に残すことができるのだ。(9)

ローマ皇帝のウィッテリウスは、何千羽ものクジャクの脳みそと、何千羽ものフラミンゴの舌を食したという。今日の私たちはこのような行為を道徳的腐敗の証しであると考える。巨大なヨットを所有する人々についても同じことが言えるだろう。これを手厳しい評価と思うなら（「このヨットを作るのにフラミンゴは一羽も死んでいない」）、このような船舶を購入し維持するために驚くべき浪費が行なわれていることをまず考えてみるとよいだろう。計算に必要な金額についてはすでに述べておいたので、自分で計算してみてほしい。ライジング・サン号やオクトパス号の建造費および毎年の維持費を使えば、産科瘻孔を外科的に治療することでどれほど多くの女性が人生を取り戻すことができるか。また、どれほど多くの盲目の人々が視力を回復することができるか。また、どれほど多くの子どもたちをマラリアによる死から守ることができるか。しかし問題はそれだけではない。気候変動に関する不都合な事実によってもまた、巨大なヨットを個人で所有する人々は非難を受ける。ヨットという名前に騙されてはいけない。こうした船舶は風力で進むわけではなく、巨大なエンジンを複数持ち、驚くべき量のディーゼル燃料を消費して、その結果大気中に温室効果ガスを吐き出すのだ。例えばエリソンのライジング・サン号は四つのエンジンを持ち、全速力のときはそれぞれが一時間に五四八ガロンの燃料を消費し、船全体では合計二一九二ガロンを一時間に消費する。ライジング・サン号はたったの一時間で、平均的なアメリカ人がディーゼル燃料で走るフォルクスワーゲン・ジェッタを七年間運転するのに必要な燃料と同じ量を消費するのだ(10)。スモッグを生み出す窒素酸化物の排出に関しては、ヨットのエンジンはさらに問題がある。ライジング・サン号は一時間で、平均的なアメリカ人がジェッタを二〇年間運転した場合に匹敵する量の窒素酸化物を排出する。しかもこれだけの燃料が、食糧を生産するためや仕事に行くためや愛する人を訪ねるために用いられるのではなく、ラリー・エリソン自身の楽しみのために、また自分がいかに金持ちかを見せびらかすために用いられるのだ。私たちは、こうしたお金の使い方を虚栄心の愚かではあるが無害な現れと見なすのをやめるべきときに来ている。むしろ、他人への配慮が深刻なほど欠けている証拠として考えるべきである。私たちは、自分たち一人ひとりの行為が、自分たちの住む世界に対してもたらす帰結を考慮し、またそれに基づいて行為の評価を行なうような倫理的文化を必要としているのだ。

公の基準

以上の話を踏まえて、私たちは寄付に関する公の基準――私たちが個人的に従う、要求がより高い基準とは区別される基準――はどうあるべきかという重要な問いを検討することにしよう。すでにいくつかの団体がそのような基準を定める試みをしており、また多くの人々が自分たちの基準を作っている。

ジェームズ・ホンは「ホット・オア・ノット」というウェブサイトを作り、三二歳で億万長者になった。これは、人々が自分の撮った写真をこのサイトに掲載し、他のユーザーがそれを一〇段階で評価するという爆発的に人気が出たウェブサイトである。ホンは自分の成功を喜んでいたが、〔IT企業の一大拠点である〕シリコンバレーの激しい生存競争には関わりたくないと考えていた。彼は『ニューヨーク・タイムズ』紙のインタビューに答えて次のように述べている。「いつだって自分以上にお金を持っている人がいるのだから、『勝利』なんてものはないのです」。このような競争を回避するため、ホンはお金を貯めるのではなく、寄付をすることに決めた。しかしどれだけ寄付すればいいのだろうか。彼は、自宅のあるサンフランシスコの湾岸エリアでインターネット関連の事業を興して成功した企業の創立者であったり、そういった企業で初期から働いていたりした友人たちに意見を求めたところ、彼らの答えは極めて多様だった。彼は一つのルールを作り出した。すなわち、一〇万ドル以上稼いだ場合には、常にその超過分の一〇パーセントを寄付するというものだ。他の人々も同じようにすることを期待して、彼は一〇オーバー一〇〇〔一〇万ドル以上の額には一〇パーセント〕というウェブサイトを立ち上げ、自分は常に一〇オーバー一〇〇のルールに従って寄付をするという誓いを立てた。このウェブサイトでは、他の人々も同じように誓いを立てることを奨励している。私が最後に確認したときには、三九六七名が誓いを立てていた(11)。

イズラエル・シェンカーはフィラデルフィアを拠点とする不動産会社ISSデベロップメントの創立者であり最高経営責任者であるが、彼は自分が従っている基準を進んで人々に伝えている。彼はぜいたく品――バカンス、高級車、彼が必要とするよりも大きな家――にお金を使う場合は、常に同額を慈善団体に寄付している。

オーストラリアのアデレードに拠点があるフェア・シェア・インターナショナルという団体は、「五・一〇・五・一〇」ルールに従って生きることに決めた人々の集団である。これはつまり、下記のことを意味している。

- 恵まれない人々を支援するために、自分の年間総所得の五パーセントを寄付する
- 環境的に有害な消費を、それ以上減らすことが不可能になるまで毎年一〇パーセントずつ減らす
- 自分が属するコミュニティの人々を助けるために、自分の時間の五パーセントを使う
- 自分の選挙区の議員に連絡を取るなど、民主的な政治活動を毎年少なくとも一〇回行なう

これらの基準はいずれも、五〇パーセント同盟の会員に求められる、はるかに高い要求に比べれば、より多くの人に受け入れられるものである。裕福でなければ、一〇オーバー一〇〇は、これらのうちで最も容易に満たすことのできる基準である。なぜなら、年間一〇万ドル以上稼がない限りは、まったく寄付する必要がないし、仮に年間一二万ドルを稼いだとしても、総所得の二パーセントに満たない額しか寄付しなくてよいからである。一方、もし一〇〇万ドル稼いだならば、総所得の九パーセントを寄付することになり、これはより立派な額だと言えよう。しかし稼ぎが一〇万ドル以下しかない人々の多くも寄付をすることができるし、とりわけ他の人々が寄付をしたことを知ったならば自分も同様に寄付したいと考えるだろう。シェンカーの基準は、自ら

に課した消費税だと言える。すなわち、もし贅沢なお金の使い方をするなら、かなりの額を寄付することになる。しかし問題は、〔第1章の〕ペットボトルの水の話を思い出してもらえばわかるように、「贅沢品」という分類をどれだけ厳密に解釈するかである。また、寄付を消費に関連づけるという基準では、自らの所得を生産目的で再投資している人々は〔多くを寄付することなく〕質素に暮らし続けることが許されることになる。しかしながら、非常に裕福な人は単に自分の消費と慈善行為を対応させるだけではなく、それ以上のことをすべきである。もしあなたが年間一億ドルを稼いでいるなら、自分の稼ぎの一〇パーセント以上を贅沢品に使うためには相当の浪費癖が必要であるが、それ以上の額を寄付することは容易であるだろう。フェア・シェア・インターナショナルは、倫理的な二一世紀の市民がどのように生きるべきかについて大まかな規則を示していると言える。彼らの規則は、単に私たちがいくら寄付すべきかだけではなく、慈善目的のためにどれだけの時間を使うべきか、また私たちの生活スタイルを持続可能なものにするにはどうしたらよいのかも示している。その規則が提案している五パーセントという寄付の水準は、平均的な所得の人々にとっては適切である。しかし、この水準もまた、非常に裕福な人々にとっては、極めて低いものだと言えよう。

お金を稼げば稼ぐほど、寄付することは容易になるはずだ。それは単に金額だけの話ではなく、所得の何パーセントを寄付するかという点においてもそうである。仮にあなたが五〇万ドル稼いでいるとすると、その五パーセントを寄付することはまったく困難なことではないだろう。それだけの寄付をした後でも、まだ四七万五〇〇〇ドルが手元に残っており、これだけあれば誰にとっても十分なはずだ。しかし、仮にあなたが五万ドルしか稼いでおらず、しかも家族を養っているとすると、そのうちの二五〇〇ドルをやりくりして寄付するのは難しいかもしれない。したがって、人々は自分の総所得の五パーセントを寄付すべきだという提案は、豊かな国に住む比較的所得の低い人々から多くを要求するものであり、所得がより高い人々にとってはあまりに負担が軽すぎると言える。税金に関しては、このことを考慮した累進課税制度がある。同様に、貧しい人々のために行なうことに関しても、所得が高くなるにつれ、所得のより大きな割合を寄付するようにすべきである。とはいえこれは、〔裕福な人からより多くをとりあげることによって〕皆平等に貧しくなるべきだという主張ではない。私たちは人々が一生懸命働き、リスクを恐れず、進取の気性に富んだ行為をするためのインセンティブを保持すべきである。富める者はより多くを寄付することができるが、それでも彼らの手元にはより多くが残るのだ。

ここで、アメリカの大富豪、裕福な人々、単に十分な収入がある人それぞれの所得を調べて、極度の貧困問題の解決に向けて彼らにどれほどの寄付を求めることが理に適っているかを考えてみよう。以下は、人々が受け入れ可能な公の寄付基準を素描したものである[12]。

まず大富豪から考えてみよう。アメリカの納税者の上位〇・〇一パーセントは年間所得が一〇七〇万ドルを超えており、平均所得で見ると二九六〇万ドルである。この水準では、所得の三分の一を寄付しても彼らの生活水準が大きく下がることはないだろう。その次の上位〇・一パーセントの人々は平均所得が約三七〇万ドル近くあり、最低でも一九〇万ドルの年間所得がある。彼らに対しては寄付する額を所得の四分の一に減らすことにしよう。これらの人々を除く上位〇・

五パーセントの人々は平均所得が九五万五〇〇〇ドルあり、最低でも六〇万ドルの年間所得がある。彼らは所得の五分の一を寄付することができるだろう。

次に、大富豪ではないものの裕福である人々の所得水準に目を移そう。上位〇・五パーセントには入らないものの上位一パーセントには含まれている人々は、最低でも三八万三〇〇〇ドルの年間所得があり、平均所得で見ると四六万五〇〇〇ドルである。彼らは所得の一五パーセントを寄付しても快適に生活ができるだろう。次に、上位一パーセントには含まれないが、上位五パーセントには入る人々は、年間平均所得が二一万ドルであり、最低でも一四万八〇〇〇ドルの所得がある。この所得水準では、いわゆる〔教区の人々が教会に寄付していた〕一〇分の一税――自分の所得の一〇パーセント――でも要求が高いとは決して言えないだろう。というのも、伝統的には彼らよりもずっと所得が低い人々でもこれだけ寄付していたからである。

上位一〇パーセントに入る残りの人々は、少なくともアメリカにおいては、裕福というよりは十分な収入がある人々と見なされる所得水準にある。これらの納税者は平均所得が一二万二〇〇〇ドルであり、最低でも一〇万五〇〇〇ドルの年間所得がある。彼らには、控えめに五パーセントだけ要求することにしよう。

以上の基準は、世界で最も貧しい人々の生命を救ったりその苦しみを和らげたりすることを目的とした活動に対してアメリカの納税者の年間所得上位一〇パーセントの人々に要求する寄付の水準としては、まずまず公平なものだと思われる。他にも公平な、あるいはさらに公平な、スライド制の基準があるかもしれない。私が提案したこの基準が議論の出発点にしかならないとしても、その目的は果たされたことになるだろう。

ここで考えておかなければならないのは、この基準が課税前の所得か課税後の所得のいずれに基づくべきかという問題である。もし寄付が完全に課税控除の対象になっているのであれば、課税前の所得に基づくべきである。なぜなら、どのみち寄付することで納税額が下がるからである。しかし国によっては——スウェーデンがその一例である——寄付が課税控除の対象になっていないところもある。その場合は、この基準は課税後の所得に結びつけて考えられるべきである。

私が二〇〇六年に『ニューヨーク・タイムズ』紙でこれと似た提案を公表したとき、〔カリフォルニア州の〕サクラメントに住む女性が次のようにコメントした。彼女と夫は上位一〇パーセントに入っているが、「いつも月末にはほとんどお金が残っていません。最後に外食したり、映画を見に行ったりしたのがいつだったか覚えていないくらいです。（中略）何しろ私たちは新婚旅行にさえ行かなかったのです」。彼らの主な出費の一つは奨学金のローンを返済することだった。たしかに、ある人々にとっては十分以上の所得であっても、借金の返済をしなければならない人や、自分の子どもがよい教育を受けられるように貯金する必要のある人々にとっては、自由に使えるお金ははるかに少ない場合がある。そうしたことは、人々が自宅を所有しているかどうかや、また所有している場合には住宅ローンがあるかどうかや、月々の返済額がいくらであるかによって大きく異なる。私は上記のようなコメントを考慮に入れて、二〇〇六年に提案した基準を修正した。そのときに提案した基準は、上位一パーセントの人を除いて上位一〇パーセントに入る人々は皆、所得の一〇パーセントを寄付するというものであった。現在私が提案している基

表1

所得層	寄付
10万5001ドル～14万8000ドル	5%
14万8001ドル～38万3000ドル	最初の14万8000ドルまでは5%で、残りの額については10%。
38万3001ドル～60万ドル	最初の14万8000ドルまでは5%で、次の23万5000ドルについては10%で、残りの額については15%。
60万1ドル～190万ドル	最初の14万8000ドルまでは5%で、次の23万5000ドルについては10%で、その次の21万7000ドルについては15%で、残りの額については20%。
190万1ドル～1070万ドル	最初の14万8000ドルまでは5%で、次の23万5000ドルについては10%で、その次の21万7000ドルについては15%で、さらにその次の130万ドルについては20%で、残りの額については25%。
1070万1ドル以上	最初の14万8000ドルまでは5%で、次の23万5000ドルについては10%で、その次の21万7000ドルについては15%で、さらにその次の130万ドルについては20%で、その次の880万ドルについては25%で、残りの額については33.33%。

準は、この集団の下半分、すなわち上位一〇パーセントに入るが上位五パーセントには入らない人々は、所得の五パーセントだけを寄付するというものである。

しかしながら、上記の基準は、ある所得層から別の所得層に移行することで損失が生じることを避けるために、いくらか微調整が必要である。単純化するために私が〔もともと〕提案したのは、すべての所得についてある一定の割合で――ただし各所得層で異なる割合で――課税するというものであった。すると一四万七〇〇〇ドルの所得がある人々は、私の基準によれば、その五パーセント、つまり七三五〇ドルを寄付し、手元には一三万九六五〇ドルが残ることになる。しかし、彼らの所得が一四万八〇〇〇ドルに上がった場合にはその一〇パーセントを寄付することになり、手元に残るのは一三万三二〇〇ドルになってしまう。これだと理不尽である。この問題は、累進課税制

表2

所得層	納税者数	平均所得	手元に残る最小額	寄付額合計
10万5001ドル〜14万8000ドル	741万8050人	12万2353ドル	9万9800ドル	450億ドル
14万8001ドル〜38万3000ドル	593万4440人	21万0325ドル	14万0600ドル	810億ドル
38万3001ドル〜60万ドル	74万1805人	46万4716ドル	35万2100ドル	320億ドル
60万1ドル〜190万ドル	59万3444人	95万5444ドル	53万6700ドル	800億ドル
190万1ドル〜1070万ドル	13万3525人	370万ドル	159万ドル	1020億ドル
1070万1ドル以上	1万4836人	2960万ドル	819万ドル	1310億ドル
合計	**1483万6100人**			**4710億ドル**

度で行なわれているのと同様の仕方で解決できる（表1）。

次に、各所得層における納税者の数をこの表に加えてみよう。この情報と、各所得層における平均所得を用いれば、提案された寄付の水準によってアメリカの納税者たちからどれだけの寄付額を見込めるかを計算することができる（表2）。すると、提案された寄付の水準により、世界で最も貧しい一〇億人のために一年間で合計四七一〇億ドルが集まることになる。しかもこれは世界中の裕福な人々からではなく、アメリカの全世帯のたった一割から集められたものなのだ。（サックスの推計では、ミレニアム開発目標を達成するために、最大で年間一八九〇億ドルが必要とされていたことを思い出してほしい。）

ビル・クリントン〔元アメリカ大統領〕は、ベストセラーになった著書『寄付すること』〔未邦訳〕の中で、私が以前『ニューヨーク・タイムズ』紙に寄稿した小論で提案した内容を紹介しているが、彼は次のようにコメントを加えている。

私の考えでは、世界規模の問題に対処するという目的のためにこのような高い寄付の水準を短期的に求めることは、次に述べるいくつかの理由からして非現実的である。裕福な人々の中には、寄付をしたお金が賢明に使用されないだろうと考えている人もいる。（中略）高い所得があってもほとんど蓄財のない人々の中には、自分の資産の大部分を寄付する前に自宅を構えたいと思う人もいるだろう。年収一三万二〇〇〇ドルという金額は、ニューヨーク市に住んでいる人よりも、〔ビル・クリントンが知事を務めたアーカンソー州の州都である〕リトル・ロック市に住んでいる人にとって、ずっと大きな価値を持つだろう。また、多くの裕福な人々はアメリカ国内におけるさまざまな慈善活動のためにすでに寄付を行なっているのだ。(13)

そこでクリントンは、より控えめな基準を提案している。すなわち、上位一パーセントに入る人々は所得の五パーセントを寄付し、上位一〇パーセントに入る残りの人々は一パーセントだけ寄付をするというものだ。これは、上位一〇パーセントには含まれるが上位一パーセントには入っていない人々にとっては、彼らがすでに寄付している額の三分の一にすぎず、彼らが国内の慈善団体に対して寄付している額の一部を世界で最も貧しい国々で働いている人々に寄付するという変更以上には何も必要ないことになる。(14)

しかし、少なくとも三八万三〇〇〇ドルの所得がある人々に対して、三五万二一〇〇ドルという課税前所得で生活するように求めることは、本当に要求が高すぎるだろうか。ある時代と場所で「非現実的」な寄付の水準だと見なされるものは、別の時代と場所ではかなり控えめに映ることだろう。驚いたことに、実のところ年間二万ドル以下の所得しかないアメリカ人の方が、年間所得三〇万ドル超の所得層より上は別として、他のあらゆる所得層の人々よりも所得の高い割合――四・六パーセントもの割合――を慈善活動に寄付している。[15] これはすなわち、もし裕福な人々が貧しい人々と同様の寄付文化を有していれば、彼らはクリントンが提案した以上に寄付をするということだ。第5章で見たように、寄付の額は私たちが人々に寄付を訴えるやり方や私たちが暮らす社会の制度や慣行に大きく左右される。第5章で述べたように、そうした制度や慣行を変える試みをしてみるまでは、人々が最終的にどれだけの額を寄付する気になるかは本当のところはわからないのだ。クリントンが「裕福な人々」という言葉を用いたときに、どのような人々を念頭に置いていたのかははっきりしない。だが、私が提案している所得に占める寄付の割合に基づいても、例えば年間三〇万ドル超の所得のある人々は、グローバルな貧困の根絶という課題に対する公の寄付水準を満たしたからといって、自分が困窮状態に近づくことはまずない。それだけの寄付をした後でも、彼らはとても快適な生活を送り、よいレストランで食事をし、コンサートに行き、豪勢な休暇旅行を楽しみ、季節毎に服を買い換えることができるだろう。寄付をすることで、彼らが著しく不幸になるとはとても考えられない。

たとえあなたの所得が上位一〇パーセントには入らないとしても、寄付に回すことのできる所得があなたにあることはほぼ確実だろう――水道の水を飲む代わりに、あなたが購入したペットボトルの水や缶入りの炭酸飲料のことを思い出してほしい。ここでは、どのくらい寄付すべきかについては詳しく述べないでおこう。なぜなら、サクラメントに住む女性からの手紙が示していたように、ある人の所得のうち、どのくらいの割合を自由に使えるかは、所得が一〇万ドルくらいまで下がってくると、人によってかなり異なるからだ。しかしあなたがどれだけ多く寄付できるかについて考えてみてほしい。所得の五パーセントまでならばそれほど難しくはなく、また自分が負担すべき割合以上のことをしたと感じることができるだろう。そしてもし納税者の上位一〇パーセントを除く九〇パーセントの人々が平均して彼らの所得のちょうど一パーセントを寄付したとすれば、上位一〇パーセントの人々に提案されている寄付の額と合わせて、総額約五一〇〇億ドルの寄付が集まることになる。

もちろん、他の国々に住む裕福な人々も、世界規模の貧困を削減するために責任を果たすべきである。OECDに加盟していない中国、インド、ブラジル、チリ（チリは二〇一〇年にOECDに加盟）、南アフリカのような国々でも、裕福な人々の数がますます増えている。世界には裕福な人々が八億五五〇〇万人いるが、そのうちの一七パーセント、すなわち一億四八〇〇万人はポルトガルよりも平均所得が低い国々に住んでおり（またこの人数は急激に増えている）、一一パーセントはブラジルよりも平均所得が低い国々に住んでいる。こうした人々も、自国のことであれ他国のことであれ、世界規模の貧困問題の取り組みに関して責任を果たすべきである。[16]

単純化するために、アメリカが果たすべき公平な負担を全体の三分の一だとしよう。というのも、OECD諸国の全所得のうち、大雑把に三分の一がアメリカによるものだからである。[17]この計算に基づき、私が提案した基準を世界規模に広げると、開発援助のために年間一兆五〇〇〇億ドル以上の額が集まることになる。これは、二〇一五年までにミレニアム開発目標を達成するのに必要だと国連のタスクフォースが推計した額の八倍であり、またこの推計額と各国政府が開発援助のために現在約束している額との差額の二〇倍である(18)。これだけのお金があれば、援助自体に必要なお金を拠出できるだけでなく、どのような形態の援助が最善であるかについての研究や実験もできるようになる。

アメリカの最も裕福な一〇パーセントの人々が実際にどれだけ稼いでいるのかを計算し、ミレニアム開発目標を達成するために必要だとサックスが推計している額と比較してみて初めて、私は世界中に住む極度の貧困状態にある人々の基本的ニーズを満たすことが、世界中に住む裕福な人々にとっていかに容易であるかをはっきりと理解した。私はこの結果に驚いた。私は計算の見直しを行ない、研究助手にも確認を頼んだ。だが計算は正しかった。もし国連のタスクフォースが正しければ、ミレニアム開発目標はあまりにも控えめな目標であることになる。もし私たちがそれを達成できないとしても――現時点での進捗度合いからすると、達成できない可能性が高いのだが――、目標が高すぎたからだと言い訳することはできない。なぜなら、明らかにその目標は要求が高くないからだ。私たちが設定すべき目標は、極度の貧困状態で暮らし、食べ物が十分にない人々の割合を半減させることではなく、誰一人そのような非人間的な状況でずっと暮らさずに済むように保障することである。

この目標は達成可能である。以下の七項目からなる計画に従えば、あなたは世界規模の貧困問題の解決の一端を担うことができるだろう。

1. インターネットでwww.TheLifeYouCanSave.comのサイトを訪れ、そこで提案されている基準を達成するという誓いを立てること。
2. このサイトからリンクされているサイトのいくつかを訪れるか、あるいは自分で調査するかして、自分が寄付する団体を決めること。
3. 昨年の納税申告書を見て自分の所得を調べ、上記の基準に照らして自分がいくら寄付しなければならないかを計算すること。寄付の仕方を決めること――継続的に毎月寄付するか、四半期毎か、あるいは一年に一回か、あなたに一番都合がよい仕方で行なうこと。そして実際に寄付すること！
4. 自分の寄付行為について他の人に知らせること。どのような仕方でもよいので、寄付について広く伝えること。電話、テキスト・メッセージ、Eメール、ブログ、その他あなたの使えるあらゆるインターネット上のコミュニケーション手段を用いること。独善的な態度を取ったり、説教くさくなったりしないように気をつけること。あなたもおそらく聖人ではないだろうから だ。とはいえ、彼らにもこの問題の解決の一端を担えることを知らせること。
5. あなたが企業やその他の組織に勤めている場合は、上層部に提案して従業員たちに正しい方向へのナッジを与えること。例えば、従業員があえてオプト・アウトしない限り、世界で最も貧しい人々を支援する慈善団体に課税前所得の一パーセントを寄付するプログラムを立ち上げるなどである。（こうしたプログラムの例については、第5章を見よ。）

6．あなたの国の国会議員に連絡をとり、国の対外援助が世界で最も貧しい人に対してのみ行なわれることが望ましいと伝えること。

7．以上により、あなたは極度の貧困状態に暮らす人々の何人かの人生を変えたことになる。(たとえあなたが彼らを目にすることはなく、また具体的に誰を助けたのかを知ることができないとしても。) しかもあなたは、道徳的議論によって人間が行動を変えられることを証明したのだ。問題解決の一端を担ったことについて誇りに思うこと。

最も強力な動機

豊かな国々に住むあなたや他の暮らし向きのよい人々が皆、グローバルな貧困問題に取り組むために例えば所得の五パーセントを寄付したとしても、あなたの幸福が減ることはおそらくないだろう。たしかにあなたは自分の支出に関してある程度の調整を行なわなければならないかもしれない。だが、そうした調整はあなたの幸福にはほとんど影響を与えない可能性が高いだろう。あなたはもう、新しい服や新しい車や家の改装をするためのお金がないと周りの人々に思われないかと心配して、見かけをとりつくろうためにお金を使う必要はない。今やあなたには、自分の考えではまったく快適で用の足りているものを使い続けるよい理由があるからだ。あなたにはもっとよいお金の使い途があるのだ。またあなたは、今までよりも幸福になることだって考えられる。なぜなら、世界で最も貧しい人々を助けるという集団的な努力の一端を担うことにより、あなたは自分の人生により大きな意味や達成感を見いだすことができるからだ。すでに見たように、ベアー・スターンズ社の社員は、寄付をすることに満足感を覚えていた。また五〇パーセント同盟のメンバーの多くは、裕福とはとても言えない人々も含めて、寄付をすることで人生に意味と目的がもたらされたと感じていた。寄付をすれば、あなたにも同じことが起きるかもしれない。

つい先ごろ、私が講演した大学の学長との晩餐会に出席したとき、私の隣にはその大学の資金調達担当者であるキャロル・コーラーが座っていた。私たちは寄付について話し始め、寄付が人々の人生に意味を与える役割を持つことについて話した。すると彼女は次のような話を私にしてくれた。


私がある医療財団の取締役に着任してまもなく、理事の一人が私に会うべき人がいると言いました。この理事によれば、その人物は無愛想で頼まれてもめったに寄付をしないとのことでした。私はこの人物に急いで会う必要はありませんでしたが、この医療機関では低所得の女性や子どものための診療所をつくる計画があり、彼は医療機関側がこの診療所を設けたいと思っている土地の所有者でした。私に期待されていたことは、彼にその土地を寄付してもらうことでした。

私は彼に電話を入れ、自己紹介をして、彼が所有する土地について相談したいことがあると伝えました。彼は話をするのは結構だが、この時点では何の約束もしないと答えました。彼は私のオフィスで話をしたいと述べました。

彼がオフィスにやってきました。彼は大柄で、仕事熱心であり、明らかに他人に命令することに慣れている人物でした。私のオフィスは小さかったため、私たちは膝をつき合わせて座りました。私は彼に診療所を建てる計画を説明しました。この課題を達成する方法を考えるために、私は彼に助力を求めました。驚いたことに、彼の目には涙が浮かんできました。彼が言うには、誰もが知っているように彼は仕事で試みた課題は何でも達成できましたが、本当に価値のあることをしたいと常々思っていたのです。彼は今日まで自分を手助けしてくれる人を見つける術を知らず、そうした人に出会えていなかったのだと言いました。

彼の説明では、五〇〇〇ドルや一万ドル程度の寄付を求められることは、彼にとっては侮辱でした。彼はこうした人々を追い返し、ここから出て行けとしばしば罵声を浴びせました。彼はその日私のオフィスを立ち去る前に、五〇万ドルの寄付を約束しました。

私は彼にお金を求めることは一切ありませんでした。私は彼の助力を求めただけでした。この男性は何年もの間、彼が長年したいと思っていた寄付を行なう機会を誰かが与えてくれるのを待っていたのです。彼が亡くなるまでの間に、彼はさらに一四〇〇万ドルを地域に寄付する喜びを味わうことができました。彼が資金を提供した別のプロジェクトの除幕式で、彼は数百人の人々の前で再び涙を見せ、「みなさんの中に私の人生を変えた女性がいます」と言いました。

何千年もの間、善行をすれば達成感が得られると賢人たちは説いてきた。ブッダは彼の信者にこう助言した。「善行を行なうことに心を砕きなさい。善行を何度も行なうのです。そうすればあなたの心は喜びで満たされるでしょう」。ソクラテスとプラトンは、正義に適った人は幸福であると説いた。[19] エピクロスも同様である。（今日、私たちは「エピクロス主義者」という言葉を、おいしい食事やお酒に喜びを見いだす人と結びつけて考える。だが、自分の名前がこのような生き方を指すために用いられることになった哲学者は、次のように書いている。「思慮深く美しく正しく生きることなしには快く生きることはできない」[20]〔『エピクロス――教説と手紙』岩波文庫、七六頁〕。）

古代人の知恵は現在でも有効である。アメリカの三万世帯を対象にした調査によれば、慈善団体に寄付する人々は、寄付を行なわない人々に比べて、自分の人生について「とても幸せ」と答えた人が四三パーセント多かった。また、慈善団体のためにボランティアをしている人とそうでない人を比較した場合でも、非常に似た結果が得られた。別の研究では、寄付を行なう人々は「絶望感」を感じる割合が六八パーセント低く、「あまりに悲しく、何をしても元気が出ない」と感じると述べた人の割合も三四パーセント低かった。[21]

ボランティア活動や献血に関して幅広い経験があるアメリカ赤十字社も、同様の見解を持っている。アメリカ赤十字社は、人々がボランティア活動に参加するよう、次のように呼びかけている。「他人を助けることで気分がよくなり、またあなたが自分に満足感を覚えるのに役立ちます」。心理学者のジェーン・ピラビンは、この主張の正しさを実験によって調べ、献血はボランティア活動一般と同様に、人々に満足感を与えることを明らかにした。このような結果は、高齢者において特に顕著である。事実、ボランティア活動は高齢者の健康を改善させ、彼らが長生きするのに役立つほどだ。他方、援助を受けることは、それほど有益な影響をもたらさない。心理学者で

『しあわせ仮説』の著者であるジョナサン・ハイトが述べているように、「受け取るよりも与える方が幸いだというのは、少なくとも高齢者にとっては本当のことなのだ[22]」。寄付をすることが幸福に結びついていることは明らかであるが、アンケート調査では因果関係を示すことができない。そこで、研究者たちは人々が善い行ないをしたときに彼らの脳内で何が起きているかを調べた。経済学者のウィリアム・ハーボーとダニエル・バーガート、および心理学者のウルリッヒ・メイヤーが行なった研究では、一九名の女子学生それぞれに対して一〇〇ドルを与えた。脳のさまざまな部位の活動を示すMRI装置の中に入った学生たちに対して、そのお金の一部を貧しい人々のための地域の食料援助団体に寄付するかどうかという質問がなされた。実験によって観察される結果が、寄付することにのみ由来し、例えば自分が他人に気前のよい人だと思われるだろうという考えなどには由来しないことを保証するために、学生たちには、実験者も含めて誰もどの学生が寄付したかについてはわからないと伝えてあった。その結果、学生たちが寄付をした場合には、脳内の「報酬中枢」――尾状核、側坐核、島皮質――が活性化したことがわかった。これらは甘い物を食べたりお金をもらったりした場合に反応する脳の部分である。しばしば利他的な人々は他人を助けることから得られる「心のぬくもり」について話すことがある。今日私たちは、それが脳の中で起きているのを見てとるのだ[23]。

＊＊＊

私たちの多くは、自分と他人との間にせよ、自分自身の心の中においてにせよ、不和よりも調和の状態を好む。自分の実際の生き方と、自分がこう生きるべきだと思っている仕方との間に甚だしい不一致があると、そのような内的な調和は乱される。あなたの理性は、あなたが世界の最も貧しい人々を助けるために何か実質的なことをすべきだと指示するかもしれない。しかし、あなたの感情は、この見解に従った行動をするようあなたの心を動かさないかもしれない。もしあなたがこれまで本書でなされてきた道徳的議論によって説得されてはいるものの、それに従った行動をする動機を十分に持たないのだとしたら、私は次のことを勧めたい。すなわち、十分に倫理的な人生を送るためにはどれだけ多くのことをする必要があるのかと思い悩むのではなく、これまでしてきたよりもずっと多くのことを何かやってみることである。そうすることによってどんな気持ちになったかを確認してほしい。すると、あなたが自分で想像していたよりもはるかに報われた気持ちになることがわかるだろう。

　幸運なことに私はヘンリー・スピラと知り合いだった。彼は、虐げられた人々、貧しい人々、抑圧された者のために一生を費やした活動家である。彼はそれほど裕福ではなかったため、彼が行なった慈善行為は、自分の時間とエネルギーと知性を社会の変革に費やすことだった。一九五〇年代、彼はアメリカ南部の市民権運動に参加した。商船の船員として世界中を航海しながら、彼は腐敗した組合幹部と争う反主流派の組合組織のために活動した。一九六〇年代、彼はニューヨーク市内で最も荒れた公立高校で教鞭を執った。一九七〇年代には、彼は動物の権利の極めて有能な唱道者となった。彼が達成した多くの事柄の一つに、動物を用いた製品テストに代わる手段を見つけるよう化粧品会社を説得したことがある[24]。彼は七〇歳前後でガンになり、もはや長く生きられないことがわかった。その当時、私は彼と多くの時間を過ごした。ある会話の中で私は、彼が他人のために一生を費やした背後にはどのような動機があったのかと尋ねた。彼は次のように答えた。

考えてみるに、誰であろうと基本的には、自分の人生が単に商品を消費してゴミを出す以上のものだったと思いたいものです。誰だって、人生を振り返って、皆が住みやすい世界を作るためにできる限りのことをやったと言いたいものです。こんな風に考えてみたらよいでしょう。何であれ自分にできる限りのことをして、苦痛や苦しみを減らすこと――これ以上に強力な動機があるでしょうか。

あとがき

本書が出版されてから、非常に大きな出来事が二つあった。その一つについては大きく報道されたが、もう一つはほとんど報道されなかった。

二〇一〇年一月にハイチを襲った巨大な地震によって、二〇万人以上の死者が出た――一部の推計では、死者は三〇万人に達するかもしれないとのことだった。さらに、何百万もの家屋が破壊された。数日の間テレビのニュースでは、呆然としていたり悲しみにくれていたりする生存者の姿や、崩壊した建物のがれきの中から人々を救出する救助隊員の姿がひっきりなしに報道されていたため、人々の間に大きな共感の波が生み出された。援助活動のために集まった寄付の額は約五億ドルであった。これは二〇〇四年にアジアで起きた津波災害や、ハリケーン・カトリーナがニュー・オーリンズを襲った時ほどの額ではないにせよ、貧しい国で起きた災害に対するものとしては非常に大きな額である。とりわけグローバル経済が、二〇〇七年に起きた金融危機から弱含みの回復をしている頃であったことを考えれば、たいしたものだと言えるだろう。アメリカでは三〇〇万人以上の人々が、ある電話番号に「ハイチ」とテキスト・メッセージを送ることによって、それぞれ一〇ドルの寄付を行なった。億万長者のゴルフ選手であるタイガー・ウッズは、報道によれば三〇〇万ドルを寄付した。ルワンダでは、ひと月の収入が二〇〇ドルに満たない保健師たちの一団が、ハイチのために七〇〇〇ドルを寄付した。

多くの人々は災害に対するこのような反応を、困っている人々に対して世界が共感できるということを示すよい兆候だと捉えた。たしかにその通りなのだが、とはいえ、これは非常に控えめな水準の共感の兆候でしかない。三〇〇万人というのはアメリカの人口のわずか一パーセントにすぎないし、一〇ドルというのは映画のチケットの額にも満たない。ルワンダの保健師たちがしたことの方がはるかに特筆すべきことだと言える。

二〇〇九年九月にユニセフが行なった次の発表については、報道がはるかに少なかった。ユニセフによれば、貧困に関連した原因で亡くなる子どもの数は継続的に減少している。本書で述べたように、一九六〇年にはその数は二〇〇〇万人と推計されていた。二〇〇七年までにその数は一〇〇〇万人を下回るようになった。一九六〇年の世界人口がわずか二五億人であるのに対し、二〇〇七年には世界人口が六五億人まで増加したことを考え合わせると、これは驚くほどすばらしい結果である。現在、入手可能な最も新しい推計によると、五歳になる前に貧困が原因で亡くなる子どもの年間の人数は八八〇万人である。そこで、毎日二万七〇〇〇人の子どもが死んでいるという本書で私が用いた人数は、二万四〇〇〇人に修正されるべきである。一日三〇〇〇人の人命が救われているということは、一〇〇日間にすると、ハイチの大震災で亡くなったのと同じ数の人命が救われるということである。二万四〇〇〇人の命が失われているという点に注目するなら、もちろん私たちは、それほどの数の子どもたちが回避可能な理由から死んでいるという悲劇的な事態に失望感を覚えるだろう。しかし仮に、過去たった二年の間に生じた進歩について考えるならば、私たちはユニセフのデータを喜びをもって受け入れてもよいかもしれない。

現実の人々ではなく統計に基づくようなニュースはあまりメディアの注目を集めることがないため、対外援助は役に立たないという神話は今日でも生き延びている。本書は今日ではオーストラリアやスウェーデン、また韓国やブラジルなど一〇カ国以上の国々で出版されている。また私は本書についてインタビューを受けたり、世界中で講演をしたりした。それでもなお、私の議論に対して最もよくある反応は、たとえ私たちが貧しい人々に対して寄付をしたとしても、寄付の大半はそれを必要とする人々に届かないため、私たちに寄付をする義務はないというものである。ユニセフのデータに対する注目度が低いため、状況は改善しており、また援助――とりわけ子どもの健康の向上に当てられた援助――がそのような改善に大きく寄与していることを人々に知らせるのが難しいのだ。

皮肉なことに、非常に多くの人が援助の効果を疑っているにもかかわらず、貧困下で暮らす子どもたちの人命を救うための援助は、緊急支援よりも費用対効果がよりよい傾向にある。自然災害後の緊急支援は間違いなく必要なものであるが、大規模な自然災害後に生じる混乱状態においては、どのくらいの援助が必要か、援助が必要な人々にどのような手段で物資を届けるか、誰が援助活動の調整役になるかなどがしばしば不明瞭である。より長期的な援助、例えば自然災害に対してよりしっかりとした防災措置（地震の起きやすい地域では、地震に耐えることのできる水準で建物を建て直すことなど）を確実にするための援助の方が、災害後に被災者を助けるためにお金を注ぎ込むよりも、私たちの資源をはるかに効果的に用いることになるだろう。

毎年貧困が原因で亡くなる八八〇万人の子どもたちは、世界中の村や都市部のスラム街などに散らばって暮らしており、テレビカメラが彼らに向けられることもない。もっと難しいのは、援助資金によって運営されるプログラムがあったおかげで死ななかった子どもたちに関心を向けることである。彼らは、はしかの予防接種の実施や、衛生的な生活環境および安全な飲み水の提供や、マラリア予防の蚊帳の配布や、子どもの下痢の治療法を親に教える農村部の診療所の設立といったプログラムがなければ死んでいたであろう子どもたちなのだ。

想像してみてほしい。一〇〇万人の子どもたちが洪水に襲われている。彼らは高台に避難しているが、水位が上がってきており彼らがいる場所は水没しようとしている。早く助けなければ子どもたちが死んでしまうことが私たちにはわかっている。すべての報道機関が援助活動の進展をトップニュースとして報じ、子どもたちの頭上ではテレビの取材班を乗せたヘリコプターが旋回し、テレビ局は子どもたちの様子を二四時間報道することだろう。政府の指導者たちは子どもたちを助けることを誓い、私たちは子どもたちの危険が去ったとわかるまでは気前よく寄付をするだろう。ところが現実においては、貧しい国々において下痢やはしかやマラリアで子どもたちが亡くなることは、私たちが住む世界の背景の一部と化している。仮に私たちが子どもたちの死について知っていたとしても、そういったことは私たちから決して去ることのない問題だと思いがちである。しかしその考えは正しくない。過去二年間の間に私たちは一〇〇万人の子どもの命を助けた。今後私たち皆がずっと多く寄付すれば、私たちは八八〇万人の子どもたち全員を助けることだってできるのだ。

＊＊＊

私はよく、本書に対する反応に満足していますかと尋ねられることがある。しかし、世界中に住む裕福な人々が極度の貧困状態にある人々に対して行なう援助が今日でも非常に控えめな水準にとどまっているというのに、どうして満足することができるだろうか。

本書を書いた目的は、新聞の書評欄で高い評価を得ることではなく、本書をたくさん売ることでさえもなかった。本書を書いた目的は、私たちの生き方に変化をもたらすことであり、そのことは今でも変わらない。本書を読んだり、本書の内容を聞いたりして何か積極的なことをした人々からの反応は、いつもとても喜ばしい。嬉しいことに多くの人が、書評や新聞記事やEメールを通じて、また私の講演後に私のところにやってきて、本書を読んで自分が寄付する額が変わったということを伝えてくれた。そしてこれまでに数千人の人々が www.thelifeyoucansave.com を訪れ、本書の最終章で述べた基準に従って寄付をするという誓いを立てており、また現在も新たに誓いを立てる人々が大勢いる。

上記のウェブサイトでは、誓いを立てた人々による数々のコメントや彼らの写真を見ることができる。以下の例はそのほんの一部である。

今や私の人生には目的があり、それはポルシェや〔カクテルの〕マルガリータや液晶テレビよりもずっと重要なものです。寄付をしないことは、私にとっては恥ずかしいことです。——イエブジェニス・ワインバーグ

私の年収はたったの一万九三〇〇ポンドほどにすぎませんが、現在そのうちの約五パーセントを慈善目的で寄付しています。これは本書を読んだ結果です。——ピーター・ボンド

私も誓いを立てることにしました。そうすることで、極度の貧困状態にある人々を助ける方法についての共通理解を確立する手伝いをしたかったからです。——キャスリン・スミス

私は大学一年生のときにシンガー氏の本を読みました。それによって私が抱いていた感情が明確になり、人生の方向性が変わりました。——ダグ・ビショップ（彼はガーナで小学校の先生をしている自分の姿を写した写真を送ってくれた）

本書の倫理的議論は、抗いがたいほどの説得力があった。——ナンシー・コシンスキー

私たちはシンガー氏の本を読んで誓いを立てることにしました。そうしない論理的な理由が見当たらなかったからです。——チャールズ・ギランダース、アナ・ヴィサー

このウェブサイトを作成してくれてありがとう。私が抱えている問題が世界全体から見ればいかに些細なことであるかを思い出し、また私がいかに幸運であるかを思い出すのに役立っています。——アマンダ・キャッチング

私にとって、〔寄付をすることは〕貧困関連の苦しみを根絶することに向けた「無神論者の一〇分の一税」です。——エロール・トレスラン（彼はまた、カナダの国会議員一人ひとりに本書を贈呈した）

私は家計的にはほとんど余裕がありません。けれども、私のような人でも人の命を救うことがどれほど簡単であるかがわかったため、私に可能な限りの寄付をすることについて迷うことはありません。——カサンドラ・イングルズ

これらのコメントや、ここに引用しきれないほど数多くのコメントは、人間が倫理的な議論に反応して行動できることを示す心温まる証拠である。中でも私がとりわけ気に入っているコメントが二つある。一つは『フィナンシャル・タイムズ』紙の編集長であるヒュー・カーネギーによ

るものだ。彼ぐらいの人であれば、世界の貧困についてすでに知るべきことをすべて知っているものと思われるかもしれない。しかし彼は『フィナンシャル・タイムズ』紙に載せた書評で、本書の最終章にある寄付のスライディング・スケールに関する議論を説明した後、次のように締めくくっている。

この議論を目の当たりにすると、自分はきちんと寄付をしているだろうかと自問せざるをえない。もちろん私はこれからも自分が本当のところは必要としていない物を買い続けることだろう。だが本書によって私が、恵まれない人々を助けるために現在よりも多く――かなり多く――寄付すべきだということに納得したことも事実である。

私が特に気に入っているもう一つのコメントは、本書の第1章に出てくる話に関わるものである。第1章で私は、一人の子どもが浅い池で溺れていて、その子を助けようとすると自分の新しい靴がだめになってしまうが、それでもあなたは子どもを助けるだろうかという問いを読者に投げかけた。クリスタ・ロジャーズという女性は、自分と家族の写真を上記のウェブサイトに送ってくれた。その写真では彼女はおしゃれな靴をはいている。彼女は次のようにコメントを記している。

私が誓いを立てたのは、靴を犠牲にして子どもを助けるという最初の話が、実感を持ってよくわかったからです。つい最近まで私は、毎月新しいブランド物の靴を一足送ってくれるサービスの会員でしたが、貧困削減や困った人を助けるために寄付することはまったくありませんでした。私はこのサービスを解約し、今ではそのお金を貧しい人たちのために寄付しています。

あなたも www.thelifeyoucansave.com を訪れ、自分の所得に応じた基準で寄付をする誓いを立てることで、ヒュー・カーネギーやクリスタ・ロジャーズや何十カ国もの国々に住む他の数千の人々に加わることができる。本書をまわりの人々に貸して読んでもらい、本書の扉にある誓約のページにサインをして誓いを立てるよう勧めてほしい。もしページが署名で一杯になったら、上記のウェブサイトから同じものを印刷して、本書と一緒に人に渡すことができる。あなた一人が誓いを立てることで、一人の子ども、一つの家族、さらには一つの村に大きな違いをもたらすことができる。しかし、もし世界を変えたいならば、本書のメッセージは広く伝えられなければならない。誓いを立てた人の数が一定の勢力となり、豊かな国々に住む人々の態度を変え、倫理的に生きるためには極度の貧困状態にある人々を助けることが不可欠な要素であると私たちが考えるようになるまで。

二〇一〇年六月

ピーター・シンガー

謝辞

本書を書くきっかけになったのは、オックスフォード大学で二〇〇七年度の上廣レクチャーを行なうよう、ジュリアン・サバレスキュ教授から依頼を受けたことだった。毎年行なわれるこの連続講義は、学術的に高い水準を保ちながらも一般市民にわかる仕方で現代の主要な問題がどのように論じられうるかを示すことが意図されている。この講義は上廣榮治氏が代表を務める上廣倫理財団の寄付により運営され、オックスフォード上廣プラクティカルエシックスセンターが主催している。二〇〇七年度の上廣レクチャーで講義ができたことは光栄なことであり、上廣倫理財団の支援に大いに感謝したい。

また別の依頼もあった。『ニューヨーク・タイムズ日曜版』の編集者であるイリーナ・シルバーマンは、私の考えをより多くの人に届く仕方で述べるように勧めてくれた。私の著作権代理人であるキャシー・ロビンズの助けで適切な出版社〔ランダムハウス社〕を見つけることができた。

編集者のティム・バートレットは、この上なく優秀だった。彼は多大な時間と労力をかけて、私が彼に渡した原稿よりももっと効果的に私の考えを伝える方法があることを、繰り返し私に示してくれた。彼のアシスタントであるリンジー・シュウォーリは常に協力的で、ランダムハウス社の人々の支援と応援はすばらしかった。

上廣レクチャーに加えて、私は本書に関連する研究をプリンストン大学のセンター・フォー・ヒューマン・バリューズの私の同僚や二〇〇七〜〇八年の客員フェローの前で発表した。また、比較的最近のものに限って言えば、以下の大学で発表をした。スクリップス大学、カリフォルニア大学ロサンゼルス校、パシフィック・ルーテル大学、キニピアック大学、デニソン大学、チューリッヒ大学倫理研究所、フィラデルフィアのアメリカ哲学会、メルボルン大学、モナシュ大学、私が韓国で行なったダサン・レクチャーの一部として、またストックホルム大学で私が行なった二〇〇八年度のヴェドベリ・レクチャーとして。

私は特に以下に記す人々に謝意を表したい。私は彼らから価値あるコメントや情報を得た。マリカ・アルワリア、クワメ・アンソニー・アッピア、スティーブ・バーニー、リン・ベンダー、タイラー・コーウェン、レイチェル・クロソン、パム・ディロレンゾ、クリス・エリンジャーとアン・エリンジャー、エリック・グレゴリー、ジョナサン・ハイト、エリー・ハッセンフェルド、ジェームズ・ホン、デール・ジャミーソン、スタンリー・カッツ、ホールデン・カーノフスキー、マグダ・キング、キャロル・コーラー、ゼル・クラヴィンスキー、カタジーナ・ディ・ラザリ＝ラデック、デイビッド・モラウェッツ、クリス・オリヴォーラ、ジュン・スン・パク、ミユン・

パク、トビー・オード、レベッカ・ラトナー、ロバート・リーク、ジェフ・ラッセル、アガタ・セーガン、プラナイ・サンクレチャ、エルダー・シャフィア、ジェン・シャン、イズラエル・シエンカー、レナータ・シンガー、ポール・スロヴィック、ルイーズ・ストーリー、ジョン・ウォーニック、レイフ・ヴィーナー。さらにまた、ヴェドベリ・レクチャーでコメンテーターを務めてくれたトルビオルン・テンショー、フォーク・タースマン、エヴァ・アスプルント、グスタフ・アレニウス。加えて、本文中で述べられていたように、私は長年にわたって多くの講義において本書で扱われている問題を論じてきたが、それらの講義を受講した学生たちの意見からも多くを学んだ。

スウィンバーン大学にある慈善・社会投資アジア太平洋センターのマイケル・リフマンは、慈善行為に固有の倫理的諸問題について考えるよう私に勧めてくれた。彼はまた、このトピックに関するプリンストン大学での会議を共催してくれた。コロンビア大学では、アキール・ビルグラミの招待により、ジョセフ・スティグリッツとビル・イースタリーと一緒に対外援助の有効性についての刺激的な議論を行なうことができた。また、『フォーリン・ポリシー』誌のモイセス・ナイムにより、メキシコのモンテレーにおいて、マーティン・ウルフと活発な議論を行なうことができた。オックスファム・アメリカのフィリップ・ワイザーとポール・オブライエンは、私の問い合わせに親切に答えてくれた。また〔コロンビアの〕ボゴタにあるオックスファムの事務所に勤めるアイダ・ペスケーラは、私がコロンビアにおけるオックスファムのプロジェクトを見学する際に同行してくれた。オックスファム・オーストラリアは、彼らがインドのプネで支援を行なっているくず拾いの女性たちを私が訪問するのを手伝ってくれた。またこの調査旅行に関しては、セレンディピティ・プロダクション社のマーギー・ブライアントが、私の仕事に関するドキュメンタリー番組制作の一環として資金を提供してくれた。ハワード・ガードナーは私にスコット・セイダーを紹介してくれた。セイダーは、当時未公刊の彼の研究を私が広く利用することを許してくれた。ブレント・ハワードは、広範かつ明敏な研究支援を行なってくれた。またジェシカ・ルーカスは、第10章で示した計算を手伝ってくれた。プリンストン大学では、キム・ガーマンがいつもさまざまな仕方で支援を行なってくれた。

とはいえ何と言っても、貧しい人々に対して私たちが負っている義務についての私の考えは、私の妻であるレナータと一緒に物事を決めてきたことの産物である。私たちが過去四〇年間一緒に過ごしてこなければ、私がこうした問題についてどう考え、どう行動しているかはわからないほどである。

訳者解説

児玉　聡

これまでに一度でも思ったことはないだろうか。世界の一部の国々では飢えや病に苦しむ人がいるのに、自分はその苦しみを減らすためにとくに何もせず、おいしいものを食べたり好きなものにお金を使ったりしている。これで本当によいのだろうか、と。一部の人はこのような思いに駆られて、寄付を始めたり、あるいは海外援助活動に関わる仕事に就いたりすることだろう。しかし、ほとんどの人は、そのような考えに少し後ろめたい気持ちを感じながらも、政府や国際機関がやるべきことをやっているはずだからこれ以上自分にできることはないと考え、心の平安を取り戻すことだろう。

本書の著者であるピーター・シンガーは、一九七〇年代初めにこれと同じような疑問を持ち、妻のレナータと相談の上、毎年所得の一〇%を対外援助のために寄付することに決めた(1)。まだ彼が大学院生としてオックスフォード大学で哲学を学んでいるときのことである。そして彼は自分で寄付をすることにしただけでなく、他の人にも寄付をするよう説得しようとして、一九七二年に有名な論文「飢饉、豊かさ、道徳」を発表した。(2) その論文で彼が論じたのは、先進国に住む豊かな人々——つまり、本書を手にすることのできるような人々——には、所得の一部を飢餓救済のために寄付する倫理的義務があるということだ。多くの人にとってこれは、これまでの生き方を変える必要があることを意味する。たとえば、ペットボトルの水を買ったり、ぜいたく品を買ったりするためのお金の一部を、寄付に回すことが求められる。

この主張を聞いた読者は——とくに先に解説から読む読者は——、こう思うかもしれない。我々には所得の一部を寄付する「倫理的義務」などない。我々は、他人に迷惑をかけなければ（また、憲法で規定されている納税や勤労の義務を果たしていれば）、自分の所得をどのように使おうと、自分の勝手ではないか、と。そう思う読者は、本書を閉じる前に、第3章を読んでみてほしい。そこでは、シンガーの主張を聞いた高校生たちの疑問と、それに対するシンガーの答えが述べられており、まさにこのような疑問が検討されている。(3)

我々には世界中の極度の貧困に苦しむ人々を援助する倫理的義務があるとする本書の主張は、一見して常識外れであり、耳を貸す気にもならないかもしれない。だが、我々は自分に不都合な主張に対しては、全力でそれを否定しようとし、反対に自分に有利な主張はあまり詮索することなく真実と受け入れる傾向があることに気を付けるべきであろう。良薬は口に苦しという諺があるように、苦さや甘さだけでその薬のよしあしを即断せず、シンガーの主張にぜひ耳を傾けてほしいと思う。

本書は上記の論文の主張を一般向けにわかりやすく述べ直したものである。彼が上記の論文を公表して本書を書くまでに、四〇年近くの歳月が経っている。その間、彼は大学の講義や一般向けの講演などでこのテーマを論じ続けてきた。本書はそうしたシンガーの経験を反映して書かれており、読者が普通に思いつくような反論にはすべて回答が用意されている。また、序文やシンガーのあとがきを見てもわかるように、世界中の多くの人々が実際にシンガーに説得され、寄付を行なうようになっている。そのような背景があることを踏まえて、本書の主張をよく考えてみてもらいたい。

シンガーの上記の論文は今日に至るまで大きな影響力を持ち、いわゆるグローバルジャスティス（世界正義）に関する古典の一つとなっている。飢餓救済の他に動物権利論でも実践的に大きな影響を持ったシンガーは、二〇〇五年の『タイム』誌で、世界で最も影響力のある一〇〇名の一人に数えられている。

＊＊＊

本書は四部構成になっている。第I部では、池で溺れている子どもを助けるという有名な例から始まり、なぜ先進国に住む我々には極度の貧困に苦しむ他国の人々を助ける義務があるのかについて基本的な議論が示されている。第1章では、一日一・二五ドル以下で暮らす人々の生活がどのようなものか、また先進国に住む人々がどのぐらい豊かな生活をしているかについて述べられている。第2章では、シンガーの言う援助義務が定式化され、また東洋や西洋の伝統的思想においてもこのような考え方が支持されていることが例証されている。第3章では、シンガーの主張を読んだ高校生に対する返答という形で、よくある批判や誤解について検討されている。

第Ⅱ部では、近年の認知心理学の研究に基づき、なぜ我々は寄付することが望ましいと頭ではわかっていても実際にはそうしないのか（第4章）、またどうすれば寄付の文化を作り出すことができるのか（第5章）について論じている。認知心理学の手法を用いた道徳心理学や行動経済学といった領域は近年大きな進展を見せている分野であり、寄付行動に関する人間心理を理解するにはこれらの知見を有効に使う必要があるとシンガーは考えている。

第Ⅲ部では、今日の対外援助の実際についてわかりやすく、また説得力のある形で説明されている。この領域も近年大きな進展を見せているものであり、「効果的な利他主義（effective altruism）」や「効果的な寄付（effective giving）」、あるいはアイルランド出身の世界的に人気のあるロックバンドであるU2のボノが用いている「事実に基づく直接行動（factivism）」[4]といったスローガンで、エビデンスに基づいた援助活動の重要性が強調されるようになっている。第6章では、極度の貧困に苦しむ一人の命を救うのに実際のところいくらかかるのか、またどの援助団体に寄付するのが一番有効と考えられるのかについて論じられている。第7章では、対外援助は貧困問題の解決に役立っていないという批判が退けられ、経済学者のジェフリー・サックスなどによる、費用対効果を重視した近年の対外援助について紹介されている。

第Ⅳ部では、これまでの議論を受けて、それでは実際のところ我々はいくら寄付すればよいのかという疑問について答える内容となっている。第8章では、自分の子どもと他人の子どものどちらが大切かという話を通して、身近な者に対する義務と遠くに住む貧困に苦しむ人々を助ける義務の衝突について深く考えさせる内容となっている。第9章では、他の人がほとんど寄付していないかまったく寄付していないとわかっている場合でも自分は寄付すべきなのかという疑問に対して、寄付の基準に対する他の理論を検討する形で応答している。最後の第10章では、現実的な寄付の基準として、各人の所得に応じた寄付の基準を提案し、世界の貧困をなくすために我々一人ひとりにできる行動を提言している。なお、ペーパーバック版で追加されたあとがきでは、本書が出版された後の人々の反響についても述べられており、興味深いので本書でも訳出することにした。

＊＊＊

本書では主にアメリカ人の寄付行動について述べられていたが、日本人はどのぐらい寄付しているのだろうか。本書第3章に出てきたアメリカの『Giving USA』の日本版である『寄付白書2013』によれば、二〇一二年の日本の個人寄付総額は推計で六九三一億円であり、一五歳以上人口の四六・七％が寄付を行なったとされる。(5) 一人平均では一万五四五七円である。寄付先は宗教関連（二二八七億円）が三分の一近くを占め、国際協力（六六五億円）は一割程度である。また、これとは別に、自治会や町内会などの会費も別に推計があり、二〇一二年の会費総額推計三二二七億円のうち、四・四％の一四一億円が国際協力に用いられている。(6) この両者を合わせると国際協力のための個人寄付は八〇六億円となり、二〇一二年の国民総所得六兆一〇五七億九八八〇〇万円に占める割合は〇・〇一三%になる。本書の「日本語版への序文」および第3章を読んで他国の実績と比較してみてもらいたい。

本書を読んで対外援助のために寄付をする気になった人は、どの援助団体に寄付すべきだろうか。英語が得意な方は、シンガーが本書第6章で紹介しているギブ・ウェルあるいはThe Life You Can Saveのウェブサイトに行き、効果的な援助団体と評価されているところに寄付するのがよいだろう。残念ながら、国内にはギブ・ウェルのように援助団体の評価を行なっている組織はまだないようである。「海外援助団体」などのキーワードでウェブ検索をすると主要な援助団体の名前がわかるので、それぞれの団体のウェブサイトなどに掲載されている収支報告や活動報告を参考にして寄付するのがよいだろう。

注

（1）次の自伝より。Peter Singer, 'An Intellectual Autobiography,' in Jeffrey Schaler (ed.), *Peter Singer Under Fire: The Moral Iconoclast Faces His Critics*, Open Court, 2009.

（2）Peter Singer, 'Famine, Affluence, and Morality,' *Philosophy and Public Affairs*, vol. 1, no. 1 (Spring 1972), pp. 229–243.

（3）あるいは、TED（TEDはアメリカの非営利団体。TEDコンファランスと呼ばれる著名な人々による講演は、日本ではEテレが「スーパープレゼンテーション」としてその一部を放映している）のウェブサイトに行けば、二〇分弱でシンガーの主張の概要が理解できる。この講演は日本語の字幕を付けて見ることができる。https://www.ted.com/talks/peter_singer_the_why_and_how_of_effective_altruism.

（4）ボノの主張についてはたとえばＴＥＤの講演を見るのがよい。この講演も日本語の字幕を付けて見ることができる。https://www.ted.com/talks/bono_the_good_news_on_poverty_yes_there_s_good_news.

（5）日本ファンドレイジング協会編『寄付白書2013』、日本ファンドレイジング協会、二〇一三年。

（6）『寄付白書2013』Ⅸ頁、および四三頁以降。

＊＊＊

最後に本書の翻訳の成立について述べる。今回の翻訳は児玉と石川の共訳であるが、通常のようにそれぞれ別の章を翻訳してあとで相互チェックするという仕方ではなく、最初から最後まで一緒に翻訳した。それにより訳文の統一性を保つことができたのではないかと思う。また、本書がもともと学術書というよりは一般読者に向けて書かれたものであることを考慮して、文章はなるべく平易にした。やや難解な文章については厳密な逐語訳を避けたところもある。

一通り完成した訳文は、京都大学文学部の倫理学専修の学生（境達樹、久本雅人、松本悠暉、康村博宣、二〇一三年当時）がチェックしてくれた他、大前景子氏にも全編に渡って詳細なコメントをいただいた。久本雅人君には注および索引作りにも協力してもらった。訳者を代表して謝意を表したい。また、本書の翻訳を出版することを快く引き受けてくれ、最後まで温かい支援をして下さった勁草書房の土井美智子氏、および長谷川佳子氏に深く感謝する。

なお、個人的な事情になるが、二〇一一年の春から始めた翻訳の完成が大幅に遅れたのは、娘の誕生・育児と児玉および石川の大学の異動によるところが大きい。本書第8章の議論を読むと、翻訳に使うべき時間を自分の娘のために使いすぎてしまったのではないかと反省するところもあるが、その分娘が成長してから社会的に価値のある仕事をしてくれることを期待している。

二〇一四年四月三〇日

訳者を代表して　児玉　聡

原著者略歴

ピーター・シンガー（Peter Singer）

1946年生まれ。1971年オックスフォード大学哲学士号（B.Phil.）取得。プリンストン大学生命倫理学教授、メルボルン大学応用哲学・公共倫理学研究所教授。

主著：*Animal Liberation*（1975：邦訳『動物の解放』（改訂版）、人文書院、2011年）、*Practical Ethics*（1979：邦訳『実践の倫理』（第二版）、昭和堂、1999年）、*One World*（2002：邦訳『グローバリゼーションの倫理学』昭和堂、2005年）他。

訳者略歴

児玉　聡（こだま　さとし）

1974年生まれ。2002年、京都大学大学院文学研究科博士課程研究指導認定退学、博士（文学、2006年）。京都大学大学院文学研究科准教授。著書に『功利と直観』（勁草書房）、『功利主義入門』（ちくま新書）他。

石川涼子（いしかわ　りょうこ）

1976年生まれ。2009年、早稲田大学大学院政治学研究科博士課程後期課程修了、博士（政治学）。立命館大学国際教育推進機構准教授。著書に『公共性の政治理論』（共著、ナカニシヤ出版）、『現代政治理論』（共著、おうふう）他。

索　引

か 行

た　行

な 行

は 行

わ　行

アルファベット

注

序

(1) Cara Buckley, "Man Is Rescued by Stranger on Subway Tracks," *The New York Times*, January 3, 2007.

(2) Donald McNeil, "Child Mortality at Record Low: Further Drop Seen," *The New York Times*, September 13, 2007.

(3) Kristi Heim, "Bulk of Buffett's Fortune Goes to Gates Foundation," *The Seattle Times*, June 26, 2006.

第1章　子どもを救う

(1) BBC News, September 21, 2007, http://news.bbc.co.uk/2/hi/uk_news/england/manchester/7006412.stm.

(2) Deepa Narayan with Raj Patel, Kai Schafft, Anne Rademacher, and Sarah Koch-Schulte. *Voices of the Poor: Can Anyone Hear Us?* Published for the World Bank by Oxford University Press (New York, 2000), p. 36.

(3) これは，注2で挙げた文献の28頁に引用されている貧しい人々の発言をまとめたものである．

(4) World Bank Press Release, "New Data Show 1.4 Billion Live on Less Than US$1.25 a Day, But Progress Against Poverty Remains Strong," August 26, 2008, http://go.worldbank.org/T0TEVOV4E0. この推計は2005年の物価データに基づくものであり，2008年の食料価格の上昇を反映していない．この2008年の価格上昇により，貧困線以下で暮らす人々の数は増加したと考えられる．このプレスリリースの基礎となる研究については，以下を参照．Shaohua Chen and Martin Ravallion, "The Developing World Is Poorer Than We Thought, But No Less Successful in the Fight Against Poverty," Policy Research Working Paper 4703, World Bank Development Research Group, August 2008, www-wds.worldbank.

org/external/default/WDSContentServer/IW3P/IB/2008/08/26/000158349_20080826113239/Rendered/PDF/WPS4703.pdf.

世界銀行の統計をめぐる議論については，以下を参照．Sanjay Reddy and Thomas Pogge, "How *Not* to Count the Poor," www.columbia.edu/~sr793/count.pdf, and Martin Ravallion, "How *Not* to Count the Poor: A Reply to Reddy and Pogge," www.columbia.edu/~sr793/wbreply.pdf.

（5） Robert Rector and Kirk Anderson, "Understanding Poverty in America," Heritage Foundation Backgrounder #1713 (2004), www.heritage.org/Research/Welfare/bg1713.cfm. レクターとアンダーソンによるこの研究は，2003 年に米国国勢調査局が出した貧困に関する報告書にあるデータや他のさまざまな政府の報告書に基づくものである．

（6） United Nations, Office of the High Representative for the Least Developed Countries, Landlocked Developing Countries and the Small Island Developing States, and World Bank, World Bank Development Data Group, "Measuring Progress in Least Developed Countries: A Statistical Profile" (2006), tables 2 and 3, pp. 14–15. 以下のリンクから参照可能．www.un.org/ohrlls/.

（7） United Nations Development Program, *Human Development Report 2000* (Oxford University Press, New York, 2000) p. 30; *Human Development Report 2001* (Oxford University Press, New York, 2001) pp. 9–12, p. 22; and World Bank, *World Development Report 2000/2001*, overview, p. 3, 他のデータに関しては以下を参照．http://siteresources.worldbank.org/INTPOVERTY/Resources/WDR/overview.pdf. *Human Development Reports*（『人間開発報告書』）は以下のリンクから参照可能．http://hdr.undp.org.

（8） James Riley, *Rising Life Expectancy: A Global History* (New York: Cambridge University Press, 2001); Jeremy Laurance, "Thirty Years: Difference in Life Expectancy Between the World's Rich and Poor Peoples," *The Independent* (UK), September 7, 2007.

（9） "Billionaires 2008," *Forbes*, March 24, 2008, www.forbes.com/forbes/2008/0324/080.html.

（10） Joe Sharkey, "For the Super-Rich, It's Time to Upgrade the Old Jumbo," *The New York Times*, October 17, 2006.

（11） "Watch Your Time," Special Advertising Supplement to *The New*

York Times, October 14, 2007. 引用されている一節は 40 頁にある.

(12) Bill Marsh, “A Battle Between the Bottle and the Faucet,” *The New York Times*, July 15, 2007.

(13) Pacific Institute, “Bottled Water and Energy: A Fact Sheet,” www.pacinst.org/topics/water_and_sustainability/bottled_water/bottled_water_and_energy.html.

(14) Lance Gay, “Food Waste Costing Economy $100 Billion, Study Finds,” Scripps Howard News Service, August 10, 2005, www.knoxstudio.com/shns/story.cfm?pk=GARBAGE-08-10-05.

(15) Deborah Lindquist, “How to Look Good Naked,” Lifetime Network, Season 2, Episode 2, July 29, 2009. コートニー・モランの説明による.

第 2 章　助けないのは間違ったことか

(1) Peter Unger, *Living High and Letting Die* (New York: Oxford University Press, 1996).

(2) より詳しくは以下を参照. Peter Singer, *The Expanding Circle*, (Oxford: Clarendon Press, 1981), pp. 136, 183. その他の例については以下のリンクを参照. www.unification.net/ws/theme015.htm.

(3) ルカ 18:22–25. マタイ 19:16–24.

(4) ルカ 10:33.

(5) ルカ 14:13.

(6) マタイ 25:31–46.

(7) コリント人への第二の手紙 8:14.

(8) 使徒行伝 2:43–47. 4:32–37 も参照.

(9) トマス・アクィナス『神学大全』第Ⅱ-2 部, 第 66 問題, 第 7 項〔トマス・アクィナス『神学大全』第 18 巻, 高田三郎ほか訳, 創文社, 1985 年, 223 頁〕.

(10) ジョン・ロック『統治二論』第一巻, 第 42 段落〔ジョン・ロック『統治二論』加藤節訳, 岩波文庫, 2010 年, 91 頁〕.

(11) Erin Curry, “Jim Wallis, Dems Favorite Evangelical?” *Baptist Press*, January 19, 2005, www.bpnews.net/bpnews.asp?ID=19941.

(12) Nicholas Kristof, “Evangelicals a Liberal Can Love,” *The New York Times*, February 3, 2008.

(13) バビロニアン・タルムード, バヴァ・バトラ篇 9a. マイモニデス,

ミシュネ・トーラ「貧しき者への寄付についての法」7：5.

(14) 孟子，梁恵王章句・上，http://chinese.dsturgeon.net/text.pl?node=16028&if=en〔小林勝人訳注『孟子（上）』岩波文庫，1968年，39-43頁〕.

第3章 寄付に対するよくある反論

（1） Center on Philanthropy at Indiana University, *Giving USA 2008: The Annual Report on Philanthropy for the Year 2007*, Glenview, IL: Giving USA Foundation, 2008, pp. 9, 48. 国別の数字は1995年から2002年までの期間のものであり，以下の研究から引用した．The Comparative Nonprofit Sector Project at the Center for Civil Society Studies at the Johns Hopkins Institute of Policy Studies, Table 5, www.jhu.edu/~cnp/PDF/comparable5_dec05.pdf.

（2） Eli Portillo and Sadie Latifi, "American Volunteer Rate a Steady 28.8%," *San Diego Union-Tribune*, June 13, 2006. 国別のデータはThe Comparative Nonprofit Sector Projectによるものである．

（3） *Giving USA 2008*, pp. 9-14, 40; Organisation for Economic Cooperation and Development (OECD), Statistical Annex of the 2007 Development Co-operation Report, http://dx.doi.org/10.1787/dcr-2007-en, Table 7. 宗教上の寄付のうち，対外援助に用いられる割合についての最も「楽観的な」推計はハドソン研究所の世界慈善指標（The Hudson Institute's Index of Global Philanthropy, 2008）によるものである．この指標によると，〔アメリカの〕宗教団体は対外援助のために88億ドルの寄付を行なっている．またこの指標によれば，アメリカにおける個人による寄付額の総額はOECDによる推計のほぼ4倍である．両者の推計にこのような開きがあるのは，一つにはこの指標がより多くの種類の慈善活動を考慮に入れているためである．例えば，ボランティア活動をした時間をアメリカの平均的な給与水準で換算している．しかし，この推計額とOECDやGiving USAのデータとの齟齬をどう説明できるのかについては明確ではない．以下を参照．Center for Global Prosperity, Index of Global Philanthropy, Hudson Institute, 2008. 以下のリンクから参照可能．http://gpr.hudson.org/.

（4） Peter Singer, "The Singer Solution to World Poverty," *The New York Times Sunday Magazine*, September 5, 1999.

（5） グレンビュー高校とは，セイダーが調査した学校につけた架空の名前

である．また生徒たちの名前も仮名である．グレンビュー高校の生徒たちの文章は以下の論文から引用したものである．

Scott Seider, "Resisting Obligation: How Privileged Adolescents Conceive of Their Responsibilities to Others," *Journal of Research in Character Education*, 6:1 (2008), pp. 3–19, and Scott Seider, *Literature, Justice and Resistance: Engaging Adolescents from Privileged Groups in Social Action*, unpublished doctoral dissertation, Graduate School of Education, Harvard University.

(6) Jan Narveson, " 'We Don't Owe Them a Thing!' A Toughminded but Soft-hearted View of Aid to the Faraway Needy," *The Monist*, 86:3 (2003), p. 419.

(7) James B. Davies, Susanna Sandstrom, Anthony Shorrocks, and Edward N. Wolff, "The World Distribution of Household Wealth," Worldwide Institute for Development Economics Research of the United Nations University, Helsinki (December 2006), www.wider.unu.edu/research/2006-2007/2006-2007-1/wider-wdhw-launch-5-12-2006/wider-wdhw-report-5-12-2006.pdf.

(8) Sharon Lafraniere, "Europe Takes Africa's Fish, and Boatloads of Migrants Follow," *The New York Times*, January 14, 2008, and Elizabeth Rosenthal, "Europe's Appetite for Seafood Propels Illegal Trade," *The New York Times*, January 15, 2008.

(9) 以下を参照．Leif Wenar, "Property Rights and the Resource Curse," *Philosophy & Public Affairs* 36:1 (2008), pp. 2–32. より詳細なバージョンはヴィーナーのウェブサイトから入手可能．www.wenar.staff.shef.ac.uk/PRRCwebpage.html.

(10) Paul Collier, *The Bottom Billion* (New York: Oxford University Press, 2007)〔ポール・コリアー『最底辺の 10 億人』中谷和男訳，日経 BP 社，2008 年〕.

(11) 以下を参照．Leonard Wantchekon, "Why Do Resource Dependent Countries Have Authoritarian Governments?" *Journal of African Finance and Economic Development* 5:2 (2002), pp. 57–77; この論文が出版されるよりも前のバージョンが以下のウェブサイトから入手可能．www.yale.edu/leitner/pdf/1999-11.pdf. 以下も参照．Nathan Jensen and Leonard Wantchekon, "Resource Wealth and Political Regimes in Africa,"

Comparative Political Studies, 37 (2004), pp. 816–841.

(12) ムセベニ大統領が2007年2月にエチオピアのアディスアベバで開催されたアフリカ連合のサミットで行なった講演より．この講演は以下の記事で報道されている．Andrew Revkin, "Poor Nations to Bear Brunt as World Warms," *The New York Times*, April 1, 2007.

(13) Andrew Revkin, op. cit., and "Reports from Four Fronts in the War on Warming," *The New York Times*, April 3, 2007; Kathy Marks, "Rising Tide of Global Warming Threatens Pacific Island States," *The Independent* (UK), October 25, 2006.

(14) Organisation for Economic Co-operation and Development (OECD), *OECD Journal on Development: Development Cooperation Report 2007*, p. 134, www.oecd.org/dac/dcr. この表はOECDの許可により再掲した．以下も参照．*Statistical Annex of the 2007 Development Co-operation Report*, www.oecd.org/dataoecd/52/9/1893143.xls, Fig. 1e.

(15) Program on International Policy Attitudes, www.worldpublicopinion.org/pipa/articles/home_page/383.php?nid=&id=&pnt=383&lb=hmpg1. この表はProgram on International Policy Attitudesの許可により再掲したものであり，以下の調査から引用した．"Americans on Foreign Aid and World Hunger: A Survey of U.S. Public Attitudes" (February 2, 2001), http://65.109.167.118/pipa/pdf.feb01/ForeignAid_Feb01_rpt.pdf.

(16) Organisation for Economic Co-operation and Development (OECD), Statistical Annex of the 2007 Development Co-operation Report, www.oecd.org/dataoecd/52/9/1893143.xls, Table 7e. 先述したようにハドソン研究所の世界慈善指標はアメリカにおける個人の寄付額をはるかに高く推計しているが，もし私たちがこれを受け入れるならば，アメリカの対外援助の総額は0.42パーセントに上昇する．これはより立派なものと言えるが，それでもなお各国が行なっている公的な援助の平均額をわずかに下回る．もっとも，世界慈善指標の数値は国際比較には適していない．なぜなら他のほとんどの国に関しては，これと同様の仕方で算出された推計額が存在しないからだ．

(17) 例えば以下を参照．Anthony Langlois, "Charity and Justice in the Singer Solution," in Raymond Younis (ed) *On the Ethical Life* (Newcastle upon Tyne: Cambridge Scholars, 2009); Paul Gomberg, "The Fallacy of Philanthropy," *Canadian Journal of Philosophy* 32:1 (2002), pp. 29–66.

(18) Gomberg, *op. cit.*, pp. 30, 63–64.

(19) 上記注 17 で言及した本に収録されている Andy Lamey による Anthony Langlois 論文への応答を参照.

(20) Claude Rosenberg and Tim Stone, "A New Take on Tithing," *Stanford Social Innovation Review*, Fall 2006, pp. 22–29.

(21) コリン・マッギンのこの言葉は以下に引用されている. Michael Specter in "The Dangerous Philosopher," *The New Yorker*, September 6, 1999.

(22) アラン・ライアンのこの言葉は以下に引用されている. Michael Specter in "The Dangerous Philosopher," *The New Yorker*, September 6, 1999.

(23) http://www.muzakandpotatoes.com/2008/02/peter-singer-on-affluence.html.

第 4 章　なぜ私たちはもっと寄付をしないのか？

(1) C. Daniel Batson and Elizabeth Thompson, "Why Don't Moral People Act Morally? Motivational Considerations," *Current Directions in Psychological Science* 10:2 (2001), pp. 54–57.

(2) D. A. Small, G. Loewenstein, and P. Slovic, "Sympathy and Callousness: The Impact of Deliberative Thought on Donations to Identifiable and Statistical Victims," *Organizational Behavior and Human Decision Processes* 102 (2007), pp. 143–53; Paul Slovic, "If I Look at the Mass I Will Never Act: Psychic Numbing and Genocide" *Judgment and Decision Making* 2:2 (2007), pp. 79–95. この段落の記述はこの論文を参考にした. この研究は, ピーター・アンガーの次の著作の主張を概ね支持している. Peter Unger, *Living High and Letting Die* (New York: Oxford University Press, 1996, pp. 28–29, 77–79). アンガーによれば, 私たちの直観は特定可能な一人の被害者に注目することによって歪められる. また対照的に, 数千人の被害者のうちせいぜい数名しか救えない場合においては, 私たちは「無益性思考」に陥りがちである.

(3) D. Västfjäll, E. Peters, and P. Slovic, "Representation, Affect, and Willingness-to-Donate to Children in Need." 未刊行原稿.

(4) See T. Kogut and I. Ritov, "An Identified Group, or Just a Single Individual?" *Journal of Behavioral Decision Making* 18 (2005), pp. 157–67; and T. Kogut and I. Ritov, "The Singularity of Identified Victims in Separate and Joint Evaluations," *Organizational Behavior and Human*

Decision Processes 97 (2005), pp. 106–116.

(5) Mark Babineck, "Jessica's Family Stays Low-key Ten Years After Water Well Drama," *Tex News*, October 14, 1997, www.texnews.com/texas97/jess101497.html; Mike Celizic, "Where Is Jessica McClure Now? *Today*, MSNBC, June 11, 2007, www.msnbc.msn.com/id/19104012/.

(6) この点に関する議論としては以下を参照．D. C. Hadorn, "The Oregon Priority-Setting Exercise: Cost-effectiveness and the Rule of Rescue, Revisited," *Medical Decision Making* 16 (1996), pp. 117–19; J. McKie and J. Richardson, "The Rule of Rescue," *Social Science and Medicine* 56 (2003), pp. 2407–19.

(7) D. A. Small, and G. Loewenstein "Helping the Victim or Helping a Victim: Altruism and Identifiability," *Journal of Risk and Uncertainty*, 26:1 (2003), pp. 5–16.

(8) ポール・スロヴィックの論文を参考にした．スロヴィック自身は以下の論文に依拠している．Seymour Epstein, "Integration of the Cognitive and the Psychodynamic Unconscious," *American Psychologist* 49 (1994), pp. 709–24. スロヴィックは二つのシステムをそれぞれ「経験的」,「分析的」と呼んでいる．

(9) 以下の論文に引用されているが，典拠は示されていない．Paul Slovic, "If I Look at the Mass I Will Never Act: Psychic Numbing and Genocide," *Judgment and Decision Making*, 2:2 (2007), pp. 79–95.

(10) D. A. Small, G. Loewenstein, and P. Slovic, "Sympathy and Callousness: The Impact of Deliberative Thought on Donations to Identifiable and Statistical Victims," *Organizational Behavior and Human Decision Processes* 102 (2007), pp. 143–53.

(11) Adam Smith, *Theory of the Moral Sentiments*, III. iii. 4〔アダム・スミス『道徳感情論』高哲男訳，講談社学術文庫，2013 年，251 頁〕.

(12) この段落で引用されている数字は以下のウェブサイトと記事に基づく．www.charitynavigator.com and from Steven Dubner, "How Pure Is Your Altruism?" *The New York Times*, May 13, 2008, http://freakonomics.blogs.nytimes.com/2008/05/13/how-pure-is-your-altruism/. この二つの資料では，寄付の合計額が少し異なる．

(13) 男性が一人ひとりの子どもに対して行なう生物学的な意味での投資は女性よりはるかに少なく，また理論的には男性は〔女性よりも〕ずっと多

くの子どもを持つことができるため，男親の中には一人ひとりの子の福祉をあまり考えることなく自分の遺伝子を残すことに成功する者もいる．だが，さまざまな人間社会を眺めてみると，これはむしろ例外であることがわかる．

(14) Charles Dickens, *Bleak House*, chapter 4；この箇所は以下の文献に再録されている．Peter and Renata Singer, eds., *The Moral of the Story* (Oxford, UK: Blackwell, 2005), pp. 63–69〔チャールズ・ディケンズ『荒涼館』田辺洋子訳，あぽろん社，2007 年〕．

(15) Adam Smith, *Theory of the Moral Sentiments*, III.iii.9〔アダム・スミス『道徳感情論』高哲男訳，講談社学術文庫，2013 年，251 頁〕．

(16) D. Fetherstonhaugh, P. Slovic, S. M. Johnson, and J. Friedrich, "Insensitivity to the Value of Human Life: A Study of Psychophysical Numbing, *Journal of Risk and Uncertainty* 14 (1997), pp. 283–300. この研究の源流は，ダニエル・カーネマンとエイモス・トベルスキーらの研究にある．以下を参照．Daniel Kahnemann and Amos Tversky, "Prospect Theory: An Analysis of Decision Under Risk," *Econometrica* 47 (1979), 263–91.

(17) Paul Slovic, "If I Look at the Mass I Will Never Act: Psychic Numbing and Genocide," op. cit.

(18) 以下を参照．Rachel Manning, Mark Levine, and Alan Collins, "The Kitty Genovese Murder and the Social Psychology of Helping," *American Psychologist* 62:6 (2007), pp. 555–62. この文献を教えてくれたクリッシー・ホランドに感謝する．

(19) Bib Latané and John Darley, *The Unresponsive Bystander* (New York: Appleton-Century-Crofts, 1970), p. 58〔ビブ・ラタネ，ジョン・ダーリー『冷淡な傍観者』竹村研一ほか訳，ブレーン出版，1997 年〕．この研究の重要性，およびこの文献や他の関連文献を示唆してくれたことについて，以下の論文に感謝する．Judith Lichtenberg, "Famine, Affluence and Psychology," in Jeffrey Schaller, ed., *Peter Singer Under Fire* (Chicago: Open Court, 2009).

(20) Bib Latané and John Darley, *The Unresponsive Bystander*, chapters 6 and 7.

(21) 最後通牒ゲームについては膨大な研究がある．有用な研究としては次の文献を参照．Martin Nowak, Karen Page, and Karl Sigmund, "Fairness

Versus Reason in the Ultimatum Game," *Science* 289 (2000), pp. 1773-75.

(22) S. F. Brosnan and F. B. M. de Waal, "Monkeys Reject Unequal Pay," *Nature* 425 (September 18, 2003), pp. 297-99.

(23) Kathleen Vohs, Nicole Mead, and Miranda Goode, "The Psychological Consequences of Money," *Science* 314 (2006), pp. 1154-56.

(24) Richard Titmuss, *The Gift Relationship: From Human Blood to Social Policy* (London: Allen & Unwin, 1970).

(25) Elizabeth Corcoran, "Ruthless Philanthropy," www.Forbes.com, June 23, 2008.

(26) 人類の進化した心理が倫理に対してどのような重要性を持つのかに関するより詳細な議論は，以下を参照. Peter Singer, *The Expanding Circle: Ethics and Sociobiology* (New York: Farrar, Straus & Giroux, 1981).

第５章　寄付する文化を作り出す

(1) 以下を参照. Bib Latané and John Darley, "Group Inhibition of Bystander Intervention," *Journal of Personality and Social Psychology* 10 (1968), pp. 215-221; John Darley and Bib Latané, "Bystander Intervention in Emergencies: Diffusion of Responsibility," *Journal of Personality and Social Psychology* 8 (1968), pp. 377-83; Bib Latané and J. Rodin, "A Lady in Distress: Inhibiting Effects of Friends and Strangers on Bystander Intervention," *Journal of Experimental Social Psychology* 8 (1969), pp. 189-202; John Darley and Bib Latané, *The Unresponsive Bystander: Why Doesn't He Help?* (New York: Appleton-Century-Crofts, 1970)〔ビブ・ラタネ，ジョン・ダーリー『冷淡な傍観者』竹村研一ほか訳，ブレーン出版，1997 年〕.

(2) Lee Ross and Richard E. Nisbett, *The Person and the Situation: Perspectives of Social Psychology* (Philadelphia: Temple University Press, 1991)，特に pp. 27-46; Robert Cialdini, *Influence: Science and Practice* (4th ed. Boston: Allyn and Bacon, 2001). 以下も参照. Judith Lichtenberg, "Absence and the Unfond Heart: Why People Are Less Giving Than They Might Be," in Deen Chatterjee, ed., *The Ethics of Assistance: Morality and the Distant Needy* (Cambridge, UK: Cambridge University Press, 2004).

(3) Jen Shang and Rachel Croson, "Field Experiments in Charitable

Contribution: The Impact of Social Influence on the Voluntary Provision of Public Goods," *The Economic Journal*, 119 (2009), pp. 1422–1439. 適切な情報を与えられた場合，以前から会員だった者は 43 パーセント多く寄付をした．また新しく会員になった者は 29 パーセント多く寄付をした．手紙を用いた調査については以下を参照．Rachel Croson and Jen Shang, "The Impact of Downward Social Information on Contribution Decision," *Experimental Economics* 11 (2008), pp. 221–33.

(4) マタイ 6:1.

(5) Charles Isherwood, "The Graffiti of the Philanthropic Class," *The New York Times*, December 2, 2007.

(6) www.boldergiving.org.

(7) Plan International, "Sponsor a Child: Frequently Asked Questions," www.plan-international.org/sponsorshipform/sponsorfaq/, 2008 年 1 月 16 日最終アクセス．

(8) Eric Johnson and Daniel Goldstein, "Do Defaults Save Lives?" *Science* 302 (November 2003), pp. 1338–39. この文献はエルダー・シャフィアに教わった．このテーマに関する彼のコメントは非常に有益であった．

(9) Richard Thaler and Cass Sunstein, *Nudge: Improving Decisions about Health, Wealth and Happiness* (New Haven, CT: Yale University Press, 2008)〔リチャード・セイラー，キャス・サンスティーン『実践行動経済学』遠藤真美訳，日経 BP 社，2009 年〕.

(10) Brigitte Madrian and Dennis Shea, "The Power of Suggestion: Inertia in 401(k) Participation and Savings Behavior," *Quarterly Journal of Economics* 116:4 (2001), pp. 1149–87.

(11) Louise Story, "A Big Salary With a Big Stipulation: Share It," *The New York Times*, November 12, 2007.

(12) Katie Hafner, "Philanthropy Google's Way: Not the Usual," *The New York Times*, September 14, 2006; Harriet Rubin, "Google Offers a Map for Its Philanthropy," *The New York Times*, January 18, 2008.

(13) Alexis de Tocqueville, *Democracy in America*, ed. J. P. Mayer, trans. G. Lawrence (Garden City, N.Y.: Anchor, 1969), p. 546〔トクヴィル『アメリカのデモクラシー』第二巻上，松本礼二訳，岩波文庫，2008 年，213 頁〕．この文献やその他本節の多くのことに関して，以下の文献に負うところが大きい．Dale Miller, "The Norm of Self-interest," *American Psy-*

chologist 54 (1999), pp. 1053–60. 以下も参照. Dale Miller and Rebecca Ratner, "The Disparity Between the Actual and Assumed Power of Self-interest," *Journal of Personality and Social Psychology* 74 (1998), pp. 53–62, and Rebecca Ratner and Dale Miller, "The Norm of Self-interest and Its Effect on Social Action," *Journal of Personality and Social Psychology* 81 (2001), pp. 5–16.

(14) David Thomas, "Anonymous Altruists," *The Telegraph*(UK) *Magazine*, October 27, 2007.

(15) Dale Miller, "The Norm of Self-interest," *American Psychologist* 54 (1999), pp. 1053–60.

(16) Robert Frank, T. Gilovich, and D. Regan, "Does Studying Economics Inhibit Cooperation?" *Journal of Economic Perspectives* 7 (1993), pp. 159–71.

(17) Rebecca Ratner and Jennifer Clarke, "Negativity Conveyed to Social Actors Who Lack a Personal Connection to the Cause," 未公刊論文.

(18) Robert Wuthnow, *Acts of Compassion* (Princeton, N.J.: Princeton University Press, 1990), pp. 16, 72, 77.

第6章　一人の命を救うのにいくらかかるか，また寄付先として一番よい慈善団体をどうやってみつけるか

(1) David Koplow, *Smallpox: The Fight to Eliminate a Global Scourge* (Berkeley, CA: University of California Press, 2003).

(2) Center for Global Development, "Millions Saved: Proven Successes in Global Health," 2007 edition, www.cgdev.org/doc/millions/Millions_Saved_07.pdf. この論文は以下の著作に基づくものである．Ruth Levine and the What Works Working Group with Molly Kinder, *Millions Saved: Proven Successes in Global Health*, 2nd ed. (Boston: Jones and Bartlett, 2007).

(3) Andrea Gerlin, "A Simple Solution," *Time*, October 8, 2006. 以下も参照. The Rehydration Project, http://rehydrate.org/facts.

(4) UNICEF, "Immunization Plus: The Big Picture," www.unicef.org/immunization/index_bigpicture.html.

(5) www.nothingbutnets.net. 2008年6月12日最終アクセス.

(6) John Peabody, Mario Taguiwalo, David Robalino, and Julio Frenk,

"Improving the Quality of Care in Developing Countries," in Dean Jamison et al., eds., *Disease Priorities in Developing Countries*, 2nd ed. (New York: Oxford University Press, 2006), p. 1304. オンラインでは以下の文献の一部として入手可能．Health Systems, a publication of the Disease Control Priorities Project, International Bank for Reconstruction and Development/The World Bank, files.dcp2.org/pdf/expressbooks/healths.pdf.

（7） William Easterly, *The White Man's Burden* (New York: The Penguin Press, 2006), p. 252〔ウィリアム・イースタリー『傲慢な援助』小浜裕久ほか訳，東洋経済新報社，2009年〕.

（8） www.interplast.org/programs.

（9） Dean Karlan and Jonathan Zinman, "Expanding Credit Access: Using Randomized Supply Decisions to Estimate the Impacts," Center for Economic Policy Research Discussion Paper DP 6180 (2007). 以下のサイトから入手可能．www.cepr.org/pubs/dps/DP6180.asp.

(10) GiveWell Research Report, "Global Poverty (Focus on Africa)," 2008, www.givewell.net/cause2.

(11) この研究や本段落において個別に典拠が示されていない他の研究は，以下の文献に拠っている．William Easterly, *The White Man's Burden*, pp. 372–75〔本章注7を参照〕.

(12) John Hilsenrath, "Economists Are Putting Theories to Scientific Test," *The Wall Street Journal*, December 28, 2006.

(13) より詳しくは以下を参照．"India: Ragpickers Take Control," Oxfam News (Australia) September 2003, www.oxfam.org.au/oxfamnews/september_2003/india.html; Snehal Sonawane, "Rescuing Ragpickers," *The Times of India*, August 31, 2007, timesofindia.indiatimes.com/articleshow/2324932.cms.

(14) Chris Hufstader, "Balancing Culture, New Law, in Mozambique," Oxfam America, February 24, 2006, www.oxfamamerica.org/whatwedo/where_we_work/southern_africa/news_publication/feature_story.2006-02-24.0346532995.

(15) Oxfam International, "Mozambique's Family Law Passes!" www.oxfam.org/en/programs/development/safrica/moz_law.htm.

(16) この金額はインフレ調整後のものであり，オーストラリアドルから

2007年時点のアメリカドルに換算してある．この計算の一部を行なってくれて，また費用対効果の高い援助の一例としてフレッド・ホローズ財団を私に教えてくれたトビー・オードに感謝する．またフレッド・ホローズ財団は，詳細な情報を提供してくれた．

(17) これは「ウォーク・トゥー・ビューティフル」の共同ディレクターであるメアリ・オリーブ・スミスとエイミー・ブッカーが2005年4月と2006年11月に行なったインタビューに拠っている．以下のサイトからアクセス可能．Nova online www.pbs.org/wgbh/nova/beautiful/hamlin.html.

(18) UNFPA, the United Nations Population Fund, and EngenderHealth, "Obstetric Fistula Needs Asssessment Report: Findings from Nine African Countries" (2003), p. 4, www.unfpa.org/fistula.docs/fistular-needs-assessment.pdf.

(19) www.worldwidefistulafund.org/Patient%20Care.html.

(20) 以下も参照．Lewis Wall, "Obstetric Vesicovaginal Fistula As an International Public-Health Problem," *The Lancet* 368 (September 30, 2006), 1201-1209.

(21) T. Tengs, M. Adams, J. Pliskin, D. Safran, J. Siegel, M.Weinstein, and J. Graham, "Five Hundred Life-saving Interventions and Their Cost-effectiveness," *Risk Analysis* 15:3 (June 1995), pp. 369-90. この研究によれば，一人の命を救う場合に，一生存年当たりの費用の中央値は42,000ドルであった．寿命50年の子ども一人の命を救う場合と比較するために，私はこの金額を50倍した．

(22) David Fahrentholt, "Cosmic Markdown: EPA Says Life Is Worth Less," *The Washington Post*, July 19, 2008.

第7章　よりよい援助に向けて

(1) William Easterly, *The White Man's Burden* (London: Penguin,2007), p. 4〔ウィリアム・イースタリー『傲慢な援助』小浜裕久ほか訳，東洋経済新報社，2009年〕.

(2) 以下を参照．*OECD Statistical Annex of the 2007 Development Co-operation Report*, www.oecd.org/dataoecd/52/9/1893143.xls, Fig. 1e. 豊かな国々すべてを合わせた場合の現在の水準は0.31パーセントである．1982年から83年の水準は0.23パーセントであり，93年の水準は0.30パーセントだった．以下を参照．United Nations Human Development Report,

1995, p. 204, table 29. 以下のリンクから参照可能. http://hdr.undp.org/en/media/hdr_1995_en_indicators2.pdf.

（3） Organisation for Economic Co-operation and Development（OECD） Donor Aid Charts, www.oecd.org/countrylist/0,2578,en_2649_37413_1783495_1_1_1_37413,00.html. 以下も参照. Oxfam America, "Smart Development: Why U.S. Foreign Aid Demands Major Reform," February 2008, www.oxfamamerica.org/newsandpublications/publications/briefing_papers/smart-development/smart-development-feb2008.pdf.

（4） Branko Milanovic, *Worlds Apart: Measuring International and Global Inequality*（Princeton, N.J.: Princeton University Press, 2005）, pp. 152–53, table 12.1; United Nations Human Development Report, 2007–2008, p. 289, Table 17. 以下のリンクから入手可能. http://hdr.undp.org/en/media/hdr_20072008_en_indicator_tables.pdf.

（5） Celia Dugger, "Kenyan Farmers' Fate Caught Up in U.S. Aid Rules," *The New York Times*, July 31, 2007; Editorial, "A Surer Way to Feed the Hungry," *The New York Times*, August 4, 2007; Celia Dugger, "U.S. Jobs Shape Condoms' Role in Foreign Aid," *The New York Times*, October 29, 2006.

（6） Celia Dugger, "CARE Turns Down Federal Funds for Food Aid," *The New York Times*, August 16, 2007; Daniel Maxwell and Christopher Barrett, *Food Aid After Fifty Years: Recasting Its Role*（London: Routledge, 2005）, p. 35.

（7） 次の著作はそうした批判の一つである. William Easterly, *The White Man's Burden*（London: Penguin, 2007）〔本章注1を参照〕. 以下も参照. Raghuram Rajan and Arvind Subramanian, "Aid and Growth: What Does the Cross-Country Evidence Really Show?" IMF Working Paper 05/127（Washington, D.C.: International Monetary Fund, 2005）.

（8） Martin Wolf, *Why Globalization Works*（New Haven, CT.: Yale University Press, 2004）.

（9） 以下を参照. Organisation for Economic Co-operation and Development, "Recipient Aid Charts," www.oecd.org/countrylist/0,3349,en_2649_34469_25602317_1_1_1_1,00.html. この点に関する議論については以下を参照. Tim Harford and Michael Klein, "Aid and the Resource Curse," Public Policy for the Private Sector, Note 291, April 2005, http://

rru.worldbank.org/Documents/PublicPolicyJournal/291Harford_Klein.pdf.

(10) Raghuram Rajan and Arvind Subramanian, "What Undermines Aid's Impact on Growth?" International Monetary Fund Working Paper, WP/05/126, June 2005, ww.imf.org/external/pubs/ft/wp/2005/wp05126.pdf; Paul Collier, *The Bottom Billion* (New York: Oxford University Press, 2007), pp. 162–63〔ポール・コリアー『最底辺の10億人』中谷和男訳，日経BP社，2008年〕.

(11) Paolo de Renzio and Joseph Hanlon, "Contested Sovereignty in Mozambique: The Dilemmas of Aid Dependence," Global Economic Governance Working Paper 2007/25, January 2007, www.globaleconomicgovernance.org/docs/Derenzio%20and%20Hanlon_Mozambique%20paper%20rev%20120107.pdf.

(12) UN Millennium Project, *Investing in Development: A Practical Plan to Achieve the Millennium Development Goals* (London: Earthscan, 2005), pp. 247–48, www.unmillenniumproject.org/reports.

(13) "Reform of US Cotton Subsidies Could Feed, Educate Millions in Poor West African Countries," Oxfam Press Release, June 22, 2007, www.oxfam.org/node/173.

(14) Kym Anderson and Alan Winters, "Subsidies and Trade Barriers: The Challenge of Reducing International Trade and Migration Barriers," Copenhagen Consensus 2008 Challenge Paper, www.copenhagenconsensus.com/Default.aspx?ID=1151. 利益を測定することが可能かという疑問については，上記のリンク先にあるAnthony Venablesによる論文を見よ.

(15) Sophia Murphy and Steve Suppan, "The 2008 Farm Bill and the Doha Agenda," Institute for Agriculture and Trade Policy, June 25, 2008, www.iatp.org/iatp/commentaries.cfm?refID=103103; David Stout, "House Votes to Override Bush'sVeto of Farm Bill," *The New York Times*, May 22, 2008.

(16) CIA World Factbook, www.cia.gov/library/publications/the-world-factbook/rankorder/2091rank.html. 国民所得と人間開発指標の関係についての一般的な疑問については以下を参照. Jean Drèze and Amartya Sen, *Hunger and Public Action* (Oxford, UK: Clarendon Press, 1989).

(17) Robert Guth, "Bill Gates Issues Call for Kinder Capitalism," *The*

Wall Street Journal, January 24, 2008.

(18) ジョージ・W・ブッシュのこの言葉は以下に引用されている．“The Millennium Challenge Account,” www.whitehouse.gov/infocus/developingnations/millennium.html.

(19) Paul Collier, *The Bottom Billion*, p. 106〔本章注 10 を参照〕.

(20) Ibid., p. 114.

(21) Jeffrey Sachs, “Rapid Victories Against Extreme Poverty,” *Scientific American* 296:4 (April 2007), p. 34, www.sciam.com/article.cfm?articleID=5B978D32-E7F2-99DF-304C9630D4CE6254.

(22) Jeffrey Sachs, *Common Wealth: Economics for a Crowded Planet* (New York: Penguin, 2008), pp. 238–41〔ジェフリー・サックス『地球全体を幸福にする経済学——過密化する世界とグローバル・ゴール』野中邦子訳，早川書房，2009 年〕; www.millenniumvillages.org.

(23) “Millennium Villages: A New Approach to Fighting Poverty: FAQ,” www.unmillenniumproject.org/mv/mv_faq.htm; “The Magnificent Seven,” *The Economist*, April 26, 2006, p. 63.

(24) Thomas Malthus, *An Essay on the Principle of Population*, 1st edition, 1798〔マルサス『人口論』永井義雄訳，中公文庫，1973 年〕.

(25) Paul Ehrlich, “Paying the Piper,” *New Scientist* 36:652–55. この論文は以下に再録されている．Garrett Hardin, ed., *Population, Evolution, and Birth Control*, 2nd ed. (San Francisco: W. H. Freeman, 1969), p. 127. 以下も参照．Paul Ehrlich, *The Population Bomb* (New York: Ballantine, 1968), p. 36〔ポール・R・エーリック『人口爆弾』宮川毅訳，河出書房新社，1974 年〕.

(26) Food and Agriculture Organization of the United Nations, *World Agriculture: Towards 2015/2030*, Rome, 2002, p. 1, ftp://ftp.fao.org/docrep/fao/004/y3557e/y3557e01.pdf.

(27) Editorial, “The World Food Crisis,” *The New York Times*, April 10, 2008.

(28) これらの数字は国際連合食糧農業機関（FAO）が提供している統計データである FAOSTAT によるものである．http://faostat.fao.org.

(29) Food and Agriculture Organization, *Crop Prospects and Food Situation*, No. 2, April 2008. 以下から参照可能．www.fao.org/docrep/010/ai465e/ai465e04.htm.

(30)　Erik Marcus, *Meat Market: Animals, Ethics, and Money* (Ithaca, N.Y.: Brio Press, 2005), pp. 255-56. この箇所で，以下の文献が引用されている．W. O. Herring and J. K. Bertrand, "Multi-trait Prediction of Feed Conversion in Feedlot Cattle," Proceedings of the 34th Annual Beef Improvement Federation Annual Meeting, Omaha, Nebraska, July 10-13, 2002, www.bifconference.com/bif2002/BIFsymposium_pdfs/Herring_02BIF.pdf, and "Pork Facts, 2001/2002," National Pork Board, Des Moines, Iowa.
(31)　Population Reference Bureau, 2007 World Population Data Sheet, pp. 1, 7, www.prb.org/pdf07/07WPDS_Eng.pdf.
(32)　Garrett Hardin, "Living on a Lifeboat," *Bioscience* 24 (1974), pp. 561-68.
(33)　Population Reference Bureau, 2007 World Population Data Sheet, p. 4, www.prb.org/pdf07/07WPDS_Eng.pdf.
(34)　以下を参照．Amartya Sen, "Population: Delusion and Reality," *The New York Review of Books* 41:15 (September 22, 1994). 最新版（2002）が以下から参照可能．www.asian-affairs.com/issue17/sen.html.
(35)　以下を参照．www.psi.org/reproductive-health および www.ippf.org/en.
(36)　Kwame Anthony Appiah, *Experiments in Ethics* (Cambridge, MA.: Harvard University Press, 2008), p. 198.

第8章　自分の子どもと他人の子ども

(1)　クラヴィンスキーの言葉は以下による．Ian Parker, "The Gift," *The New Yorker*, August 2, 2004. また私とクラヴィンスキーの会話や，私の授業での彼の発言からも引用している．
(2)　以下の第一の文献と，第二と第三の文献とを比較せよ．S. A. Azar et al., "Is Living Kidney Donation Really Safe?" *Transplantation Proceedings* 39 (2007), pp. 822-23, I. Fehrman-Ekholm et al., "Kidney Donors Live Longer," *Transplantation* 64 (1997), pp. 976-78, E. M. Johnson et al., "Complications and Risks of Living Donor Nephrectomy," *Transplantation* 64 (1997), pp. 1124-28. 生存率に関しては以下を参照．MayoClinic.com, "When Your Kidneys Fail," www.mayoclinic.com/health/kidney-transplant/DA00094.

（3） ポール・ファーマーに関する情報については，トレイシー・キッダーによる以下の優れた伝記に負うところが大きい．Tracy Kidder, *Mountains Beyond Mountains* (New York: Random House, 2003), and Tracy Kidder, "The Good Doctor," *The New Yorker*, July 10, 2000.
（4） Ian Parker, "The Gift," *The New Yorker*, August 2, 2004.
（5） 創世記 22.
（6） Ian Parker, "The Gift," *The New Yorker*, August 2, 2004.
（7） Bruno Bettelheim, *Children of the Dream* (London: Macmillan, 1969)〔ブルーノ・ベッテルハイム『夢の子どもたち――キブツの教育』中村悦子訳，白揚社，1977 年〕; Melford Spiro, *Children of the Kibbutz* (New York: Schocken, 1975); N. A. Fox, "Attachment of Kibbutz Infants to Mother and Metapelet," *Child Development* 48 (1977), pp. 1228–39.

第 9 章　多くを求めすぎだろうか？

（1） Liam Murphy, *Moral Demands in Nonideal Theory* (New York: Oxford University Press, 2000), p. 76. マーフィーによれば，同様の見解が以下の著作で述べられている．Derek Parfit, *Reasons and Persons* (Oxford, UK: Clarendon Press, 1984), pp. 30–31〔デレク・パーフィット『理由と人格』森村進訳，勁草書房，1998 年〕（ただし，パーフィットはその立場を支持していない）．また以下の論者や他の複数の論者によっても述べられている．L. J. Cohen, "Who Is Starving Whom?" *Theoria* 47 (1981), pp. 65–81. 詳しくは以下を参照．Murphy, *Moral Demands*, p. 136, n. 8. また以下も参照．Kwame Anthony Appiah, *Cosmopolitanism* (New York: Norton, 2006), pp. 164–65.
（2） Kwame Anthony Appiah, *Cosmopolitanism* (New York: Norton, 2006), pp. 164–65.
（3） Susan Foster et al., "Alcohol Consumption and Expenditures for Underage Drinking and Adult Excessive Drinking," *Journal of the American Medical Association* 289 (2003), pp. 989–95.
（4） Jeffrey Sachs, *The End of Poverty* (New York: Penguin Press, 2005), chapter 15〔ジェフリー・サックス『貧困の終焉――2025 年までに世界を変える』鈴木主税・野中邦子訳，早川書房，2006 年〕．1240 億ドルと 20 兆ドルという数字はいずれも 1993 年の購買力平価調整後のアメリカドルで換算している．2008 年のアメリカドルの場合，この金額はおよそ 1.5 倍

になる.

（5） 以下を参照. UN Millennium Project, *Investing in Development: A Practical Plan to Achieve the Millennium Development Goals* (New York: Earthscan, 2005), chapter 17, www.unmillenniumproject.org/reports. この金額は2003年のアメリカドルで換算してある.

（6） Branko Milanovic, *Worlds Apart: Measuring International Global Inequality* (Princeton, N.J.: Princeton University Press, 2005), p. 132.

（7）「公平な負担」論を批判する議論について, 詳しくは以下を参照. Elizabeth Ashford, "The Demandingness of Scanlon's Contractualism," *Ethics* 113 (January 2003), pp. 273-302, and Garrett Cullity, *The Moral Demands of Affluence* (Oxford, UK: Oxford University Press, 2004), pp. 357-83.

（8） Liam Murphy, *Moral Demands in Nonideal Theory* (New York: Oxford University Press, 2003), p.133.

（9） Richard Miller, "Beneficence, Duty and Distance," *Philosophy and Public Affairs* 32 (2004), pp. 357-83.

（10） Garrett Cullity, *The Moral Demands of Affluence* (Oxford, UK: Oxford University Press, 2004). ここでとりあげたのは, カリティの著作の内容のほんの一部である. 私は以下の書評の中で, 彼のその他の議論の一部に応答している. Peter Singer, "The Moral Demand of Affluence by Garret Cullity," *Philosophy and Phenomenological Research* 75:2 (September 2007), pp. 475-83.

（11） Brad Hooker, *Ideal Code, Real World: A Rule-Consequentialist Theory of Morality* (Oxford, UK: Clarendon Press, 2000), p. 166.

第10章　現実的なアプローチ

（1） イマニュエル・カント「人倫の形而上学の基礎づけ」〔『プロレゴーメナ・人倫の形而上学の基礎づけ』土岐邦夫ほか訳, 中公クラシックス, 2005年〕第二部. より明瞭な議論についてはカントの『永遠平和のために』〔宇都宮芳明訳, 岩波文庫, 1985年〕付録2を参照.

（2） John Rawls, *A Theory of Justice,* rev. ed. (Cambridge, MA.: Harvard University Press, 1999), p. 112〔ジョン・ロールズ『正義論』川本隆史ほか訳, 紀伊国屋書店, 2010年〕.

（3） 以下を参照. Richard Arneson, "What Do We Owe to Distant Needy

Strangers?" in Jeffrey Schaler (ed.), *Peter Singer Under Fire* (Chicago: Open Court, 2009).

(4) ビル・ゲイツの講演内容については以下を参照. www.gatesfoundation.org/MediaCenter/Speeches/Co-ChairSpeeches/BillgSpeeches/BGSpeechWHA-050516.htm?version=print. 第7段落と結論の段落を参照.

(5) この推定額は www.zillow.com という不動産サイトによるものである (2008年10月12日最終アクセス). 以下を参照. www.zillow.com/HomeDetails.htm?o=North&zprop=49118839.

(6) *Forbes*, September 20, 2007.

(7) Laura Rich, *The Accidental Zillionaire* (New York: Wiley, 2003), p. 175.

(8) "Paul Allen's Yachts," www.yachtcrew-cv.com/paulallen.htm.

(9) "The World's Billionaires: #14, Lawrence Ellison," *Forbes*, March 5, 2008, www.forbes.com/lists/2008/10/billionaires08_Lawrence-Ellison_JKEX.html.

(10) ジェッタがそれと同じ量の軽油で88,000マイル走り, またアメリカで車を運転する人は平均的して一年に12,000マイル走るものとして計算した.

(11) Jennifer Lee, "He Made His Money on a Whim, but Now He's Got a Serious Idea," *The New York Times*, November 14, 2005. 以下も参照. http://10over100.org.

(12) 以下の金額はトマ・ピケティとエマニュエル・サエズによる研究に依拠しており, 2006年の米国の租税データに基づくものである. 彼らが用いる金額は課税前所得であり, 資本利得も含まれる. 単純化のために金額は概算で表した. また, これらの金額は「課税単位」に関するものである. すなわち, 多くの場合, 個人ではなく, 世帯についてのものである. これらの金額はエマニュエル・サエズによる以下のウェブサイトで見ることができる. http://elsa.berkeley.edu/~saez/.

(13) Bill Clinton, *Giving* (New York: Knopf, 2007), p. 206.

(14) Arthur Brooks, "The Poor Give More," www.CondéNastPortfolio.com, March 2008. この論文では以下の調査が引用されている. The 2000 Social Capital Community Benchmark Survey, www.portfolio.com/news-markets/national-news/portfolio/2008/02/19/Poor-Give-More-to-Charity.

(15) 同上.

(16) ここでは「裕福さ」は，前章で言及されたブランコ・ミラノヴィッチによる定義に従っている．これらの数字もミラノヴィッチの以下の著作からの引用である．Milanovic, *Worlds Apart: Measuring International and Global Inequality* (Princeton, N.J.: Princeton University Press, 2005), p. 132.

(17) OECDの購買力平価換算後の数値によれば，2006年にはアメリカのGDPはOECD諸国合計の36パーセントを占めていた．以下を参照．http://lysander.sourceoecd.org/vl=3923031/cl=14/nw=1/rpsv/figures_2007/en/page4.htm.

(18) 2007年に国連のタスクフォースが報告書を出したとき以降のインフレを考慮した場合，この額は必要とされる推計額の7倍になり，現在約束している額との差は18倍となる．

(19) Buddha, *Dhammapada*, sec. 9, stanza 118, in T. Byrom, ed., *Dhammapada: The Sayings of the Buddha* (Boston: Shambhala, 1993). これは以下の文献に引用されている．Jonathan Haidt, *The Happiness Hypothesis* (New York: Basic Books, 2006), chapter 8〔ジョナサン・ハイト『しあわせ仮説』藤澤隆史・藤澤玲子訳，新曜社，2011年〕. プラトン『国家』〔藤沢令夫訳，岩波文庫，1979年〕，354.

(20) *The Philosophy of Epicurus*, G. K. Strodach, trans. (Chicago: Northwestern University Press, 1963), p. 297. これはハイトの前掲の著作に引用されている．

(21) Arthur Books, "Why Giving Makes You Happy," *New York Sun*, December 28, 2007. 第一の研究は以下の調査による．The Social Capital Community Benchmark Survey. 第二の研究はミシガン大学による以下の研究に基づく．The Panel Study of Income Dynamics.

(22) J. A. Piliavin, "Doing Well by Doing Good: Benefits for the Benefactor," in C. L. M. Keyes and J. Haidt (eds.), *Flourishing: Positive Psychology and the Life Well-Lived* (Washington, D.C.: American Psychological Association, 2003), pp. 227-47; S. L. Brown, R. M. Nesse, A. D. Vinokur, and D. M. Smith, "Providing Social Support May Be More Beneficial Than Receiving It: Results from a Prospective Study of Mortality," *Psychological Science* 14 (2003), pp. 320-27; P. A. Thoits and L. N. Hewitt, "Volunteer Work and Well-being," *Journal of Health and Social Behavior* 42 (2001), pp. 115-31. これらの文献の情報については以

下の著作に負うところが大きい．Jonathan Haidt, *The Happiness Hypothesis* (New York: Basic Books, 2006), chapter 8〔本章注 19 を参照〕.

(23) William T. Harbaugh, Ulrich Mayr, and Daniel Burghart, "Neural Responses to Taxation and Voluntary Giving Reveal Motives for Charitable Donations," *Science*, vol. 316, no. 5831 (June 15, 2007), pp. 1622-25.

(24) ヘンリー・スピラについてより詳しく知りたい場合には，以下を参照．Peter Singer, *Ethics into Action: Henry Spira and the Animal Rights Movement* (Lanham, MD.: Rowman and Littlefield, 1998).

あなたが救える命
世界の貧困を終わらせるために今すぐできること

2014年6月25日　第1版第1刷発行

著　者　ピーター・シンガー

訳　者　児《こ》　玉《だま》　　聡《さとし》
　　　　石《いし》　川《かわ》　涼《りょう》　子《こ》

発行者　井　村　寿　人

発行所　株式会社　勁《けい》　草《そう》　書　房

112-0005　東京都文京区水道2-1-1　振替　00150-2-175253
（編集）電話　03-3815-5277／FAX　03-3814-6968
（営業）電話　03-3814-6861／FAX　03-3814-6854
本文組版 プログレス・港北出版印刷・中永製本

ISBN978-4-326-15430-2　　Printed in Japan